HUME

BIBLIOTHÈQUE DES PHILOSOPHIES

Directeur : Michel MALHERBE

HUME

UNE PHILOSOPHIE DES CONTRADICTIONS

par

Jean-Pierre CLÉRO

PARIS
LIBRAIRIE PHILOSOPHIQUE J. VRIN
6, Place de la Sorbonne, V^e

1998

Imprimé en France
ISSN 1281-5675
ISBN 2-7116-1353-4

TABLE DES SIGLES

TNH	*Traité de la nature humaine*, GF-Flammarion, Paris. *Traité*, dans le corps du texte livre I (1995) (cité : I, suivi du numéro de la page, quand aucune ambiguïté n'est possible) livre II (1991) (cité : II) livre III (1993) (cité : III)
SB	*Treatise of human nature* (Selby Bigge, Oxford, 1978) [cité lorsque le terme anglais est important]
ATNH	*Abrégé du Traité de la nature humaine* (Aubier-Montaigne, Paris, 1971).
EEH	*Enquête sur l'entendement humain* (GF-Flammarion, Paris, 1983). *Enquête*, dans le corps du texte.
EPM	*Enquête sur les principes de la morale* (GF-Flammarion, Paris, 1991).
EP	*Essais politiques* (Vrin, Paris, 1972).
DRN	*Dialogues sur la religion naturelle* (Vrin, Paris, 1987).

INTRODUCTION

Le but de ce livre est de donner une vue d'ensemble de la philosophie de Hume, en présentant les grands axes de l'œuvre comme des lignes de fuite. Il n'est pourtant ni de couvrir d'un commentaire l'ensemble des aspects de cette philosophie, ni de mêler une voix de plus à la traditionnelle confrontation des commentaires sur l'induction, la cause et quelques autres concepts ou notions généralement contenus dans le livre I du *Traité de la nature humaine*, abusivement tenu pour la pièce maîtresse de l'œuvre entière, et d'oublier ainsi que Hume est l'auteur d'essais esthétiques, politiques, démographiques, économiques, qu'il a écrit une magistrale *Histoire de l'Angleterre* et poli, vingt ans durant, un joyau de la littérature européenne du XVIIIe siècle, les *Dialogues sur la Religion naturelle*. Il s'agit ici de montrer non seulement comment la recherche de Hume se porte en chacune des directions qui relèvent de la « science de la nature humaine », pour y produire des connaissances, mais aussi comment une philosophie première originale la sous-tend. La philosophie de Hume ne laisse pas disjoints les champs de l'expérience et de la pratique ; elle explique, au contraire, comment ils s'articulent et sont produits à partir d'un ensemble constitué de sensations, d'imaginations, de passions, d'intérêts dont l'auteur décrit les compositions et les lois de fonctionnement. Il n'est pas impossible que cette tâche, effectuée par un auteur du XVIIIe siècle, reste exemplaire aujourd'hui même.

Mais avant de dévoiler l'utilité d'une interrogation de Hume pour les hommes de notre temps, il faut expliquer la façon dont la présente étude sera menée. Dans l'œuvre de tout grand philosophe, une distinction doit être opérée entre la façon dont l'auteur expose sa philosophie et, si l'on ose dire, sa philosophie même, soit l'ensemble idéal et purement fictif des innombrables façons dont il aurait pu l'exposer et dont ses commentateurs et continuateurs l'ont exposée. Exposer, c'est sans doute mettre en lumière un certain nombre de notions, de principes, de perspectives, de thèses, de philosophèmes ; mais c'est aussi, inévitablement, accepter l'obscurité sur une multitude d'autres concepts, d'autres axiomes ou postulats, d'autres points de vue, d'autres motifs, qui sont également présents et opérants, mais qui n'agissent que de façon sourde et invisible. La fonction de l'interprète est précisément d'essayer de pénétrer la trame des concepts et des principes que le philosophe a laissée dans l'ombre, ou qu'il n'a, du moins, jamais prise pour thème. Entendons bien qu'il ne s'agit pas d'opposer l'essence d'une philosophie à l'apparence que lui donne l'auteur à travers les multiples ouvrages qu'il écrit. Il n'est pas question de saisir cette essence autrement qu'en lui donnant une figure singulière qui, elle aussi, comme celle qu'elle entendrait corriger ou rectifier, se trouvera dans la même obligation de faire un partage entre ce que l'on présente et ce que l'on dérobe à l'attention.

Un philosophe n'expose pas toujours les notions qui lui servent le plus. Ainsi, une notion aussi capitale dans la philosophie de Hume que celle d'*imagination* jouit seulement, dans le *Traité*, d'une rapide exposition qui l'oppose à la mémoire et elle n'entre dans quelques titres de chapitres que pour remplir des rôles apparemment mineurs. De même, la notion d'*autorité* joue-t-elle un rôle extrêmement original dans une philosophie qui ne la prend explicitement pour thème que sur le terrain politique, alors qu'elle intervient sur les registres les plus inattendus avec une rigueur que seul le commentateur peut mettre en lumière. Hume parle de l'autorité de l'objet, de l'idée abstraite, de la sensation, sans que ces usages ne soient ressaisis par une réflexion spécifique. C'est donc à l'interprète de les théoriser, s'il le peut; ce faisant, il encourra moins le risque de répéter son auteur et saisira la chance d'exposer autrement sa philosophie, laquelle ne reçoit pas nécessairement, de la part de son créateur, l'exposition qui paraît aujourd'hui la plus pertinente. Et cela, pour la raison évidente que, n'existant pas à la même époque que le texte auquel il s'intéresse, le commentateur est tenté de poser, sur le terrain même où l'œuvre est censée s'installer, des questions que son auteur ne s'est jamais posé, voire de puiser dans ses ouvrages des réponses à ces questions. Ainsi Hume ne parle-t-il jamais de sa «théorie du langage» comme il parle, à juste titre d'ailleurs, de sa «théorie de l'espace et du temps»; or l'une et l'autre sont aussi prégnantes, mais il faut que le lecteur reconstitue la première. Il en va de même de la notion d'«inconscient» qui joue un rôle majeur dans la conception humienne du psychisme, mais dont les occurrences au sein du *Traité* sont extrêmement disparates. Les notions de «déréglement», de «folie», de «maladie mentale» accompagnent presque toutes les analyses du psychisme chez Hume. Il faut, si l'on veut comprendre les processus normaux, soigneusement observer les fonctionnements anormaux.

Mais cette lecture qui veut enquêter sur les interstices mal éclairés de la philosophie de Hume peut aller beaucoup plus loin en repérant, non seulement les notions importantes, mais les *principes* de leur fonctionnement. Car Hume ne les éclaire pas immédiatement sous tous les angles; il paraît même leur donner des significations disparates et contradictoires, si l'on ne prend pas suffisamment garde au *point d'inflexion* qui permet de passer d'une orientation à l'autre. De plus, il est de véritables *schèmes explicatifs*, constamment présents dans la philosophie humienne, quoique jamais élucidés, alors que l'effort de leur éclaircissement entrepris par le lecteur se trouve assez rapidement couronné de succès. Tel est le cas de ce que nous avons regroupé sous le terme de *dynamique psychique*.

On trouve épars dans l'œuvre les éléments d'une doctrine des forces mentales ; il n'est aucune notation descriptive sur la *vivacité* des impressions et des idées qui ne s'accompagne de considérations sur les sous-bassements dynamiques des unes et des autres. Souvent l'explication dynamique prend le pas sur la simple description de ce que l'on sent et elle donne les véritables raisons de la situation psychique telle qu'elle est vécue. Lorsqu'on essaie de réunir ces éléments d'explication, on découvre un usage théorique fort cohérent et conscient des difficultés qui résultent de la transposition de la *force* et de la *strength* du plan physique au plan psychique. Quiconque observe de près les usages de l'ensemble des termes qui marquent non seulement les forces, mais aussi leur composition, comprend très vite qu'il n'a pas affaire à de simples métaphores, mais à un réel effort de science, quoiqu'il soit resté souterrain. Sans doute, les modes d'explication dynamique, mais aussi chimique, optique, restent-ils disjoints sur de nombreux points, faute d'une thématisation suffisante, mais il est facile de comprendre que la notion de « nature humaine », loin d'être une entité dogmatique dont on s'efforcerait de déduire tous les comportements, est très exactement l'inverse : elle apparaît aux fondements de chaque domaine d'expérience et à l'intersection de ces fondements.

Cette interrogation n'est pas seulement importante pour la philosophie de Hume elle-même, dans un projet d'histoire de la philosophie. P. Kaufmann a bien vu que, par-delà les raffinements des analyses des *Erlebnisse* effectuées par les phénoménologues, la philosophie de Hume devait être repensée et réactivée sous l'angle de la probabilité et des forces mises en jeu par les représentations [1]. Nous ajouterons, pour notre part, que les représentations ne sont pas le seul matériau psychique et que les passions, qui sont de pures forces, distinctes sinon indépendantes des représentations, relèvent en première ligne de la réflexion dynamique. Il apparaît dès lors clairement que Hume ne saurait être lu *aujourd'hui* pour les raisons qui le faisaient se considérer lui-même comme novateur. Ainsi croit-il ou feint-il de croire que ce qui fait la force de son système, par-delà même la cohérence qui en assure la « beauté », c'est son accord très serré avec l'expérience. Or ce que Hume appelle « expérience » a-t-il le moindre rapport avec ce que la psychologie expérimentale nous a appris à appeler ainsi ?

Ce que Hume appelle « expérience » est plutôt une espèce de philosophème stéréotypé qui passe d'œuvre en œuvre, traversant les siècles d'Aristote à Saint Thomas, de Montaigne à Pascal, et que le philosophe doit expliquer pour prouver ainsi la valeur de ses thèses. Dans ce curieux « empirisme » de Hume, c'est donc moins le souci de l'expérience qui retient l'attention que les fantasmes d'expérience, la façon dont des images, des sensations, des notions se structurent et se transmettent à une époque

1. KAUFMANN P., *L'expérience émotionnelle de l'espace*, Paris, Vrin, 1977, p. 107-8.

donnée pour constituer ce qui apparaît, aux contemporains et au philosophe lui-même, comme une expérience. Quel fantasme a-t-on voulu prendre pour expérience ? Il paraît plus essentiel de soulever cette question que de prendre de prétendues « expérimentations » au pied de la lettre. Les expériences auxquelles Hume fait allusion sont des élaborations secondaires relativement stables : aucune espèce de contrôle expérimental ne permet d'établir leur réalité. Prenons garde toutefois que, d'une certaine façon, ces fantasmes n'existent pas moins et existent peut-être même davantage que la prétendue réalité des expériences psychiques, dont Hume n'est pas dupe, comme le prouve assez la discussion sur la réalité – ou plutôt l'irréalité – des sensations.

Ce n'est pas du côté d'une critique de la psychologie dite « expérimentale » que Hume peut être utile à nos contemporains ; c'est paradoxalement par le biais le plus hautement spéculatif que Hume nous intéresse. On sait que Freud a écrit, en 1895, une *Esquisse d'une psychologie scientifique*, en se référant non pas à Hume, il est vrai, mais plutôt à des philosophes comme Hobbes et surtout au psychophysiologue Fechner. Or c'est dans cette direction éminemment spéculative quoique fortement découragée par de nombreux philosophes – comme Hegel – que Hume semble être le plus utile, pourvu qu'on n'entende pas son dynamisme dans un sens substantialiste dont il nous a précisément appris à nous passer. La rigueur méthodique avec laquelle Hume conduit ses spéculations est telle que les notions de sens, de direction, d'intensité, de composition, paraissent fournir les matériaux philosophiques qui pourront être introduits postérieurement dans la théorie des vecteurs telle qu'elle verra le jour chez un auteur écossais comme William Hamilton. Ainsi tiendrons-nous le plus grand compte, dans notre lecture de Hume, des éléments dynamiques de sa doctrine, même si, en dépit de leur constance dans l'œuvre, ils restent toujours vaguement refoulés de l'analyse. Le travail du commentateur peut être précisément d'essayer de transformer ce refoulement en une opération plus consciente, soit en une dynamique mieux ouvragée. Il peut ainsi, en retournant les analyses classiques tout en restant fidèle à la lettre des textes de Hume, lancer quelques idées en direction d'une philosophie qui, aujourd'hui même, serait susceptible d'unifier et d'organiser bon nombre de matériaux venus des diverses sciences de l'homme.

La dynamique humienne s'accompagne inévitablement d'une théorie des fictions. Dès lors que le psychisme apparaît naturalisé en un champ de forces, le sujet n'a plus guère de place que comme une fiction, comme la plupart des notions qui lui sont solidaires. Toutefois, quand Hume recourt, avec originalité et précision, au terme de « *fiction* » et ne manque pas de lui donner la fonction critique par laquelle se trouvent mises en question la permanence des objets que l'on ne perçoit plus, l'identité et la permanence du moi, l'idée de Dieu, celle d'immortalité, celle du pouvoir etc., il ne songe nullement à réunir ces dénonciations en une réflexion unifiée sur l'idée de *fiction*. Comme l'*autorité*, la *force*, l'*imagination*, etc. qui sont elles-mêmes des fictions, la *fiction* ne fait l'objet d'une étude particulière ni dans le *Traité* ni dans quelque *Enquête*: c'est au lecteur d'en évaluer la teneur et d'essayer d'en faire la théorie.

Le traitement humien des fictions pose la question des contradictions, qui constitue le fil rouge du présent ouvrage. En effet, s'il est une théorie des fictions chez Hume, elle est née de la difficulté de parler d'un très grand nombre de notions et d'objets autrement que *par antinomies*; et elle est constituée par le retournement d'un outil critique en organe de construction de nouvelles positions philosophiques et politiques. Il convient d'inspecter chez Hume les *points de rebroussement* qui font que, souvent, un principe se met à dire le contraire de ce qu'il a commencé par paraître signifier. La philosophie de Hume s'exprime toujours deux fois et, au risque d'irriter son lecteur et de passer pour un scepticisme vulgaire, elle inverse souvent, dans sa seconde version, ce qui était dit dans la première, à quelques pages de là. Lorsqu'on se met en position d'observer les points d'inflexion, on constate que Hume a gardé la maîtrise de ces inversions, quoiqu'il ne l'ait pas toujours explicitée.

Or, sans l'explicitation que nous nous proposons, ces inversions sont *dangereuses* parce qu'elles inclinent le lecteur vers l'une des trois attitudes suivantes: choisir arbitrairement une thèse contre l'autre, ce qu'ont notoirement fait ceux qui, sans la moindre précaution, parlent de l'« empirisme » de Hume; mépriser un scepticisme philosophique qui, dès lors qu'il tient des thèses opposées, se différencie mal d'un scepticisme vulgaire, en dépit de la distinction subtile des *Dialogues*[1]; parler d'une philosophie de l'ambiguïté, comme si la philosophie ne se distinguait jamais de l'opinion. Or il y a, chez Hume, une pratique du double sens qui ne ressemble ni à la dialectique hegelienne, ni à la philosophie pascalienne des ordres, sans mériter pour autant la qualification d'ambiguë. Comment est-ce possible?

Certes, il est des contradictions qui ne sont pas difficiles à résoudre et qui se dissolvent pour ainsi dire en les énonçant, d'autant que Hume pense que le psychisme souffre que des phénomènes ou des activités contraires s'y produisent conjointement. Ainsi dit-il que l'esprit tend vers la simplification (par exemple en faisant se ressembler des choses qui ne se ressemblent pas, en assimilant des événements contraires), mais il note aussi que l'esprit cherche l'opposition (*Traité*, II, 292), ce qui contredit la tendance à la simplification. La contradiction n'est toutefois pas ici monstrueuse car il n'est pas logiquement scandaleux que l'esprit lutte contre sa propre tendance à simplifier. De même, Hume dit que les passions ne sont jamais aussi fortes que lorsqu'elles sont liées à la croyance et paraissent suscitées par des circonstances réelles, comme est puissante la crainte dans une situation dangereuse; mais il dit aussi, *à l'inverse*, que les passions peuvent être assez fortes pour nous faire croire à une situation qui n'existe

1. Dès la première partie des DRN, Philon s'efforce de faire une distinction, récusée par Cléanthe, entre le scepticisme vulgaire et le scepticisme philosophique. Le *premier* n'est qu'un mépris des sciences et de la philosophie qu'il ne comprend pas; le *second* tient en considérations précises «*sur l'incertitude et les étroites limites de la raison*» (DRN, 60-61).

pas nécessairement comme dans le cas de la timidité qui trouve partout des raisons de craindre, alors que les circonstances ne l'imposent pas. Il est encore un cas qui porte au comble l'inversion: lorsque, la crainte étant violente, la situation est si dangereuse que nous parvenons à faire comme si le danger, qui n'est pas encore présent, n'avait aucune espèce de réalité. Tout se passe comme si la vie se défendait contre les fantasmes qui la menacent, eussent-ils le principe de réalité en leur faveur[1]. Ces inversions de fonctionnement sont à peine des contradictions et elles montrent la nature de la réalité, qui est *principe* flexible plutôt que *chose*.

Les contradictions et les inversions précédentes, qu'elles soient réelles ou apparentes, paraissent affecter l'existence même; prenons garde toutefois que, si l'existence, qu'elle soit psychique ou physique, se dit à travers des contradictions, cela ne signifie pas qu'elle soit elle-même contradictoire. La philosophie de Hume n'a pas l'immodestie de parler de l'existence comme si on pouvait la pénétrer telle qu'elle est en soi. La science n'est que la mise en ordre discursive des manifestations de l'existence. Simplement, le philosophe expérimente que les discours sont souvent contradictoires dès qu'ils en traitent, sans que rien ne lui permette d'attribuer à l'existence même les contradictions du discours. La science est, dès lors, la rectification permanente de son propre discours.

Mais, même limitée au discours et à l'entendement, sa portée ontologique étant laissée indéterminée, la contradiction fait problème lorsqu'elle atteint les principes et l'usage même des principes. Hume ne se livre guère à une affirmation qu'il estime fondamentale sans qu'il ne la rectifie par la suite, parfois jusqu'à en inverser le sens.

Il existe chez Hume un procédé tout pascalien de rectifier une proposition générale, sinon universelle, en invoquant un cas exceptionnel qui vient la contredire. Le lecteur du *Traité* est étonné de voir la place, en apparence disproportionnée, réservée aux exceptions dans certains chapitres. Or, loin d'être une maladresse rhétorique qui consiste à laisser trop de terrain à une proposition singulière qui renverse le propos général, il s'agit tout au contraire, en cassant ce propos, de donner l'impression d'une prise en compte de l'existence dans ce qu'elle a de rebelle au discours et, à la fois, d'approfondir la proposition générale, en lui donnant un autre sens. Ainsi, en philosophie pratique, voit-on Hume qui, après avoir affirmé le principe général qu'aucune obligation ne saurait nous être moralement imposée sans que la nature nous pousse à la remplir, prend le cas, qu'il tient pour exceptionnel, du père qui, n'aimant pas spontanément son enfant, se donne pourtant l'obligation de l'aimer, pour être comme les autres pères. L'obligation peut alors être, exceptionnellement, un motif d'action, sans que la nature nous pousse à cette action. La morale de Hume peut donc être exceptionnellement une morale de l'obligation. Mais l'art de l'exception est tel chez Hume qu'il produit deux résultats qui changent

1. *Dissertation sur les passions*, sect. I, § 6, 4e alinéa. TNH, L. II, IIIe part., sec. 9, alinéa 24.

l'affirmation générale de départ. *D'abord*, il fait douter que cet amour par obligation soit tellement exceptionnel. N'avons-nous pas les sentiments qu'une collectivité attend de nous dans des circonstances particulières ? Le sentiment ne nous vient-il pas *indirectement*, par une exigence de sentir qui n'empêche pas sa naturalité ? On voit alors que l'obligation dont il est question n'est plus une obligation morale et que sa naturalité, si l'on peut encore en parler, s'est approfondie. *Ensuite*, qu'il n'est pas impossible de dire que la morale de Hume est une morale de l'obligation, sans doute parce qu'il existe des vertus artificielles, mais aussi sans qu'on donne à l'« obligation » un *sens trop étroitement moral*. La première formule selon laquelle il n'y a pas d'obligation sans un mouvement naturel qui la soustend peut bien être conservée, mais avec un tout autre sens. On pourrait aller jusqu'à dire que la naturalité n'est qu'un masque du devoir, lequel ne se supporte pas lui-même dans sa nudité.

L'exception fonctionne tout autant sur le terrain de la philosophie théorique, lorsqu'on voit Hume défendre une idée étrangement contradictoire avec la thèse générale soutenue sur la cause. La thèse la plus évidente est que c'est le grand nombre de conjonctions constantes entre les phénomènes A et B qui conduit à sentir une cause entre A et B. Mais, en une page, curieuse en apparence, du *Traité* (I, 170), Hume défend l'idée que « non seulement en philosophie, mais même dans la vie courante, nous pouvons atteindre la connaissance d'une cause particulière à l'aide d'une seule expérience pourvu qu'elle soit faite avec jugement et après avoir soigneusement écarté toutes les circonstances étrangères et superflues ». Cette entorse au principe général n'est pas un simple accroc dans la thèse ; elle la change subtilement : de la conjonction constante de A et de B, ou si l'on préfère, de la conjonction de A' et de B', de A'' et de B'', de A''' et de B'''..., on n'induit pas seulement l'idée d'une cause entre A et B, mais celle, plus générale, plus diffuse, plus fictive, de *causalité*, de telle sorte que cette idée puisse s'appliquer à des événements très différents de A et de B, perçus une seule fois. Tout se passe comme si la causalité pouvait agir, sinon tout à fait comme une catégorie *a priori*, du moins comme une idée dont la généralité déborde considérablement les expériences effectuées, encore que sa genèse reste celle d'une accumulation d'expériences semblables.

L'exception est équipotente à la règle ; Hume est nominaliste et il ne croit pas à la valeur absolue des idées abstraites, des règles universelles et des lois parfaites. Son intérêt le porte vers le cas qui va renverser la loi. Or, l'art de l'exception est moins une hostilité à la science qu'un véritable style scientifique qui a sa tradition dans les courants nominalistes. L'exception n'est pas, dans la philosophie de Hume, lointaine et clandestine ; si elle est rhétoriquement marginalisée, si Hume dit qu'« elle ne suffit pas pour renier entièrement un raisonnement » (II, 258), elle est pourtant constamment recherchée et valorisée.[1]

1. La « mise en demeure » (de montrer un exemple contraire à un principe), nous sommes obligés d'en user fréquemment, car c'est presque le seul moyen de fournir la preuve d'une négation en philosophie » (TNH, I, 234, 235-236).

On dira qu'une exception n'est pas en contradiction avec la règle ou la proposition générale, dès lors qu'on ne tient pas cette règle ou cette proposition pour universellement valable. Mais la contradiction est plus flagrante quand Hume demande, d'une part, en un texte célèbre, d'être attentif au glissement des philosophies moralistes de l'*être* au *devoir être* (*Traité*, III, 65), et qu'il renverse, d'autre part, sans s'expliquer davantage, des propositions de fait en propositions normatives, destinées à juger du bien-fondé d'affirmations ou de négations sur le terrain métaphysique. Il y a une différence considérable entre le constat que les idées trouvent leur origine dans des impressions de sensation ou de réflexion et la transformation d'un tel constat en précepte ou en maxime qui conduit au rejet des idées qui ne dérivent pas de l'expérience. L'empirisme tient moins alors au constat banal de la dérivation de toutes nos idées à partir de l'expérience, qu'à la décision méthodique de ne tenir pour bien fondées que les idées qui dérivent de l'expérience. Hume transforme alors une proposition située à l'horizon d'une interminable vérification en rasoir propre à éliminer toutes les idées qui ne dérivent pas de l'expérience et qui, à ce titre, passent pour être fallacieuses. On trouve donc chez lui le retournement d'un constat en règle ou en norme susceptible de départager les fictions authentiques que sont les idées générales (normalement fondées sur l'expérience) des fictions inauthentiques (qui ne reçoivent pas de l'expérience une telle caution). Cet empirisme est de décision plutôt que de description : il ne se contente pas de repérer l'*autorité* de l'expérience ; il reconnaît cette autorité et discrédite toute position qui ne la reconnaîtrait pas. Il autorise l'expérience à cautionner les idées. La notion d'*autorité* va bientôt apparaître au cœur de tout le dispositif d'oppositions, de contrariétés, de contradictions que nous commençons d'explorer.

Un tel renversement de l'*être* au *devoir être* est visible lorsqu'il s'agit de discuter l'idée d'un temps vide, sans existence changeante : « Que nous n'avons pas d'idée semblable, *c'est certain*, car d'où proviendrait-elle ? Naît-elle d'une impression de sensation ou de réflexion ? Qu'on nous la montre distinctement afin que nous puissions connaître sa nature et ses qualités. Mais si vous ne pouvez nous indiquer une telle impression, vous pouvez être certain de vous tromper quand vous imaginez avoir une telle idée » (I, 120). On assiste ici nettement au renversement d'une *loi* qui se constitue lentement, hardeusement, en intégrant expériences négatives et expériences positives, jusqu'à une limite qui ne peut jamais être autre chose qu'une probabilité, en *règle*, ou en norme, qui définit *en toute certitude* une pratique qu'il convient d'adopter à l'égard de certaines idées ; et la pratique de la règle est plus dogmatique encore que la règle qui parle seulement de « notre méthode accoutumée d'examiner les idées en considérant les impressions d'où elles sont tirées » (I, 317). Il existe donc un étonnant décalage entre une théorie de la science, portant sur des faits, qui ne cesse de rappeler la connaissance à la modestie (aucune loi ne pouvant être posée comme universelle) et une façon de procéder dogmatiquement à l'égard de certaines idées. Sans doute pourrait-on rétorquer que les idées qu'il s'agit de détruire (celles d'un espace et d'un temps vides, de nécessité, de pouvoir, de substance, d'immortalité de l'âme, d'unité et d'unicité du moi, etc.) sont elles-mêmes assénées avec un incroyable dogmatisme. Suffit-il toutefois, pour réfuter un dogmatisme, de lui opposer un dogmatisme contraire? Le renversement en un devoir-être dogmatique de ce qu'on a patiemment conquis par l'observation est-il tellement convaincant?

Si Hume pratique, sans s'expliquer beaucoup, le retournement de l'être en devoir être sur le terrain scientifique, il est du moins parfaitement conscient de ce retournement, comme le prouve la discussion de la fin du livre I du *Traité* (p. 361) concernant l'effet sur notre esprit des raisonnements raffinés. Il commence par constater que «des réflexions très raffinées n'ont sur nous que peu ou pas d'influence», mais il ajoute aussitôt, réfléchissant sur la possibilité d'une reprise *déontologique*[1]: «et pourtant nous n'établissons pas, ni ne pouvons établir comme règle qu'elles ne doivent pas avoir d'influence; ce qui implique une contradiction manifeste».

La solution d'une telle contradiction entre le point de vue «ontologique» et le point de vue «déontologique» n'est compréhensible que si l'on pénètre assez profondément les théories des probabilités telles qu'elles se partagent au XVIIIe siècle: les théories objectives, qui posent que la probabilité est interne aux choses ou qui, du moins, la traitent ainsi; les théories subjectives qui posent que la probabilité n'a de sens que par rapport à notre appréciation des choses et qui la calculent ainsi. Ce qui s'appellera bientôt «loi» des grands nombres chez Bernoulli s'oppose à la «règle» de Bayes. L'art de Hume est de passer constamment d'un point de vue à l'autre, de reprendre un résultat obtenu par la théorie objective en lui donnant une autre portée, subjective, celle-là. Le passage d'un sens à l'autre s'effectue et se lit particulièrement dans la notion, plus clandestinement utilisée que véritablement analysée par Hume, celle d'*autorité*. L'autorité est force et modalité d'usage de la force, recours réglé à la force et réflexion sur elle. Elle s'impose mais en même temps elle laisse une marge de manœuvre à qui veut en imposer ou s'en laisser imposer. Elle est le *fait* de la force, le fait d'y être soumis; et la réflexion de ce fait, laquelle implique une reconnaissance de cette force et une sorte d'obligation plutôt que de nécessité; cette obligation étant toujours évidemment solidaire d'une marge de manœuvre à l'égard des règles, qui laisse place à quelque insoumission. C'est ainsi que Hume parle, à juste titre, à propos de l'expérience, de sa *force* qui *contraint*, mais, mieux encore, de son *autorité* qui *oblige*. *L'expérience* n'est pas seulement une force qui presse; elle *est un principe qui instruit* (*Traité*, I, 358). Elle est solidaire de règles que l'on

1. Nous empruntons ce terme à Bentham, qui l'a forgé. Ce retournement du point de vue ontologique au point de vue déontologique est d'un grand intérêt pour la *théorie des fictions*.

se donne pour user d'elle. Nous verrons tout à l'heure les conséquences qu'il faut en tirer sur la structure de la science humienne. Auparavant, et pour clore provisoirement ce chapitre des contradictions et inversions, il nous faut encore considérer un autre type de retournement de principes, différent des précédents (par exception, par passage du fait à la règle), qui nous ramènera autrement à la notion d'*autorité*.

Les principes qui définissent les rapports des impressions et des idées sont tous soumis à réinterprétation. On peut aisément les énoncer : l'idée est distincte de l'impression ; l'impression précède l'idée ; l'idée, qu'elle soit souvenir, imagination ou abstraction, n'est jamais qu'une copie de l'impression. Or chacune de ces propositions est sujette à inversion. Ainsi, concluant un chapitre sur les causes de la croyance (*Traité*, I, 171), Hume affirme que, dans la croyance, « l'idée tient lieu d'impression » et qu'il y a même, entre idée et impression, « identité complète ». L'expression « tenir lieu de » (*supplies the place*) (SB, 106) est intéressante, parce qu'elle est l'organe du renversement : sans doute, n'existe-t-il pas d'idée générale ; seule une idée singulière, voire une impression, peut en donner l'équivalent. Mais l'inverse est également possible : une idée se sent ; dès lors elle peut toujours valoir comme une impression. Tout se passe comme si Hume partait d'un dogmatisme de la sensation qu'il renversait par un relativisme radical. Il établit d'abord un principe qui dénote un réalisme de la sensation ; puis il renverse ce principe par un relativisme qui s'applique à tous les mouvements psychiques : une expérience singulière fait apparaître que la sensation n'est qu'une abstraction et que l'idée elle-même peut valoir pour une sensation. On passe d'un réalisme de l'élément, lequel permet une première esquisse du principe, à une compréhension « fonctionnelle » de l'élément. Aucune entité psychique n'existe en soi ; elle peut toujours valoir pour autre chose qu'elle-même ; c'est la fonction qui prime l'élément.

On trouve la même idée, énoncée un peu autrement, lorsque Hume commence par établir que la loi n'est jamais qu'à l'horizon d'une successsion d'innombrables expériences (ou connexion d'expériences) ; la loi apparaît alors probable, fragile ; puis Hume fait apparaître que les règles générales jouissent d'une autorité prodigieuse sur notre imagination ou notre entendement, et même sur nos sens auxquels on finit par faire moins de crédit qu'aux généralités, au risque de tomber dans l'erreur (*Traité*, II, 223). Ce ne sont d'ailleurs pas les seuls philosophes qui préfèrent croire aux abstractions de leur entendement plutôt qu'à leurs sens ; le sens commun agit de même lorsqu'il croit en une permanence des objets indépendamment des sensations qu'il en reçoit (*Traité*, I, 302). Tout se passe comme si Hume introduisait ses principes (qui relèvent généralement d'abord d'un empirisme sensualiste) dans un certain système de repères ; qu'il changeait ensuite ce système contre un autre pour faire comprendre qu'il n'y a ni sensation en soi, ni idée en soi, que toute sensation peut valoir pour une idée et toute idée pour une sensation, de telle sorte que seules les fonctions soient vraies, de préférence aux éléments. Par ce relativisme,

Hume se montre aussi exigeant que Galilée, dans la mesure où il établit par quel *tour* on passe d'un système de références à un autre : ce tour peut être, par exemple, la ressemblance, « qui convertit l'idée en impression » (*Traité*, II, 201) ; plus généralement, Hume étend à l'ensemble des relations la possibilité de cette conversion (p. 158) : « la différence [entre l'idée et l'impression] peut, dans une certaine mesure, être abolie par une relation [on ne précise pas laquelle] entre les impressions et les idées ».

Mais si l'on mettait exclusivement l'accent sur le jeu des représentations, indéfiniment traductible en d'autres jeux, au bénéfice de toutes sortes de « tours » opérés par les relations, on oublierait une dimension essentielle qui apparaît clairement lors de la discussion de la croyance et qui porte sur les *forces* mises en jeu. L'impression est en principe plus forte que l'idée ; mais une fois qu'une habitude est instaurée, l'idée qui en résulte peut « *triompher* » de l'impression et même du principe de causalité (*Traité*, I, 184). On comprend bien que ce qui apparaît avec une certaine force et une certaine vitesse dans un ensemble de repères se trouve entièrement changé dans un autre univers. Mais la considération du jeu de forces nous permet-elle de mettre un terme au relativisme galiléen des impressions et des idées ?

C'est peu probable, car il semble toujours possible que, quelle que soit l'entité psychique que nous considérions, nous puissions la sentir par réflexion, ce qui lui donne un autre sens et une autre valeur. Ce relativisme, qui paraît se poursuivre jusque dans la dynamique, mérite quatre remarques. *D'abord*, il explique l'apparent désordre des termes que Hume utilise pour rendre compte de la sensation et de l'affectivité (*sense*, *sensation*, *feeling*, *sentiment*...). Ce jeu de termes est beaucoup mieux réglé qu'on le croirait : il est destiné à rendre compte de ce déplacement de la sensiblité qui fait que ce qu'on sent d'une certaine façon peut toujours être senti et pensé autrement. *Ensuite*, Hume n'est newtonien, ni dans le sens trivial où il aurait voulu concevoir les phénomènes psychiques comme relevant du même type d'explication que le système des planètes, ni dans le sens plus raffiné où Newton envisage un terme au jeu du relativisme et parle de mouvement absolu, d'espace et de temps absolus. *En troisième lieu*, Hume ose introduire dans sa dynamique des termes qu'il a auparavant critiqués au point de ne plus leur donner qu'un sens symbolique, sans aucune espèce de saisie de la réalité en soi des choses. Tel est le cas de la notion de *tendance*, qui joue un rôle décisif dans la géométrie des passions du livre II du *Traité* (185, 232). *Enfin*, l'autorité, que nous avons découverte comme fiction fondamentale au point de rebroussement des principes, s'harmonise avec le jeu de forces, que nous trouvons au fondement de la relativité des représentations et livré lui-même au relativisme.

Avec la dynamique, que la force soit considérée comme absolue ou relative, Hume tient un schème explicatif du jeu des représentations, souvent indépendamment de ce qu'elles représentent, en faisant agir des compositions toujours variables de forces. L'idée peut bien être différente de l'impression ; mais quand on a compris qu'elle ne diffère d'elle par rien d'autre que par le degré de force, on saisit alors qu'une idée peut être avivée et renforcée, tandis qu'une impression peut être affaiblie et ressentie comme affadie.

Le jeu des inflexions, des renversements et des retournements du sens des principes, que nous commençons de découvrir et dont l'observation attentive permet de sauver Hume du reproche de scepticisme vulgaire, incite encore à faire deux remarques: sur la technique du retournement et sur le contenu des principes qui s'inversent. Sur le *premier point*, si toutes les relations peuvent servir à effectuer des rebroussements dans l'orientation et le sens des principes, il en est une sur laquelle il convient d'insister particulièrement, dans la mesure où elle est quelque peu négligée par la présentation générale qu'en fait Hume, quoiqu'elle joue un rôle majeur dans sa philosophie: la *différence*. Or les lois de l'affectivité sont très souvent différentielles. C'est un leitmotiv du *Traité* que « nous jugeons les objets plutôt par comparaison que par leur mérite réel et intrinsèque» (II, 127).

Dans une philosophie comme celle de Hume, cette dernière affirmation, surtout quand elle se fait accusatrice, est paradoxale en de multiples sens. *D'abord* parce que la réalité du mérite ne peut être que passionnelle. C'est par un complexe affectif, qui s'est en quelque sorte solidifié, que se sont constituées ce qu'on appelle les valeurs, comme s'il se fût agi d'objets autonomes. Par rapport à ces valeurs qui ont gagné une temporalité propre et longue, peut à nouveau se développer un jeu affectif de temporalité différente et beaucoup plus courte. *Ensuite*, ces lois différentielles, qui caractérisent les traités des passions depuis le XVIIe siècle, ont la propriété d'inverser la signification des principes. On pourrait croire, par exemple, qu'on est d'autant plus jaloux d'une personne que la comparaison avec elle nous est socialement désavantageuse; or il n'en est rien et l'on jalouse le plus intensément ceux qui se distinguent de nous alors qu'ils nous sont très proches par le rang. Le principe général prend donc un tout autre sens, dès lors qu'on lui donne une signification différentielle. Le scepticisme humien ne s'arrête pas à constater la contradiction dans les principes: il explique son apparence, qu'il en fasse comprendre la variation et, quand il le faut, à la façon des mathématiciens qui analysent les courbes complexes par un système de dérivées, la variation de la variation (*Traité*, II, 193). Par là encore, l'apport de Hume à la théorie des fictions n'est pas négligeable.

Sur le second point, nous retrouvons inévitablement la logique des fictions, puisque les notions les plus vivement contestées par l'entendement dans un premier temps, comme l'unité, l'unicité, la permanence du moi dans le temps, qu'elles soient prétendument senties ou conçues, gagnent étrangement une positivité, en un second temps, sur le terrain pratique des passions. Ce qui perd toute valeur, aux yeux de l'entendement, comme la notion de *pouvoir* ou de *puissance*, en prend toutefois une aux yeux de nos passions; et c'est ce dernier point de vue qui l'emporte pratiquement.

La pratique de l'inversion ne discrédite aucunement les principes, lesquels sont pris au sérieux par Hume, qui ose s'exclamer: «Devient-on philosophe en changeant sa méthode de raisonnement et en passant d'un principe à son contraire, au gré des phénomènes qu'on voudrait expliquer?» (*Traité*, II, 235). Le jeu galiléen des propositions humiennes explique l'extraordinaire maîtrise du dialogue philosophique chez le philosophe écossais du XVIIIe siècle. Chaque proposition peut être défendue en plusieurs sens par des personnages divers qui peuvent, un temps, s'unir sur une équivoque inaperçue avant que son développement ne donne lieu à leur vif désaccord. Chaque proposition qui triomphe un instant prépare, par son triomphe même, son effondrement. Le plaisir du dialogue tient précisément à ce jeu de revirements. Mais la supériorité philosophique du traité sur le dialogue tient à ce que le jeu des renversements peut s'observer au point même où le sens se renverse, alors que dans le dialogue l'inflexion se trouve fragmentée en personnages et présentée en conflit alors même que c'est sur le *tour* qu'il faudrait réfléchir.

Lorsqu'on envisage la philosophie de Hume sous l'angle d'une théorie des fictions, on lève un certain nombre de difficultés qu'il faut énumérer. *D'abord*, il est imprudent de parler d'empirisme humien, comme s'il s'agissait d'une évidence. Ce qui paraît beaucoup plus évident, c'est que ceux qui en parlent ont décidé de ne valoriser que les premières lignes du *Traité* et d'ignorer superbement l'*Abrégé* du *Traité*, texte dans lequel Hume s'efforce de réconcilier les innéistes avec les empiristes, Malebranche avec Locke[1]. A vouloir ne retenir que l'empirisme de la philosophie de Hume, comme si d'ailleurs le mot n'avait qu'une acception, on oublie l'inflexion par laquelle les principes paraissent se relire eux-mêmes et recevoir un autre sens. *Ensuite*, il ne faudrait pas non plus, sous prétexte de tenir compte des deux versants ou des deux sens d'un principe, traiter la philosophie de Hume comme équivoque, ambiguë; bref comme un scepticisme vulgaire. Le scepticisme humien contient une défiance à l'égard de lui-même: «Un vrai sceptique se défiera de ses doutes philosophiques aussi bien que de sa conviction philosophique» (*Traité*, I, 366). *Enfin*, le dernier point reste lié au scepticisme philosophique de Hume dont le seul espoir affirmé à la fin du livre I «est de pouvoir contribuer un peu au progrès de la connaissance, en donnant sur quelques points un tour différent aux spéculations des philosophes et en leur marquant plus distinctement les sujets où ils peuvent seulement espérer (*expect*) assurance et conviction» (p. 366). Nous pourrions, en risquant un anachronisme[2],

1. *Abrégé du Traité de la nature humaine*, trad. Deleule, Aubier-Montaigne, Paris, 1971, p. 43-45.

2. Le *Traité* date de 1739; l'*Essai* bayesien *en vue de résoudre un problème de la doctrine des chances* a été publié en 1764 et il est peu probable que Hume l'ait connu directement. Au moins a-t-il pu en entendre parler par son ami Price qui a pris soin de publier, de commenter et de prolonger l'*Essai* de Bayes dans les *Philosophical Transactions*. Pour ce qui est de la culture de Hume sur la question des probabilités, l'auteur du *Traité* et de l'*Enquête* en parle avec assez d'intelligence et dans des termes tels qu'on acquiesce très volontiers à l'affirmation d'A. Leroy selon laquelle Hume a lu certains traités de probabilités, en particulier *l'Ars conjectandi* de Bernoulli.

qualifier de « bayesien » le style de la science humienne. Nous entendons par là une science qui manifeste toujours, dans son discours sur les choses, la conscience même de ses méthodes[1]. La science bayesienne évalue ses propres affirmations en fonction des informations plus ou moins riches qu'elle recherche dans l'expérience ; elle est moins un travail direct de l'expérience, lequel n'a guère de sens dans le domaine de la nature humaine, qu'une incessante modification d'elle-même au fur et à mesure que l'on possède plus d'informations sur une situation.

On voit, une fois de plus, qu'il convient d'être méfiant à l'égard de la valeur des « expérimentations » dont Hume se vante si aisément et qui ne paraissent pas plus réelles chez lui que chez Montaigne, Pascal ou La Rochefoucauld. C'est pourquoi il faut commencer par s'interroger sur l'existence et la nature de ce prétendu « *empirisme* » qu'on s'accorde à attribuer à Hume de toutes parts, quoique avec des acceptions très discordantes.

Ce n'est qu'après avoir repéré ce prétendu « empirisme » qu'il faudra considérer les concepts et les méthodes qui s'appliquent réellement aux sciences humaines. Hume a eu le sentiment que son travail concernant les sciences humaines était prématuré : « peut-être sommes-nous encore à une époque trop récente du monde pour découvrir des principes qui supporteront l'examen de la postérité la plus reculée » (*Traité*, I, 366). Notre projet est de montrer que « l'essai pour introduire la méthode expérimentale dans les sujets moraux »[2], moyennant d'importants amendements, est peut-être le mieux disposé aujourd'hui même pour fournir une philosophie qui permette de distinguer, d'articuler les méthodes, de confronter utilement les résultats des diverses sciences humaines. Sans doute, les temps ont-ils changé : les sciences humaines ont été capables de produire des expériences souvent différentes des fantasmes dont nous parlions ; leurs méthodes sont devenues indépendantes de la philosophie et elles produisent des résultats que la seule réflexion n'aurait su prévoir. Mais le besoin philosophique de ces sciences demeurent ; il faut constater que les grandes tentatives de ce siècle (phénoménologiques, marxistes, structuralistes) pour les satisfaire ont partiellement échoué.

La philosophie de Hume, par sa théorie originale de la contradiction et des fictions, donne l'idée des contours de ce que pourrait être une philosophie des sciences humaines dans leur développement actuel. Au moins peut-on risquer cette hypothèse et évaluer les chances d'une philosophie inclassable, qui n'a jamais suscité d'école mais des montagnes de commentaires.

1. TNH, I, 263, SB, 181-2 : « Dans tout jugement que nous pouvons former sur la probabilité, aussi bien que sur la connaissance, nous devons toujours corriger le premier jugement tiré de la nature de l'objet par un autre jugement tiré de la nature de l'entendement ».

2. Sous-titre que les traducteurs ne doivent surtout pas séparer du titre de *Traité de la nature humaine*.

PREMIÈRE PARTIE

UN EMPIRISME INTROUVABLE

LES ÉLÉMENTS DE LA PHILOSOPHIE DE HUME

INTRODUCTION

Conformément à la façon de procéder de Hume, cette première partie est destinée à explorer les éléments de la philosophie du *Traité* et de l'*Enquête*, en gardant toujours à l'esprit que l'élément, quel qu'il soit, sensation, impression de réflexion, image, idée générale, n'a de sens qu'en relation avec d'autres éléments et qu'en remplissant une fonction. Comme il y a des fonctions de l'image, ou de l'idée générale, ou de la passion, il y a une fonction « sensation » qui peut être assumée par quelque élément que ce soit ; car la sensation même peut être comprise comme l'une des idées les plus abstraites qui soient.

En effet, après avoir affirmé, en loi ou en règle générale, que « *nous ne pouvons nous former une idée exacte de la saveur d'un ananas* (ou de quelque impression que ce soit) *si nous n'en avons pas effectivement goûté* (ou si nous ne l'avons pas préalablement senti) », Hume fait place à une exception qu'il développe longuement, avant de paraître en minimiser la portée : « Supposons un homme qui ait joui de la vue pendant trente ans et qui se soit parfaitement bien familiarisé avec les couleurs de tout genre, sauf avec une nuance particulière de bleu, par exemple, que le hasard ne lui a jamais fait rencontrer. Plaçons devant lui toutes les diverses nuances de cette couleur, à l'exception de cette seule nuance particulière, dans une gradation ascendante de la plus foncée à la plus claire ; il est évident qu'il percevra un vide là où manque cette nuance et qu'il aura le sentiment qu'il y a plus de distance entre les couleurs voisines à cet endroit qu'en aucun autre » (*Traité*, I, 46).

Ce texte est remarquable en ce qu'il offre conjointement deux idées : la *première*, que la perception saisit les couleurs, ou toute autre qualité sensible, non pas comme des faits, mais à la façon d'une indéfinie mise en rapport ; ce qui lui permet de saisir un manque. Si l'empiriste affirme la sensation comme un fait plein, il est faux d'en attribuer le qualificatif à Hume. Mais il faut encore faire place à une *deuxième notation* : si « peu de personnes » contestent « qu'il soit possible de suppléer à [un] manque [de sensation] par [leur] seule imagination et de se donner l'idée de cette nuance particulière que, cependant, [leurs] sens ne leur ont jamais fournie », n'est-ce pas que la sensation, tout comme le sentiment, *peut* trouver son origine dans la fantaisie et dans l'imagination ?

Il est vrai que la fonction de cette expérience dément le sens général de la thèse. Mais si l'on négligeait cette « expérience » en la jugeant, selon les mots de Hume lui-même d'ailleurs, « si particulière et si singulière qu'[elle] est à peine digne de remarque et qu'elle ne mérite pas que, pour elle seule, soit modifiée la maxime générale » (*Traité*, I, 46), on refuserait alors d'envisager le travail scientifique comme une tâche de limitation, par toutes sortes d'exceptions, du principe général ; selon une méthode inspirée de la doctrine des chances, toujours ouverte à la considération du cas contraire de plus faible probabilité, fût-il même unique. Le cas polémique, qu'on serait tenté de négliger, tant il est rare, est le plus intéressant, soit parce qu'il dépend de façon contournée et paradoxale, de la généralité, soit parce qu'il la contredit au point de la compromettre. Ainsi la thèse empiriste humienne, qu'on croirait pouvoir isoler et affirmer comme une règle universelle, est au moins partiellement compromise.

Sans doute, pour taxer d'imaginaire l'appellation d'empirisme appliquée à la philosophie de Hume, faudrait-il encore tenir compte d'autres acceptions de cette notion très vague d'*empirisme*. L'« expérience » précédente met en question la préséance universelle des impressions de sensation sur les idées ; toutefois cette préséance ne constitue qu'*une première acception de l'empirisme*. Elle est donc moins universelle que générale : il serait paradoxal, quand on y pense, qu'un empirisme affirme ce principe universellement et ne tolère pas d'exception venue précisément de l'expérience. Il est non moins paradoxal que cette doctrine se contente d'affirmer la généralité de son principe, car qu'est-ce qui reste d'empiriste dans une affirmation qui laisse entendre que l'idée peut parfois précéder la sensation ? S'il est un empirisme humien que l'on peut prendre en ce premier sens, constatons qu'il entre dans d'étranges contradictions.

Il est vrai, et c'est *la seconde acception de l'empirisme*, à laquelle Hume sacrifie volontiers, non sans rencontrer d'autres contradictions d'ailleurs, que l'on peut sauver l'universalité en la dégageant nettement de la généralité du principe, par la transformation d'une vérité de fait (seulement probable, même si elle l'est à un degré très élevé) en maxime de droit : on demande à toute idée de quelle sensation elle est issue, et on la discrédite dès lors qu'aucune réponse n'est possible. L'empirisme se fait alors règle, et Hume n'a eu recours à son principe de décision que dans la phase critique des idées, lesquelles sont généralement conservées dans leur positivité sur le mode de la fiction. Mais s'agit-il encore d'un empirisme? Comment l'empirisme pourrait-il rester tel s'il est commandé par une règle a priori? Comment pourrait-il s'accommoder d'un tel dogmatisme? Si l'empirisme ne peut se tenir à la perspective de la loi, il ne paraît décidément pas plus facile qu'il recoure à la perspective de la règle sans tomber dans le dogmatisme, l'arbitraire et la contradiction: quelle sensation a précédé cette décision universelle de s'en tenir aux idées réellement précédées de sensations?

Il est encore *une troisième acception* de l'empirisme qui se révélera, appliquée à la philosophie de Hume, tout aussi imaginaire ou insuffisante que les deux premières: celle qui traite la sensation comme une sorte d'atome qui entre dans la composition des molécules que sont les idées. Une telle assimilation de la philosophie du *Traité* et de l'*Enquête* à un atomisme est doublement désastreuse. *D'abord*, c'est moins l'atome de perception qui compte dans la constitution des idées que la dégradation temporelle des impressions, d'où résultent ces idées. *Ensuite*, il faut se demander comment cet atomisme que paraît cautionner le Ier livre du *Traité* est conciliable avec le traitement des sensations dans le second. Nous aurons l'occasion de discuter cet apparent conflit. Notons pour le moment que cet atomisme est une autre acception de l'empirisme, distincte de la précédente, ce qui est évident, et de la première, ce qui l'est moins. Car le point commun entre la première et la troisième sortes d'empirisme tient dans la position de l'*identité* de la sensation. Mais comment cette identité pourrait-elle être reconnue par Hume, conformément d'ailleurs à la doctrine de cette relation particulière, autrement que comme une fiction? Si donc il est un atomisme de Hume, lequel entre nécessairement en conflit avec sa théorie de l'identité, ce serait plutôt celui de l'idée que celui de la sensation. Cette dernière hypothèse est d'ailleurs conforme à la fois à l'exception que nous avons rencontrée et aux positions du livre II du *Traité*. L'atomisme est une simple hypothèse méthodique chez Hume, qui n'a de réalité, ni physique, ni psychique, mais qui est destinée à rendre possible la dynamique psychique.

Hume n'est empiriste en aucun des sens précédents, pris isolément; et l'on voit que la notion même d'«*empiriste*» risque constamment, par les contradictions artificielles qu'elle engendre, d'embrouiller les méthodes humiennes. Il vaut mieux, plutôt que de recourir à une telle attribution, observer patiemment les éléments du travail de dynamique auquel se livre Hume, dans son inspection du «matériau psychique».

Le classement des entités psychiques est si peu une fin en soi chez Hume qu'il n'a de sens qu'une fois rapporté à la dynamique. Nous allons, pour mener notre étude, suivre la division que fait Hume de son sujet, en commençant par les impressions de sensation (chapitre 1); en poursuivant par les impressions de réflexion, soit les passions, les désirs et les émotions (chapitre 2) ; nous nous arrêterons alors particulièrement sur le statut du plaisir et de la douleur (chapitre 3) ; nous traiterons enfin des idées ; de l'imagination d'abord (chapitre 4) et des idées abstraites ensuite (chapitre 5) ; nous terminerons par l'étude des relations de l'entendement, dont nous privilégierons la ressemblance (chapitre 6), la causalité et la probabilité (chapitre 7). En revanche, nous brisons ainsi délibérément l'ordre suivi par Hume qui, après avoir rapidement traité des impressions de sensation, dont l'étude relève d'une certaine façon plus de la «*philosophie naturelle*» que de la «*philosophie morale*», traite des idées avant de considérer les impressions de réflexion, arguant que les sentiments «*naissent pour la plupart des idées*» (I, 73). Ce renversement d'exposition est possible puisque l'ordre des matériaux psychiques n'a pas de signification méthodique particulière ; que les éléments n'ont aucune espèce de préséance les uns par rapport aux autres ; et que l'analyse des éléments permet plutôt de découvrir des *fonctions*.

CHAPITRE PREMIER

LES IMPRESSIONS DE SENSATION

I. Si les impressions de sensation et les idées se distinguent des impressions de réflexion par leur fonction représentative, les impressions de sensation se distinguent des idées par leur force (*strength*, *force*) et leur vivacité (*vivacity*) ou leur rapidité (*vividness*). Les impressions de sensation et les idées sont susceptibles du même contenu représentatif auquel les passions peuvent se lier par synthèse. Une idée peut être plus claire, plus précise, mieux déterminée qu'une impression; ce n'est pas par la qualité de leurs images qu'elles se distinguent. « Cette idée de rouge que je forme dans l'obscurité et cette impression qui frappe mes regards dans la lumière du soleil diffèrent seulement en degré, mais pas en nature » (*Traité*, I, 43). L'image ou l'idée ne sont pas nécessairement plus floues que l'impression. Nous nous intéresserons à cette notion de copie par laquelle Hume exprime le rapport de l'idée à l'impression: « toutes les idées sont dérivées des impressions et ne sont rien que leurs copies et leurs représentations » (I, 64); notons pour le moment que « les impressions et les idées diffèrent seulement les unes des autres par leur force et leur vivacité » (I, 64). C'est donc d'emblée un critère dynamique qui distingue l'impression de l'idée: « Leur différence[1] réside dans les degrés de force et de vivacité avec lesquels elles frappent l'intelligence et se fraient un chemin dans notre pensée ou conscience. Les perceptions qui pénètrent avec le plus de force et de violence, nous pouvons les nommer *impressions* » (I, 41).

Cette phrase, souvent répétée dans le *Traité*, surtout dans le livre I (par exemple, p. 42), mérite un commentaire. Lorsque Hume parle de « force », est-ce par simple métaphore? Il ne le semble pas pour quatre raisons. *D'abord*, le terme de « force », conformément à la physique moderne, est souvent lié à celui de « *vivacité* », qui se rend au moins de trois façons en anglais: par *liveliness*, qui relève nettement du registre phénoménologique et exprime l'éclat de la représentation que la force sous-tend; par *vivacity*,

1. Dans cette phrase, le terme d'*impression* recouvre aussi bien les « impressions de sensation » que les « impressions de réflexion ».

qui relève davantage du registre de la dynamique et couple, avec la notion de *force*, celle de *vitesse*; par *vividness* [1], voire *velocity*, termes délibérément mécanistes. La force met toujours en jeu, sur un mode ou sur un autre, la *masse* d'un objet, et sa *vitesse*, ou plus précisément, son *accélération*. Il est clair que le rapprochement des termes de *force* ou de *strength*, et de *liveliness* ou de *vivacity* n'est pas fortuit. Il s'agit, dans un cas, d'articuler la perspective dynamique avec le point de vue phénoménologique; dans un autre, d'expliciter, sur le registre de la dynamique la notion de *force* par un de ses caractères fondamentaux: la notion de «vitesse» (*vividness*, *velocity*) ou plutôt de variation de vitesse. *En second lieu*, Hume parle d'emblée de «degrés de force et de vivacité» en reprenant l'expression tout au long de son œuvre. Certes, l'auteur serait bien incapable de montrer directement en quoi consistent, dans le domaine psychique, les degrés de force et comment on les estime. Mais pour imaginaire que soit la notion, elle n'en a pas moins d'importance, comme nous le montrerons. *La troisième raison* qui nous porte à penser que la force n'est pas seulement métaphorique chez Hume, c'est le soin avec lequel l'auteur choisit, dans les phrases précédemment citées et partout ailleurs, le mot *strike* (*upon the mind*). Hume sait très bien distinguer les forces de percussion des autres forces; il n'ignore pas que la force ne se traite pas uniformément et qu'il n'existe pas une seule sorte de force. *Enfin*, cette force d'impression peut se frayer un chemin dans notre psychisme, qui paraît, un temps, lui opposer une résistance; c'est-à-dire qu'elle peut être transportée ou transférée. La *vividness* et la *vivacity* sont, de même, susceptibles d'être transférées (I, 293). Il faut revenir sur chacun de ces éléments de dynamique.

Lorsque Hume parle de «force», il ne se réfère à aucune intuition que nous aurions de nos actes psychiques. Il n'y a, en dépit des apparences, aucune connaissance directe de la force, qu'elle paraisse se déployer dans les objets physiques, à l'extérieur de nous ou, plus intimement, en nous-mêmes, dans les processus psychiques. Le sentiment de force que nous pouvons avoir lorsque nous voulons quelque chose ou éprouvons telle ou telle passion par exemple, est trompeur et ne nous livre aucune espèce de réalité de la force. La note que Hume a ajoutée à la IIe partie de la section VII sur l'idée de connexion nécessaire, dans l'*Enquête*, est là-dessus sans équivoque. Si nous savions directement ce qu'est une force, nous n'aurions nul besoin de «discuter la question de savoir si la force d'un corps est comme sa vitesse ou comme le carré de sa vitesse; cette discussion se déciderait par une mesure et une comparaison directe, non pas en comparant indirectement les effets en des temps égaux ou inégaux» (*Enquête*, 125).

Si, à la façon de Berkeley dans le *De Motu*, Hume est plus prudent que les dynamiciens dont il s'inspire pour affirmer la réalité des forces et pour

1. C'est ainsi que le *Traité* parle des impressions qui «sont naturellement les perceptions les plus vives (*vivid*) de l'esprit» (I, 293). Un peu auparavant, il parlait de leur «violence et de leur force supérieure» (I, 277).

prétendre en dévoiler la nature, il n'en applique pas moins à la réalité mentale les réflexions de Galilée et de Torricelli pour rendre compte de la force de percussion des impressions de sensation et du transport de cette force dans l'appareil psychique. La notion de «degré de force», si mal explicitée soit-elle dans le domaine psychique, a deux usages : le premier consiste à permettre la composition des forces psychiques selon un véritable calcul vectoriel. Le second permet d'expliciter une étrange affirmation de Hume selon laquelle les impressions de sensation, qui nous livrent la réalité des choses, dépassent toujours infiniment en force les fictions de l'imagination auxquelles nous acceptons de prêter attention. D'où provient cette conviction de l'incommensurabilité des forces des impressions de sensation par rapport aux forces des idées ?

Pour répondre à cette question, il faut se souvenir de l'intérêt que Hume porte à Galilée et à Torricelli ; il se réfère délibérément aux *Dialogues* de Galilée à la fin de la IIe partie de ses propres *Dialogues*. Toutefois il s'agit moins ici des *Dialogues* que des *Mécaniques* et des *Discours* de 1638. Du premier texte, Hume pouvait tirer l'idée que les forces sont inversement proportionnelles aux vitesses, de telle sorte qu'une petite force puisse vaincre une résistance dix fois supérieure, à condition que la force soit dotée d'une vitesse dix fois plus grande que la résistance. Les IVe, VIe et VIIe Journées des *Discours* pouvaient lui fournir des indications plus précieuses encore ; à moins qu'il ne les ait connues indirectement dans le *De Motu* de Berkeley. Galilée défend l'idée que la force de la percussion est incommensurable au simple poids, c'est-à-dire à la pesanteur ; ou, pour reprendre les termes de Galilée, « la force de percussion est indéterminée, pour ne pas dire infinie». Il semble bien que Hume se soit inspiré de ce principe galiléen et torricellien pour rendre compte de la dynamique des impressions de sensation. Tout se passe comme si les forces inconnues du monde venaient percuter notre psychisme et y déclencher des effets incommensurables avec la force des images et des idées que notre esprit peut spontanément produire ou mobiliser.

Il faut répondre à ceux qui s'étonneraient de voir prendre avec tant de réalisme les notations dynamiques de Hume. D'autres indices montrent que Hume était familier de ces traités de dynamique et qu'il avait l'ambition de soumettre aux mêmes lois les matériaux physiques et les matériaux psychiques. Mais la délicatesse de la transcription humienne est visible sur deux points. *D'abord*, là où les dynamiciens avaient tendance à spiritualiser la force, même sur le terrain physique où ils se tenaient, Hume refuse les facilités que cette spiritualisation paraissait offrir spontanément à une dynamique psychologique. La force est chez Hume, comme l'atome chez Leibniz : ni plus ni moins qu'une fiction utile. Elle est destinée à exprimer la différence qui existe entre une situation et une autre, que ces situations soient envisagées dans l'évolution d'un système matériel ou dans celle d'un système psychique. *Le deuxième point* tient dans quelques exceptions de Hume auxquelles il convient d'accorder maintenant toute leur valeur ; après avoir posé que « les degrés courants du sentir et du penser se distinguent aisément » (*Traité*, I, 41), Hume ajoute qu'« il n'est pourtant pas impossible que, dans des cas particuliers, ils puissent se rapprocher très près l'un de l'autre ». Nous savons déjà qu'il faut prêter la plus grande attention aux exceptions chez Hume, puisqu'elles sont assez fortes, en dépit des précautions rhétoriques de l'auteur, pour remettre en question les principes auxquels elles contreviennent. « Ainsi, dans le sommeil, dans la fièvre, dans la folie ou dans toute émotion très violente de l'âme, nos idées peuvent se rapprocher de nos impressions » (I, 41-42). L'invocation des expériences du sommeil, de la fièvre, de la folie et de l'émotion très violente est intéressante parce qu'elle montre une spécificité de la dynamique psychique : les forces ne jouent pas pendant le sommeil comme pendant la veille ; la répartition des forces ne s'effectue pas de la même façon quand nous sommes fiévreux et quand nous sommes bien portants ; la maladie mentale a un effet de remaniement dynamique comparable à celui de l'émotion vive. Sans doute la dynamique ne doit-elle pas être remise en cause par cette invocation ; il ne faut toutefois pas oublier que le *réel* ne fait son effet que par l'*autorité d'un principe*, et que l'autorité n'est pas simplement la force. Du moins ne laisse-t-elle pas jouer la force sans intervenir dans sa direction ou dans son sens. Ce point est tellement vrai que les dormeurs, les fous, les fiévreux et les gens profondément émus ne sont pas les seuls à croire les fantasmes et les productions de leur esprit plutôt que ce qu'ils reçoivent de leurs sens ; les gens éveillés, normaux, sains et paisibles, doivent payer cette vigilance, cette normalité, cette santé et cette tranquillité, d'une énergie particulière visant à investir les sens du bien-fondé qu'ils ont de nous donner des informations valides. Dans le *Traité*, Hume montre le danger particulier que présentent les idées générales qui peuvent « en imposer à nos sens eux-mêmes » (II, 223). En cas de faux jugement, il est très difficile de douer l'expérience d'une force capable de contrecarrer le poids de l'idée générale. Hume va jusqu'à dire que « rien ne peut nous détromper, pas même nos sens qui, loin de corriger ce faux jugement, se laissent souvent pervertir par celui-ci et semblent conférer une autorité à ses erreurs ». C'est dire que la réalité est moins l'impact de nos sensations sur notre esprit que l'autorité que nous leur déléguons ou cédons.

II. La dynamique précédente se double d'une théorie de l'événement que nous avons aperçue à travers l'opposition des forces de percussion et de l'effet d'un poids mort. Celui-ci travaille lentement, constamment, invariablement ; la percussion transforme instantanément son énergie en production d'un autre mouvement. De plus, l'effet du premier coup n'est pas l'effet du second, ni l'effet du troisième... là où l'effet du poids mort est continu et finit par ne changer presque rien.

On peut évidemment transposer aux perceptions le discours précédent : « il n'y a pas d'impression constante et invariable » dit Hume (I, 343). Alors que l'idée est, sinon intemporelle, du moins de temporalité lente, l'impression est événementielle, ponctuelle, rapide. Elle est constamment changeante et, d'une certaine façon, toujours nouvelle. Hume insiste autant sur le caractère de première apparition de l'impression que sur sa force vive: «Sous le nom d'impression, je comprends toutes nos sensations, passions et émotions, telles qu'elles font *leur première apparition* dans l'âme» (I, 41). L'expression utilisée par Hume ici est assez étrange pour qu'on se demande si une impression qui ferait sa seconde, sa troisième, sa n-ième apparition resterait encore une impression et ne serait pas déjà une idée.

En réalité, cela ne se peut puisque les idées ne sont jamais que «les images effacées des impressions dans la pensée et le raisonnement» (I, 41), c'est-à-dire le produit d'une inévitable dégradation temporelle des impressions. Toute perception commence en impression et s'achève en idée. Il y a une sorte d'explosion de l'impression, laquelle ne peut plus que devenir idée, la force de l'une ne conservant pas de commensurabilité avec l'autre.

Mais il est vrai que, si éclatante que soit sa présentation par rapport à la relative intemporalité de l'idée qui lui correspond, l'impression, à sa n^e^ édition, provoque tout de même un effet amoindri par une stratégie de défense du psychisme contre la nouveauté, au moyen d'un jeu de relations qui banalise le choc des impressions et désamorce la vivacité du présent. Jeu étrange et contradictoire car, pour vivre, le psychisme assimile le différent en feignant de reconnaître, c'est-à-dire de trouver partout de l'identité ou de la ressemblance; mais, pour faire fonctionner ces relations mêmes qui banalisent, identifient, font ressembler, il faut qu'éclate au présent la force des impressions, puisqu'aucune relation ne pourrait agir sans puiser son énergie à cette force-là [1]. Fantastiquement, l'esprit se sature de relations d'impressions et d'idées pour se donner l'illusion de cimenter un monde (I, 284-6) [2]. On trouve ici un renversement dont la philosophie de Hume est coutumière et qui s'accompagne évidemment d'une conséquence, que nous avons déjà rencontrée sous une autre forme.

En effet, si l'impression est en principe plus vive que l'idée, si elle la précède, on s'aperçoit que la fonction de présentification, qui paraît doubler la résistance opposée par le psychisme à la menace que représente pour lui le présent, peut rejaillir sur les idées. L'esprit ne peut-il pas s'emparer d'une idée pour en faire une sorte d'événement, quand bien même il ne croirait pas autant à cet événement qu'à ce qui vient éclater à la lumière entre deux mouvements différents? Ne peut-il exister une première apparition de l'idée qui jetterait quelque lustre sur elle et la ferait apparaître comme l'équivalent d'une impression? Hume distingue la première

1. TNH, I, 228: «C'est à une impression présente que nous empruntons la vivacité que nous répandons sur l'idée corrélative». De cette remarque, humble en apparence, découlent la théorie de la sympathie, celle du sentiment, de la causalité, de la croyance.

2. Car le ciment du monde n'est autre chose que le jeu de nos relations – comme le souligne l'*Abstract* –, mais il ne faut pas le savoir pour que ce «ciment» nous en paraisse un véritable.

apparition des idées[1] ; il parle d'une nouvelle apparition de l'impression sous la forme de l'idée, qu'elle soit mémoire et retienne un degré considérable de sa vivacité première, imagination et perde entièrement cette vivacité, ou qu'elle soit « idée parfaite ».

Ainsi l'esprit est constamment ouvert aux forces vives des impressions dans lesquelles il puise toute son énergie, mais aussi par lesquelles il encourt tous les dangers ; il est par là mis en contact avec des forces incommensurables aux siennes propres ; celles-ci toutefois ne sont pas négligeables. Il peut faire circuler ces forces, les redistribuer, les investir autrement, les mettre en mesure de créer des événements pour compenser ceux qu'il ne contrôle pas dans le présent. Le jeu de la représentation reflète cette dynamique de défense.

III. La notion de « copie » a généralement été mal comprise mais il faut avouer que Hume a donné quelques armes contre lui-même. On a répété, depuis le XVIIe siècle, que la représentation n'impliquait nullement la ressemblance. Une idée ne ressemble pas fatalement à l'impression de sensation *pour laquelle elle vaut.* Hume a reconnu que Berkeley avait dit là-dessus l'essentiel : les images ou les idées peuvent bien donner l'illusion de ressembler aux sensations dont elles sont issues ; en réalité, il leur suffit de *valoir pour elles.* D'une certaine façon, Hume va plus loin que Berkeley en généralisant cette notion de « valoir pour », car une idée peut valoir à l'égard d'une autre idée comme une sorte d'impression. Hume énonce même le principe de la relativité de la préséance des impressions sur les idées en disant que l'impression et l'idée sont en quelque sorte la double face ou le double mode d'existence de la perception : « Toutes les perceptions de l'esprit sont doubles et apparaissent également comme impressions et comme idées » (I, 67).

Mais alors pourquoi, si Hume est convaincu par les analyses berkeleyennes, tient-il autant à affirmer que « les impressions ne peuvent engendrer d'idées que celles qui leur ressemblent » (I, 118) et à parler de la « grande ressemblance entre nos impressions et nos idées » (I, 42) ? Une grande partie de la réponse tient dans la réflexion sur la notion même de ressemblance, laquelle est moins chez Hume une correspondance donnée entre des éléments de la sensation et des éléments de l'idée qu'une correspondance imposée, fantasmée, par une espèce d'assimilation.

La théorie humienne de la copie consiste *d'abord* à la présenter comme l'illusion par laquelle nous couvrons des mécanismes beaucoup plus complexes : en effet, l'idée générale, n'ayant pas d'existence par elle-même, c'est bien alors un jeu d'idées particulières qui vaut pour cette idée, au demeurant absente. La copie masque l'impression ou le fantasme de représentation qu'est l'idée. Elle est *ensuite* la conservation de la force ; la force initiale, celle qui éclate dans l'impression, se dégrade inévitablement ;

1. En particulier, lorsqu'il énonce cette proposition générale : « Toutes nos idées simples, à leur première apparition, dérivent des impressions simples qui leur correspondent et qu'elles représentent exactement » (TNH, I, 68).

mais Hume a vu que notre psychisme pouvait résister contre cette dégradation en copiant ce premier éclat. C'est donc une fois encore par la dynamique que l'idée est présentée lorsqu'il dit: «De l'impression, l'esprit fait une copie qui reste après la disparition de l'impression; c'est ce que nous appelons une idée» (I, 48). La copie peut ne pas être ressemblante; elle freine la dégradation de la force et semble même l'enrayer jusqu'à un certain point. La copie ressemble souvent si peu à ce qu'elle copie que Hume distingue des idées premières, secondes, etc. (I, 47). On voit aussi que la notion de réflexion, qui est un équivalent de la copie[1], doit aussi être prise dynamiquement.

La notion de *copie* est donc moins un obstacle à la théorie de la représentation que son inévitable complément chez Hume. L'idée se présente comme la figure nominale de la dynamique de la copie (I, 48). Les mécanismes de l'illusion de la transcendance nous font fantasmer des idées (I, 120). Toute représentation idéelle est une sorte de feinte; le lecteur du texte anglais ne peut d'ailleurs manquer d'être frappé par la proximité des adjectifs «*faint*», par lequel Hume qualifie les idées de faibles et «*feint*» qui signifie qu'elles sont feintes (I, 41).

IV. Pour achever de montrer que l'atomisme des sensations est de méthode, fictif et sans aucune réalité, il nous faut réunir quelques traits de la ressemblance et quelques affirmations du livre II.

Il y a égale difficulté à parler de ressemblance entre les impressions complexes et les idées complexes qu'à en parler entre les impressions simples et les idées simples. Il peut sembler aisé de parler de ressemblance en dénombrant les caractères communs aux impressions et aux idées; ce qui ne se peut faire que lorsqu'elles sont complexes. Toutefois Hume convient qu'«un grand nombre de nos impressions complexes ne sont jamais exactement copiées par des idées» (I, 43). Du coup, Hume est contraint de limiter son principe aux impressions simples: «toute idée simple a une impression simple qui lui ressemble et toute impression simple a une idée qui lui correspond» (I, 43). Mais que veut dire «se ressembler» quand il n'y a plus de caractères que l'on puisse comparer? *Simple* et *complexe* ne sont que des fonctions relatives, qui indiquent plutôt des directions opposées que des états. La ressemblance ne prend son sens que lorsque les impressions et les idées vont en se simplifiant jusqu'à une limite inatteignable. Le sens que la philosophie de Hume donne à la ressemblance est inconciliable avec une conception atomiste des impressions et des idées.

Il est vrai que Hume affirme, avec des arguments tirés de la *Théorie de la vision* de Berkeley, qu'il existe des minima visibles, d'une part; et qu'il les fait correspondre, d'autre part, à des minima imaginables (I, 76-77). Mais si cette affirmation humienne d'un atomisme psychologique se concilie mal avec le principe de ressemblance précédemment cité, elle se

1 TNH, 42: «Les (idées) paraissent être, en quelque manière, les images réfléchies des (impressions)».

concilie tout aussi mal avec une série d'affirmations du livre II du *Traité*, dont la principale se trouve, p. 214 : à supposer même que les idées agissent comme des atomes qui s'agrègent, les impressions fusionnent et l'on ne parle pas de leur composition ou agrégation : comment des atomes se mêleraient-ils ? Un peu auparavant (II, 180), Hume parle de transfusion d'une impression dans l'autre, sans préciser s'il s'agit d'impressions de sensation ou d'impressions de réflexion. Dès lors, il faut comprendre que la conception atomiste des impressions sensibles n'a de portée que méthodique. Le minimum sensible est une fiction. Mais il faut se souvenir aussi que la dynamique qui sous-tend ce jeu fictif des représentations est également une fiction.

V. Dans ces conditions, y a-t-il une vérité de la sensation ? Des sensations, nous connaissons la violence et savons que nous ne pouvons la récuser aussi facilement que la force d'une fiction ou d'une imagination volontaire. C'est en cela que consiste la vérité des sensations ; elles ne nous trompent pas, « car, tous les actes et toutes les sensations de l'esprit nous étant connus par la conscience, ils doivent nécessairement nous apparaître en tout point ce qu'ils sont et ils doivent être ce qu'ils paraissent » (I, 273). On aura noté que la sensation fait autorité à notre conscience, qui ne peut s'empêcher de la recevoir (I, 277). Les sensations ne mentent pas plus chez Hume que chez Berkeley et elles se donnent pour ce qu'elles sont.

Est-ce à dire qu'aucune fiction ne s'immisce en elles pour constituer des objets et qu'elles ne sont jamais mensongères quand il s'agit de poser les choses dans leur transcendance ? Sans doute, Hume parle-t-il, à la façon de Leibniz d'ailleurs, des « exemples » que paraissent nous livrer les sensations, comme s'il se fût agi de chiffres ou de composés tout faits que nous n'ayons pas eu à recomposer (I, 233) ; mais le sens général de la doctrine de Hume est que toute une activité se déploie plus ou moins clandestinement pour rendre les sensations cohérentes en un monde et pour défendre le psychisme contre leur agression. Cette activité clandestine de construction ou de reconstruction reçoit le puissant soutien de forces internes que Hume considère pour ordinairement plus fortes que les sensations extérieures, tout incommensurables qu'elles soient par rapport aux idées de l'imagination, de la mémoire et de l'entendement : « car évidemment, nos douleurs et nos plaisirs, nos passions et nos affections, dont nous n'admettons jamais qu'ils existent hors de notre perception, opèrent avec plus de violence et ils sont aussi involontaires que les impressions de figure et d'étendue, de couleur et de son » (I, 276).

Cette idée d'une force supérieure des passions par rapport à celle des sensations est développée dans le livre II du *Traité*, qui montre comment les passions structurent nos sensations de telle sorte qu'un objet paraisse plus grand ou plus petit qu'il n'est par rapport à son environnement, alors que rien ne change pour l'impression et l'idée de cet objet dont l'ébranlement physique garde la même grandeur sur la rétine, dans le cerveau ou l'organe de perception (II, 222). Hume explique qu'un grand objet succédant à un petit implique qu'une grande émotion succède à une légère et fait paraître plus grand le plus grand objet, et plus petit le petit. C'est l'affect qui introduit la dimension différentielle du principe que « les objets apparaissent plus grands ou plus petits par une comparaison avec d'autres » (II, 224). Hume va même jusqu'à dire que c'est ce principe qui l'a conduit à la découverte, qu'il estime légitimement fondamentale, de « l'accompagnement secret de toute idée par une impression (de réflexion) » (II, 224).

La constitution des objets et, plus généralement, du monde n'est donc pas confiée au seul jugement de l'entendement. Elle l'est aussi à nos passions. Mais les jugements de l'entendement, s'ils ne nous donnent jamais d'orientation vitale, n'en sont pas moins fondamentaux et, sans qu'ils aient à revendiquer la suprématie de la vérité sur les autres valeurs, ils permettent de tenir un discours sur les sensations, les passions, les mécanismes des unes et des autres et les siens propres, qui impliquent la possibilité de constituer un point de vue toujours un peu en décalage par rapport au jeu entier du psychisme. Certes, il n'existe pas, sur le psychisme, de point de vue extérieur tel que l'on pourrait considérer l'ensemble de ses mécanismes et des illusions vécues qui résultent de leur fonctionnement. Mais la diversité complexe des instances de jugement permet constamment de les jouer les unes contre les autres, de donner ainsi l'impression, et dans une certaine mesure, l'équivalent d'un détachement.

Les perceptions, dont Hume disait qu'elles étaient doubles, idées et impressions, sont en réalité triples, car l'impression s'entend de deux façons : comme sensation et comme réflexion. Cette remarque permet à Hume de renverser le principe d'antériorité de l'impression sur l'idée : toute sensation peut encore donner lieu à un sentir de réflexion et toute idée peut faire de même. Dans ce renversement, l'affectivité joue un rôle si essentiel que Hume, dans l'*Abstract,* la juge capable de « réconcilier » l'empirisme de Locke avec l'innéisme de Malebranche. Il donne pour preuve de son accord avec le père oratorien l'innéisme de nos impressions de réflexion, dont nous connaissons la puissance par rapport aux impressions externes. Toutefois, cet innéisme est certainement d'une tout autre espèce que celui de Malebranche. Le sentir de réflexion est, au moins par ses origines, constitué apagogiquement. Nous sentons ce que nous croyons devoir sentir, ce que nous croyons que les autres sentent ou s'attendent à nous voir sentir. L'accord avec Malebranche est décidément paradoxal et Hume n'est nullement posté au point où on l'attend.

CHAPITRE II

LES IMPRESSIONS DE RÉFLEXION

I. La méthode des inflexions est à l'œuvre sur le terrain des impressions de réflexion : Hume esquisse d'abord une version « réaliste » de ses principes, puis, lorsqu'il s'agit de rejoindre le concret des passions, les principes se « déréalisent ». Ainsi l'impression de réflexion, traitée d'abord comme une « existence » dans le Ier livre du *Traité*, devient, par la suite, une « modalité de l'existence », une « manière propre d'être sentie » (III, 213). Il est vrai que l'existence n'est jamais considérée comme une chose chez Hume et que, même si elle ne se distingue guère de l'objet auquel on l'attribue ou qu'elle implique (I, 59, 123), elle est une modalité, si bien qu'il ne faut pas exagérer la contradiction entre les deux formules ; toutefois l'accent est différemment posé.

Pourquoi appeler du même vocable « impression de réflexion » le sentir « des passions, des désirs et des émotions » (I, 49) et le sentir qui fonde nos croyances et, tout particulièrement, le jeu des causes et des effets ? Hume s'explique sur ce choix. A la différence des impressions de sensations qui « naissent originellement dans l'âme de causes inconnues », les « impressions de réflexion » sont indirectes en ce sens qu'elles supposent des idées : si les idées sont certaines façons de penser mais aussi de sentir les sensations, les impressions de réflexion sont certaines façons de sentir les idées (I, 48-9). Le terme de « réflexion » peut égarer en paraissant désigner un moi. Or l'émotion ou la passion est une sorte de réflexion de la sensation ou de l'idée sur elles-mêmes, sans que cette réflexion ne désigne un moi. Le mouvement passionnel n'a le moi ni pour cadre, ni pour principe ; ce sont bien plutôt les mouvements réflexifs qui, parfois, paraissent désigner et délimiter un moi, lequel ne leur préexiste pas.

Le lecteur est d'abord surpris par ce qui pourrait passer pour une inconséquence de l'auteur puisque, après avoir effectué la distinction majeure des impressions de sensation et des impressions de réflexion, il ne laisse pas d'appeler « *sensation* » le sentiment que nous avons des passions [1]. Il faut, en lisant Hume, se rappeler et pratiquer le relativisme qui fait qu'une idée peut valoir pour une sensation (I, 377); et une sensation pour une idée, dans la mesure où elle n'a pas de réalité atomique.

La méthode que nous avons commencé à mettre en œuvre sera ici évidemment à l'épreuve, car les contradictions apparentes sur le terrain des impressions de réflexion sont nombreuses; mais elle sera aussi remarquablement servie dans cette tâche par le fait que l'on peut utiliser non seulement le décalage entre diverses propositions au sein d'un même ouvrage, mais encore les distorsions d'un ouvrage à l'autre. Hume a écrit deux textes fondamentaux sur la question des passions: le livre II du *Traité*, moins lu, à coup sûr, que le Ier et le IIIe livres de l'œuvre, et la *Dissertation sur les passions*, envoyée à l'éditeur en juin 1755, publiée en 1757, mais probablement composée sept ou huit ans auparavant. La *Dissertation* n'est pas un simple résumé du livre II; si, le plus souvent, elle se sert des mêmes pièces que le *Traité*, elle les réorganise différemment et ne met pas l'accent sur les mêmes thèmes; les propositions abandonnées de 1739 à 1757 ne sont pas moins significatives que celles qui ont été conservées.

L'intérêt de ces deux textes est de focaliser l'attention sur le thème des passions et de mettre ainsi l'accent sur un point de doctrine, considérablement développé par Hume, mais plus souvent négligé par les commentateurs que l'étude de la causalité, du sentimentalisme moral ou de la théorie de la justice, pour ne nous en tenir qu'à ces quelques exemples. Négligence paradoxale d'ailleurs, car, en aucun de ces thèmes, l'analyse ne doit laisser de côté les impressions de réflexion. La position charnière du livre II fait que l'on porte ordinairement plus d'attention aux termes qu'elle relie qu'à sa façon de les relier. Nous allons plutôt faire l'inverse ici et inspecter la philosophie des passions comme l'articulation d'une théorie de l'objet représenté (au moyen de relations comme la ressemblance, la contiguïté et la causalité) et d'une théorie des diverses normes, règles et lois qui structurent le monde social dans sa production et ses échanges de valeurs – économiques, politiques, morales, esthétiques, religieuses. La philosophie des passions ne nous situe-t-elle pas, en articulant le principe de réalité avec ces diverses règles, au cœur de la nature humaine? Ne permet-elle pas de comprendre fondamentalement les formes culturelles dans leur entrelacement complexe? Hume l'a sans doute cru; les aperçus que ses analyses mettent en œuvre, avec les moyens théoriques d'un homme du XVIIIe siècle, sur des phénomènes inextricablement psychologiques, sociaux, historiques, etc. justifient la lecture des textes sur les passions. Ils posent le problème de savoir si une philosophie des passions ne peut se faire qu'en «parasitant» des soucis réputés plus fondamentaux ou plus sérieux touchant l'économie, l'histoire, la politique, la morale, la religion, l'esthétique, autant de sujets que Hume a remarquablement explorés en toutes sortes d'ouvrages et d'essais; ou si elle peut contribuer à

1. TNH, I, 265; II, 175, 178, 181. Ce sentiment est souvent aussi appelé *feeling* (II, 241).

expliquer, de façon très significative, ces soucis majeurs.

II. Certes, Hume n'est pas le premier philosophe à faire jouer aux passions un rôle fondamental. Il doit plusieurs éléments de méthode et toutes sortes de détails à bon nombre de prédécesseurs. Il tient d'Aristote la très fine détection des situations dans lesquelles on trouve telle ou telle passion, sans autre préjugé que celui de l'expérience commune et du nom par lequel on s'y réfère ordinairement. Mais Hume va beaucoup plus loin que cette «casuistique», puisque, non content d'approfondir la tâche logique commencée par le Stagirite, en parlant comme lui de passions contraires et en voulant les intégrer de diverses façons à de vastes systèmes d'oppositions, il cherche en outre et parvient à s'élever à des lois et à des principes susceptibles de régler et de systématiser le détail, en apparence foisonnant et contradictoire, des «exemples». Plus que la logique, c'est la dynamique qui retient Hume: ainsi s'agit-il moins pour lui de s'arrêter à la contrariété de la vanité et de l'humilité que d'expliquer pourquoi «la vanité jaillit plus facilement que l'humilité» (II, 241-2). Des *Passions de l'Ame* de Descartes, l'influence est perceptible sur trois points au moins: sur la référence aux esprits animaux, qui vient ponctuer les analyses des diverses passions; sur la théorie de la mise en disposition de l'esprit par nos passions; enfin sur la volonté d'analyser scrupuleusement les phénomènes passionnels en leurs éléments simples pour les recomposer graduellement dans leur complexité, avec «clarté et distinction» sans doute, mais aussi avec moins d'optimisme sur la possibilité d'achever le système. D'ailleurs l'emprunt à Descartes ne va pas beaucoup plus loin et le problème de Hume est moins de dénombrer et de classer les passions que d'expliquer le passage incessant d'une passion à une autre; le substantialisme et le dualisme cartésiens ne convenaient pas à l'auteur du *Traité;* quant à la prétention cartésienne de définition essentielle des passions, elle est explicitement rejetée (II, 111, 173), conformément à la philosophie de Locke[1]. Si la philosophie de Hobbes est explicitement conviée pour critiquer la valeur excessive qu'elle est censée accorder à la quête de la renommée (II, 161) et le primat qu'elle est supposée défendre d'une passion (qu'il s'agisse d'amour-propre ou de peur...) sur toutes les autres[2], elle n'en inspire pas moins implicitement la critique de l'aristotélisme par le jeu relatif ou réflexif des divers ordres d'idées ou de passions. Dans le *Léviathan* (I, 4), Hobbes distinguait les dénominations de premier ordre, de second ordre. Hume distingue en un sens qui sera celui que Bentham appliquera aux fictions, les passions primaires, secondaires, ... (II, 218). Peut-être Hume a-t-il pris à Mandeville quelques aspects psychiatriques de

1. LOCKE, *Essai philosophique concernant l'entendement humain*, L. II, chap. XX, § 1. A cet auteur, Hume emprunte aussi son «*uneasiness*» (*Essai*, L. II, chap. XX, § 6). Toutefois l'«*uneasiness*», qu'on traduise ce terme par «*inquiétude*», «*malaise*» ou «*souffrance*», ne saurait être compris comme le seul fondement de nos passions.

2. En se référant explicitement à Locke et à Hobbes, Hume parle, pour contester leurs thèses, du «*selfish system of morals*» (EPM, 219).

sa doctrine[1], en particulier lorsqu'il veut rendre compte des phénomènes « irréguliers » ; plus généralement, il a pu s'inspirer, en maints aspects de sa philosophie des passions, d'un certain style pratique des thèses du célèbre médecin. Car, si Hume dit, dans le livre III, qu'on ne peut pas davantage changer les sentiments que les mouvements des cieux, il n'en présente pas moins un savoir qui permet d'agir sur les « circonstances » des passions. Au moins Mandeville est-il, avec Locke, explicitement cité dans l'*Introduction* du *Traité* parmi ses devanciers dans la tâche d'enquêter sur la nature humaine ; et l'on conçoit que, de la *Fable des abeilles*, Hume pouvait tirer plus que l'esquisse d'une philosophie qui tenait les passions pour la clé du fonctionnement social. Il faut encore citer deux autres inspirateurs antagonistes : Spinoza et Pascal. Au premier, il a pu emprunter, à travers une lecture de Bayle[2], quelques éléments du système ; d'abord l'idée que la conscience d'une passion n'implique pas sa connaissance, ensuite le souci, dans le cadre d'une philosophie qui n'entend pas distinguer l'âme et le corps, d'établir des relations entre divers ordres et connexions de perceptions ; car, chez Spinoza, l'ordre et l'enchaînement des affections du corps est distinct de l'enchaînement des idées qui se fait suivant l'ordre de l'entendement (*Ethique*, II, prop. XVIII, scolie). A Pascal, le texte du *Traité* fait allusion par la thèse du divertissement, explicitement rattachée à la critique du moi, et par l'établissement d'une liaison entre la théorie des passions et la théorie des probabilités. Mais, avec Pascal, on entre dans un autre ordre de considérations, tout aussi importantes d'ailleurs que les précédentes et que l'on pourrait appeler : la mise en forme littéraire de la passion.

Est-ce un hasard si Hume, lorsqu'il se réfère explicitement à quelques auteurs dans la *Dissertation* ou dans le *Traité*, ne cite guère de philosophes ; mais plutôt des essayistes comme Addison, des poètes comme Prior, Philips, Horace ou Virgile, un auteur de maximes comme La Rochefoucauld ? Il ne s'en tient toutefois pas là puisqu'il imite le ton que certains écrivains de son temps ou des siècles passés ont su donner à telle ou telle passion avant de s'élever à sa théorie. Ainsi certains alinéas sur l'orgueil pourraient-ils être mis en regard de quelques passages des *Caractères* de La Bruyère, sans toutefois que l'on puisse affirmer qu'il s'agisse de citations déguisées, car on serait souvent bien en peine de préciser exactement d'où est extraite telle ou telle allusion ; simplement, la mise en forme de l'homme de lettres, qui s'empare d'un coup du ton, du rythme et comme de la vie linguistique de la passion ou plutôt de son image, est une étape essentielle à partir de laquelle le travail systématique du philosophe peut s'établir.

1. Mandeville est l'auteur d'un *Treatise of the Hypochondriack and Hysterick Passions* paru à Londres en 1711 et réédité en 1730.

2. Hume semble ne connaître Spinoza qu'à travers le *Dictionnaire historique et critique* de Bayle. L'ouvrage de 1695-1697 avait été traduit en anglais en 1710 et était paru à Londres sous le titre *An Historical and critical Dictionary*.

Même s'il n'omet pas de signaler les multiples philosophèmes que l'auteur puise dans les œuvres du passé et qui sont encore au XVIIIe siècle, autant de points de passage obligatoires des théories des passions, notre bilan des influences est loin d'être complet. Et ce n'est pas dans le dosage des emprunts que l'on peut saisir l'originalité de la recherche humienne. Il est toutefois une autre voie pour la saisir: celle qui, précisément, utilise le double exposé que Hume a fait de sa philosophie des passions. Répétant certains thèmes, parfois au point de les recopier, effectuant des mises en relief et laissant dans l'ombre des points qui pouvaient sembler fondamentaux dans le *Traité*, la *Dissertation* livre ainsi à l'interprète des prises d'où l'analyse peut partir. Esquissons la balance, d'abord des changements, puis des parties plus stables, qui s'effectue en passant du premier ouvrage au second.

III. Il est loin d'être inutile de regarder, dans une théorie de l'affectivité, par quelle passion débute l'étude. Or le *Traité* part de l'analyse de l'orgueil – couplée avec celle de l'humilité, traitée plus succinctement – tandis que la *Dissertation* s'ouvre par des remarques sur l'espérance et la crainte, c'est-à-dire par où le livre II n'est pas loin de s'achever. Non que l'un et l'autre textes disent des choses fort différentes sur l'un et l'autre thèmes ; la *Dissertation* s'applique même particulièrement à recopier les textes du *Traité* sur le point de l'orgueil. Mais l'auteur du *Traité* a un souci différent de celui de la *Dissertation*: il s'agit, pour le premier, de parachever la critique du moi substantiel en la retournant, c'est-à-dire en lui donnant un versant positif. Si le moi n'existe pas aux yeux d'une pensée bien conduite, il faut que l'orgueil en constitue le fantasme ou l'illusion. Ce n'est pas l'orgueil qui est le produit du moi, c'est bien plutôt le moi qui est le produit de l'orgueil. Les passions ne sont pas les produits d'un monde formé de psychismes individuels aux contours bien marqués qui leur serviraient de théâtre. Certes, il y a des psychismes distincts, puisque les passions dépendent des idiosyncrasies comme des circonstances (II, 284, 296). Mais ces idiosyncrasies sont au moins autant ce que le jeu des passions a sélectionné que leur siège. Les passions ne sont pas non plus de simples accompagnatrices des objets de ces psychismes ; elles structurent le monde pour une part. Et de même que l'orgueil est ce par quoi s'opère la substantification illusoire du moi et des choses, les autres passions peuvent se trouver, par leur jeu complexe, au fondement des idées de Dieu, de l'âme, du monde, comme la cause de leur fantasme.

Les positions de la *Dissertation* ne se trouvent plus sur ce front. La notion de «*probabilité*» est mise en avant par des calculs sous-tendant le mélange de nos passions. Certes, cet aspect est loin d'être exclu du *Traité* ; mais l'intérêt théorique et pratique d'une réflexion sur la probabilité n'a cessé de se développer, tant dans l'*Enquête* que dans les *Dialogues* [1]. Il est

1. L'essai sur le *Sceptique* de 1752 dira clairement que «la vie humaine est gouvernée davantage par le hasard que par la raison» et que «ramener la vie à une règle et à une méthode exactes est habituellement une occupation pénible et souvent stérile».

normal qu'on en retrouve le retentissement dans la théorie des passions de la *Dissertation*.

Même s'il nous faut prendre garde au fait qu'une réduction de taille (au sixième environ) fausse évidemment les perspectives, nous trouvons, en passant du *Traité* à la *Dissertation*, deux notions sur le déclin : celle de la *sympathie*, qui fait encore l'objet d'allusions en 1757, mais n'est plus analysée séparément comme dans le *Traité*. Ce déclin confirme celui que l'on peut constater dans l'*Enquête sur les principes de la morale*, où un utilitarisme modéré remplace les explications par la sympathie du IIIe livre du *Traité*. La tendance utilitariste, qui se développe peut-être chez Hume sous l'effet de ses recherches en économie, se détecte assez directement dans la *Dissertation*, quand elle renverse l'ordre du *Traité* : en considérant les passions directes, qui naissent immédiatement du bien et du mal, [1] avant les indirectes, qui sont plus compliquées et produites par le concours de plusieurs vues, l'auteur laisse plus facilement penser que les passions sont des déterminations immédiates du plaisir et de la douleur. Quant à l'autre notion, qui ne fait plus l'objet que de références lointaines dans la *Dissertation*, c'est celle des « esprits animaux » et, plus généralement, celle de la *dynamique*, dont l'exposition en peu de pages eût été trop obscure. Le jeu dynamique entre les passions, la volonté, l'imagination, la raison, qui fait l'une des grandes originalités du *Traité*, est à peu près complètement écarté ou dépouillé de son résultat pratique le plus provocateur : où retrouve-t-on dans la *Dissertation* que « la raison n'est et ne doit être que l'esclave des passions » (II, 271) ?

Hume a pu regretter cette formule audacieuse, dont il lui a fallu, au moins partiellement, prendre le contrepied. Il dit, par exemple, dans le livre III, paru un an et demi plus tard que le livre II, que « les mouvements aveugles [des affections] rendent l'homme impropre à la société si [l'entendement] ne les dirige pas » (p. 94). Certes, il ne s'agit pas de revenir sur le fondement passionnel de la praxis, nettement affirmé dès le livre I (p. 378) ; mais il serait difficile d'accorder immédiatement ce jugement avec la formule précédente, sans notre méthode des « inflexions ». Il ne faut, en effet, pas craindre le paradoxe pour soutenir que c'est ce qui est aveugle qui conduit et doit conduire ce qui voit ; surtout pour dire explicitement le contraire quelques centaines de pages plus loin ! Sans doute faut-il se rappeler que l'aveugle et le symbolique peuvent se révéler des critères plus riches et plus fondamentaux que ceux de clarté, de distinction et d'adéquation. Mais le paradoxe va plus loin encore quand on apprend, d'une part, que l'auteur du *Traité* accorde ailleurs la vue aux passions [2], d'autre

1. Le *Traité* donne les exemples du désir, de l'aversion, du chagrin, de la joie, de l'espoir, de la crainte (II, 253).

2. Au moins la vue est-elle une certaine composante de la passion. *Cf.* II, 112 : « *C'est toujours sur le moi que la vue se fixe lorsque nous sommes mus par* (l'orgueil ou l'humilité) ». Hume parle, p. 113, de « *regard* » de ces passions. L'idée est reprise p. 115.

part, que les passions, selon Hume, ne sont pas plus susceptibles de vérité et de fausseté que le plaisir, selon Protarque, dans le *Philèbe* ; à moins qu'elles ne soient liées à des jugements eux-mêmes susceptibles de cette vérité et de cette fausseté (III, 52).

La leçon humienne est bien que les valeurs pratiques se distinguent radicalement de la vérité. Les passions sont des phénomènes valorisants sur toutes sortes de modes ; c'est par combinaison entre elles que l'on obtient les valeurs sociales et l'équivalent de ce qu'on appelle ordinairement, quoique à tort, des conduites rationnelles ou raisonnables, lesquelles se sont constituées comme tous les ensembles passionnels : par le jeu sélectif et aveugle – quoiqu'il mime l'intelligence – des comportements et passions. C'est donc la dynamique des systèmes ouverts que sont les passions et divers complexes de comportements qui rend raison de l'équilibre présent des valeurs, quelles qu'elles soient.

Certes, la question de l'articulation des conceptions dynamiques des passions et des conceptions plus «*phénoménologiques*» n'est jamais clairement posée ; la notion de «*force*», appliquée aux passions, a essentiellement une valeur symbolique ; et pourtant, sa valeur explicative et surtout polémique est considérable. Hume a très souvent recours à elle dans ses raisonnements du *Traité*, et sur des points d'une importance décisive. Par exemple, pour montrer que l'orgueil et l'humilité ne sont pas des sentiments primitivement liés à l'idée du moi et qu'il faut des causes différentes du moi (dans la nature et dans la société) pour les déclencher, Hume montre par l'absurde que si cette idée, qui est constamment présente en moi, était non seulement objet, mais aussi cause de ces passions, elle ne pourrait guère occasionner que leur destruction réciproque ; l'un de ces sentiments contraires ne pourrait apparaître sans que l'autre ne vienne aussitôt le détruire (II, 112, 124, 174, 179, 180, 274). Ce genre d'arguments n'est ni plus ni moins convaincant que ceux qui inspirent les « expériences de pensée » dans la physique galiléenne, par exemple. Cette idée de compensation de forces va peut-être un peu au-delà de l'argumentation polémique, dans la mesure où elle permet parfois de poser la réalité psychique de mouvements, qui ne sont pourtant pas sentis (II, 300) ; ce qui équivaut à faire une place à l'inconscient.

L'inconscient prend toutes sortes de formes chez Hume, depuis la figure phénoménologique de l'inaperçu, comme lorsque nous passons, sans nous en rendre compte, d'une impression ou d'une idée à une autre (II, 142-3) ou lorsqu'une impression devient indiscernable d'une autre (II, 175), jusqu'aux formes les plus manifestement dynamiques, comme dans les cas où nous refusons d'affronter une réalité trop pénible et préférons les leurres, où les relations d'idées agissent secrètement et calmement sur l'esprit (II, 179), où l'habitude efface en nous la conscience d'une sensation (II, 222), où, comme dans le cas précédent, se produit l'annulation de toute sensation par destruction des forces qui la sous-tendent.

Si nous voulons désormais observer de près les points communs au

Traité et à la *Dissertation*, nous les trouverons dans la volonté de « schématisme », dans celle d'aboutir à des lois et, par delà ces lois, à un « système »[1] qui rende compte de la complexité et de la mouvance des affections. Nous appelons « schématisme » le passage généralisant des exemples particuliers du flux affectif, comme nous le vivons et le sentons, à la loi universelle qui permet de penser ce cours des passions ; ou, dans l'autre sens, de la loi à l'expérience commune et vivante des passions dont la science recherchée par Hume doit s'efforcer de rendre compte. Cette liaison, qui accommode la règle à la « sensation » s'effectue ordinairement par l'imagination et elle a lieu, bien entendu aussi, dans la pensée des objets réels que nous constituons à partir des « impressions de sensation ». Mais les productions de l'imagination, dans le cas de l'affectivité, ont des caractéristiques spécifiques : certes, il s'agit bien d'« *exemples* », c'est-à-dire de descriptions ou de récits particuliers déjà animés d'une fonction généralisante ; Hume parle plus volontiers, à leur propos, dans la langue de Bacon, d'*instances*. En quoi consistent ces *instances* ?

On trouve dans le livre I l'idée que « l'expérience livre des exemples qui pénètrent par les canaux de la sensation et de la réflexion » (242). Les exemples sont des configurations toutes faites, que le psychisme ne dissocie pas, mais qu'il se contente de transporter. En ce sens, ils ne sont pas le produit de l'étude, qui dissocie ce qui lui est donné pour le recomposer autrement. L'exemple, c'est alors, tout particulièrement dans le domaine de l'affectivité, l'expérience telle qu'elle se livre avant sa transformation par le sujet connaissant. Ce qui ne veut pas dire que l'exemple soit un matériau brut soustrait à toute élaboration secondaire. Mais le sujet connaissant n'a pas à se substituer aux sujets existants et vivants qui constituent réellement ces élaborations secondaires ; car la connaissance doit résister à l'outrecuidance de se poser en principe unificateur et cohérent des perceptions qui constituent la passion. La connaissance ne peut venir qu'en intruse à demi désintéressée : elle n'a pas elle-même constitué la synthèse dont elle parle et qu'elle se propose de reconstituer idéalement.

Ce point est si important qu'il est, pour ainsi dire, de méthode chez Hume. Il arrive que Hume élabore la construction fictive d'une situation affective complexe, comme si l'intelligence avait présidé à son élaboration. Puis il montre aussitôt comment le jeu sélectif a fait symboliquement et aveuglément ce que l'intelligence aurait pu faire. On trouve ce procédé à l'œuvre dans le *Traité* pour discuter la nécessaire pudeur des femmes (p. 189-192). L'écriture des chapitres sur les animaux n'a pas d'autre sens : on peut parler d'intelligence animale comme on parle d'intelligence humaine ; mais on peut aussi comprendre que ce qu'on couvre du nom d'« intelligence » est peut-être l'appellation illusoire d'un jeu sélectif complexe.

1. Ce mot figure dans le titre même de la section II de la deuxième partie du livre II du TNH (p. 177).

L'instance est donc une séquence de comportement déjà stylisée, déjà socialisée, déjà organisée selon un rythme propre dont l'homme d'esprit, qu'il soit l'auteur de maximes, d'aphorismes, de propos, de caractères ou de simples traits, sait s'emparer et sélectionner (quoique selon des critères qui échappent au discours la plupart du temps). Elle est déjà, sous couleur d'apporter l'hétérogénéité radicale de l'existence, une sorte de préfiguration ou de symbole de la loi qu'elle «illustre» et que le philosophe cherche à énoncer comme il la reconnaît le plus souvent dans son expérience personnelle. C'est à ce titre que l'homme de lettres, le poète, l'historien, le conteur, l'épistolier, intéressent le philosophe soucieux de se garder de tout dogmatisme, c'est-à-dire d'un étroit esprit de système. En philosophie des passions, la généralité doit être gagnée par la particularité déjà typique des «cas», c'est-à-dire à travers des situations dont la règle est l'affect que l'on s'efforce de saisir par leur moyen.

Mais là moins qu'ailleurs, il convient d'être dupe de toute prétention à valoir pour de l'existence brute. L'expérience prétendue ressemble souvent à un ensemble de philosophèmes venus d'une histoire que Hume n'a pas critiquée. En revanche, outre l'aspect rhétorique de l'«exemple», l'acte épistémologique de le prendre en bloc, comme un événement qui se produit ou ne se produit pas, à la manière des traités de probabilité, est de grand intérêt pour l'étude des passions. Il n'empêche toutefois pas l'expérience humienne d'être aussi une «expérimentation»; elle n'est pas alors une construction de sensations, mais une réflexion de ces constructions, laquelle n'est pas sans effet sur ces constructions mêmes. C'est l'un des points les plus subtils de la théorie de Hume d'avoir distingué les situations objectives et les impressions de réflexion. Il est évident qu'il existe des liens à explorer entre la connexion des idées, la relation des impressions de sensation et celle des impressions de réflexion; il faut cependant d'abord se garder de les confondre. Ce n'est pas parce qu'on a une théorie des situations qu'on a *ipso facto* une théorie des passions; Hume veut faire la théorie de la synthèse des unes et des autres, sans aucune confusion. L'objet affectif n'est sans doute jamais saisi qu'à travers un jeu compliqué de relations et son expérience n'exerce son «autorité» que par la médiation d'«instances» d'emblée complexes.

Quand on passe à l'étude des méthodes qui permettent à Hume d'accéder à des lois, la médiocre taille de la *Dissertation* ne permet pas d'exhiber le travail de va-et-vient des principes à l'«*expérience*», qui fait tout l'intérêt théorique du livre II. Loin d'accumuler les cas, Hume veut fonder une «casuistique» de chaque passion et, plus encore, à la façon de Galilée et de Newton, les lois de la mouvance des configurations passionnelles. Pour l'élaboration de cette mise en ordre des passions, distincte d'un classement des situations, Hume suit deux modèles. Le *premier* est le modèle baconien, qui consiste à agir de façon réglée sur les relations composant un phénomène pour considérer comment il varie; Hume s'en inspire évidemment dans la 2e section de la IIe partie du livre II sur l'amour et la haine, quoique ce modèle n'ait pas été conçu pour l'étude du phénomène passionnel. Le *second* est le modèle qui se manifeste dans la IVe partie de l'*Ars conjectandi*: le projet avorté de Jacques Bernoulli était d'utiliser la «logique des probabilités», selon l'expression leibnizienne, pour organiser les actions humaines et leur assigner des valeurs en vue d'intervenir judicieusement dans les «affaires civiles, morales et économiques». Mais il faut bien admettre que la combinatoire de situations imaginaires qui en résulte et sans laquelle l'assignation des valeurs n'est pas possible, n'a jamais donné lieu, dans l'*Ars conjectandi*, qu'à des exemples assez chétifs, fabriqués *ad hoc*, et sans commune mesure, en dépit des ambitions affichées, avec la riche complexité de la vie sociale et économique.

Une fois repérées les méthodes dont se sert Hume, voyons comment elles s'appliquent pour identifier les passions et comment elles contribuent à expliquer la régulation de leur mouvance concrète. L'effort de Hume est de faire remonter l'analyse des relations parentales, sociales, économiques, jusqu'à une combinatoire de relations dont les éléments sont les idées, les impressions de sensation et de réflexion, l'activité de l'entendement, celle de l'imagination.

Si une passion n'a pas, à proprement parler, de définition et si la seule caractérisation de la situation à laquelle elle est liée ne saurait en épuiser, ni même en constituer à un quelconque degré, la teneur sentie, Hume n'hésite toutefois pas à lui donner l'allure d'un système à plusieurs composantes. Toute passion se caractérise par un sujet, par un objet (II, 163, 183); parfois, le sujet et l'objet coïncident, comme dans le cas de l'orgueil, qui est sentiment de soi; elle a une cause (II, 112-113) dans laquelle il faut distinguer les qualités qui la déclenchent particulièrement; il arrive enfin qu'une passion poursuive une fin pratique (II, 142, 216), qu'elle soit ou non imaginaire: ainsi l'amour est-il ordinairement lié à la poursuite du bonheur de l'être aimé, alors que l'orgueil et l'humilité ne s'ouvrent qu'au fantasme illusoire du moi. Le livre II du *Traité* se referme sur l'esquisse d'un modèle qui cherche à combiner les représentations et les affects; ainsi la stabilité d'une impression sensible dans le tore que constitue, dans le temps, l'ensemble de nos sensations «empêche-t-elle l'inquiétude», si elle n'apporte toujours du plaisir. En revanche, «un changement trop soudain ou trop violent nous déplaît; des objets peuvent bien en eux-mêmes nous être indifférents, leur changement n'en crée pas moins en nous un malaise» (II, 313). Le tore des sensations paraît alors se doubler d'un autre qui dépendrait des constantes et des variations plus ou moins brusques du premier, un peu à la façon dont les dérivées premières, secondes ... donnent l'allure d'une courbe. Les divers tores seraient peut-être en rapport d'interprétation les uns par rapport aux autres, avec l'idée d'une stabilisation du tore «sensitif» par le tore «affectif».

Chacune de ces conceptions qui paraissent si bien s'entremêler a ses présupposés, dont il faut se demander s'ils peuvent s'accorder entre eux. Il est clair que la conception baconienne des transformations présuppose trois principes, par trop périlleux, sur lesquels Hume devra revenir pour les infléchir sérieusement. Chaque passion jouit d'une sorte d'identité et doit toujours pouvoir être reproduite dans les mêmes circonstances, s'il est possible d'en rendre compte par un système; les relations qui la composent doivent disposer d'une sorte d'indépendance suffisamment distincte pour que l'action de l'une ne soit pas du même coup une action de l'autre; enfin il faut supposer une sorte de neutralité affective initiale de la personne sur laquelle on «expérimente». Ces simplifications de principe permettent à Hume de prétendre dégager une loi fondamentale de transformation des passions, qui rende compte de leur naissance, de leur devenir et de leur extinction: la règle de la double association. Hume conteste à Hutcheson et à Shaftesbury l'innéité des passions et il explique, dans la *Dissertation*, que les idées s'associent de telle sorte que nous passons facilement de l'une à l'autre lorsqu'elles se ressemblent, sont contiguës ou en rapport de causalité; que les impressions, et tout particulièrement les émotions, s'associent lorsqu'elles se ressemblent. «On peut bien observer, dit Hume, que chacune de ces associations corrobore l'autre et que la transition s'effectue plus facilement lorsque toutes deux concourent au même objet» (sect. II, § 3). Cette règle, incontestablement inspirée de la loi d'attraction newtonienne (II, 125), s'applique d'autant mieux à l'esprit que le matériau psychique[1] semble souvent à Hume moins complexe que la matière physique.

La règle de la double association, qui s'applique généralement à toutes les formes d'intelligence, qu'elle soit humaine ou animale, et qui étend le domaine de validité de la loi d'attraction newtonienne jusqu'à ses plus extrêmes limites, présuppose, tout comme cette dernière, une sorte de principe d'inertie des impressions et des idées, qu'il est au moins aussi difficile de vérifier directement que lorsqu'il s'applique à la matière.

IV. L'abstraction de ces points de départ sera dépassée; mais pour s'engager dans le travail scientifique et avant de rejoindre la complexité de ce flux passionnel[2], ce qui est le but même de la théorie, il faut bien partir d'un petit nombre de principes abstraits. Repérons quelques étapes qui jalonnent ce dépassement.

D'abord, il y a la reconnaissance d'une relative instabilité de la passion, dont l'identité tend à n'être plus qu'une étape transitoire entre deux autres passions. Il est significatif que la seconde tentative de définition des passions (II, 271) insiste moins sur l'aspect «réflexif» de la passion que sur l'aspect de «modification originale de l'existence». Si le mot doit être entendu dans le sens où les logiciens parlent de *modalité*, il retient incontestablement et sans contradiction[3] la signification d'une *altération*. Hume

1. On trouve l'expression dans l'EEH, 65, traduisant l'anglais *materials of thinking*.

2. SB, 356, 421. La *Dissertation* reprend l'expression. A la fin du livre I, Hume parle du *perpetual flux* de nos différentes perceptions, sans faire de distinctions.

3. On notera que, de même que la passion, l'espace et le temps sont traités comme des modalités (TNH, I, 136). Hume n'oubliera pas cette complexité en quelques-unes de

cherche à composer des systèmes de passions ; chacune d'entre elles n'étant que le moment éphémère d'un «cycle» ou d'une «révolution» (II, 296), qui présente d'autres moments, selon la nécessité d'un passage (d'une «transfusion») que le philosophe s'efforce de penser. Car toute succession n'est pas possible en matière de passions et si les premières analyses de Hume pouvaient laisser croire à leur temporalité abstraite et réversible, qui est celle de la mécanique classique, très vite on conçoit, par la logique même des systèmes expliqués par l'auteur, que la temporalité de ceux-ci s'écoulent dans un sens, sans que le cheminement inverse soit possible. Ainsi trouvera-t-on que l'on passe plus facilement de l'amour à l'orgueil que de l'orgueil à l'amour. Cette conception systématique de l'ensemble des passions est sans doute davantage conforme à l'approche, souvent plus biologique que mécanique, tentée par Hume à propos du psychisme.

Hume est allé fort loin dans ce domaine lorsqu'il a eu l'idée, avant la lettre, d'une sorte de «sélection naturelle» des systèmes et de leurs transitions. Ainsi affirme-t-il que rien ne portait intrinsèquement l'amour vers le désir de bonheur de l'aimé plutôt que vers son malheur, mais il s'arrête trop tôt en chemin quand il cherche la raison de cette connexion dans la constitution primitive de l'esprit (SB, 368) et replonge dans l'équivoque de l'idée de «*nature*». En revanche, il fait un usage très évident de l'idée de sélection en d'autres occasions qui ont pu intéresser Darwin[1]. Cette idée d'une transition de plus en plus facile entre des perceptions par un jeu dynamique et sélectif était d'ailleurs comprise dans les analyses de la cause du livre I.

ses analyses de la temporalité et de la spatialité des passions. Il faut ajouter que l'existence elle-même est une modalité (TNH, I, 170). Ce qui explique que Hume n'hésite pas à dire des impressions de réflexion, qu'elles sont non pas des objets, mais «*des existences*» (TNH, I, 138).

1. Hume explique, dans le IIIe livre du TNH comment la justice, qui semble si souvent contraire à nos intérêts individuels, a pu graduellement se former par le même jeu aveugle de hasard et de nécessité qui conduit à la nécessaire fidélité des femmes mariées.

Ainsi l'idée de «*sélection naturelle*» s'est-elle peut-être d'abord formée sur le terrain social et historique plutôt que sur le terrain biologique. Est-ce un hasard si l'on trouve chez Darwin un intérêt particulier pour la philosophie de Hume? On peut lire cette note rédigée au début de l'année 1839: «Hume a (*écrit*) la section IX sur la raison des animaux. *Essais*, vol. 2, sec. XV. *Dialogues sur la Religion naturelle*; et aussi une origine de la religion, du polythéisme. Toutefois, il semble accorder un instinct. Je soupçonne que le cercle vicieux des doutes et du scepticisme serait résolu si l'on considérait l'origine de la raison comme s'étant graduellement développée. Hume a écrit une *Histoire naturelle de la religion* et (découvert) son origine dans l'esprit humain».

La remarque de Darwin indique qu'il faut prendre très au sérieux les chapitres sur les animaux. Ils relèvent de la mise en œuvre d'un véritable principe de continuité de la philosophie de Hume. Si ce que l'on dit de l'homme s'éloigne trop de ce que l'on dit des animaux, c'est le signe d'une erreur. De même, si ce que l'on dit d'un peuple s'écarte trop de ce que l'on dit d'un autre peuple, ou si ce que dit un philosophe s'écarte de ce que dit l'homme commun. La référence à l'animal a une fonction critique, non pas anecdotique.

Mais il est d'autres raisons qui ont porté Hume à dépasser l'abstraction des systèmes auxquels il est d'abord contraint d'identifier les passions pour tenter de les comprendre. Un système passionnel ne se tient pas tout seul sans que l'on prenne sur lui, partialement, une *perspective*; et sans doute même plusieurs. Dans le *Traité* (II, 203), Hume développe longuement le cas d'un enfant dont la mère se remarie; il explique que la perturbation de l'enfant est plus profonde dans ce cas que dans celui où c'est le père qui se remarie. Or la simple structure familiale, perceptible in abstracto par l'entendement, ne permet aucunement de l'établir, sans un sens de lecture du système, en l'occurrence sans son orientation du point de vue de l'enfant; car la mère, qui partage son amour entre son nouveau mari et cet enfant, ne voit pas pourquoi le remariage gâterait plus ses relations avec cet enfant que l'existence d'un frère, par exemple. Hume n'a certainement pas mené à terme cette idée de perspective; mais il a conduit ses analyses de telle sorte que la direction et le sens selon lesquels se saisit une situation sont inclus dans la structure affective elle-même comme une façon indéfectible de se présenter; ce qui contraste avec la volubilité toujours possible du point de vue quand il s'agit de percevoir. Loin d'être soumise à une infinité de points de vue possibles, la structure affective est liée à quelques points de vue relativement rigides et indéfectibles.

Il y a plus: si une partialité est nécessaire pour que le système puisse fonctionner comme celui d'une passion, il faut aussi, et d'une façon apparemment contradictoire, qu'une certaine impartialité vienne objectiver la passion, faute de quoi elle ne serait pas même repérable. Une haine vécue «en première personne» ne deviendrait jamais une haine et, en tout cas, elle ne pourrait pas s'identifier comme telle. Il faut donc, pour qu'il y ait passion, qu'il y ait conjointement à un sens de lecture du système, adoption ou prise en compte d'un point de vue relativement impartial: celui de l'observateur qui dit «nous», mais dont Hume ne parle jamais.

Les efforts de Hume pour rejoindre la réalité même des passions ne s'arrêtent pas là. Nous apprenons, dans le prolongement du renoncement à l'atomisme, que, de même qu'une idée peut servir de sensation à une autre idée, une passion peut se servir d'une autre pour s'exprimer, sans être rivée à un moyen d'expression (SB, 368, 448). Allant jusqu'au bout de son propos, Hume soutiendra que la ressemblance des impressions doit se comprendre plus comme une ressemblance de fonctions que comme une ressemblance terme à terme (II, 232); plutôt que des impressions réifiées, Hume prend graduellement en compte des tendances et le système qu'il veut faire compose les règles de ces tendances. La démarche est d'autant plus délicate qu'elle implique la réhabilitation au livre II de la notion de *tendance* qui avait été attaquée au livre I. Ce procédé relève évidemment de la théorie des fictions, qui critique et dévalorise la notion, prise dans son sens aristotélicien, avant de la redéployer dans un sens plus proche d'une théorie «vectorielle». Enfin, après avoir fait l'hypothèse simplificatrice de représentations neutres sur le plan affectif pour mieux se lancer dans le diagramme des variations des passions, il pose alors un principe qui avait été énoncé auparavant par Berkeley : qu'il n'est pas de représentations qui ne soient accompagnées d'affections. On conçoit dès lors que, moyennant ces principes, qui ne figurent pas dans la *Dissertation*, le système humien des passions laisse échapper « cette simplicité qui en faisait la force principale et la beauté » (SB, 367) et que ses risques d'incohérence ne soient plus négligeables. Il fallait toutefois entrer dans ces difficultés pour tenter de « *réconcilier* » des contradictions – au moins apparentes – et pour rendre raison de ces inversions affectives par lesquelles, par exemple, sympathisant avec la joie d'un autre, je me sens triste parce que cette joie me rappelle que j'ai, moins que lui, l'occasion d'être joyeux.

Pour rejoindre dans toute sa subtilité la réalité affective des passions, Hume multiplie les méthodes ou raffine les anciennes ; la conclusion de la *Dissertation*, avec moins de prudence que le *Traité* qui accentue la difficulté d'achever la tâche (SB, 438), insiste sur l'analogie de précision de la science du mécanisme de nos passions avec « celle des lois du mouvement, de l'optique, de l'hydrostatique ou de toute autre division de la philosophie naturelle ». Ces sciences ne sont pas choisies au hasard et il ne serait pas difficile de trouver des exemples d'applications de concepts ou de méthodes de chacune de ces sciences – sans oublier la chimie et la biologie – à des secteurs partiels de la science des passions. [1] Mais dans la mesure où il n'articule guère ces méthodes les unes avec les autres, l'effort de science des passions n'encourt-il pas le risque de déboucher sur des métaphores disparates ?

V. Pour défendre son système, Hume est tenu de déployer indéfiniment la panoplie des ruses méthodiques. Nous avons déjà vu comment sa méthode, par un léger déplacement judicieusement imprimé à un principe, prenait un sens différentiel : elle ne se contentait pas de donner la variation d'un changement, mais elle livrait encore la variation de la variation (SB, 347), découvrant ainsi son étonnante puissance d'explication de l'expérience, capable en son domaine de faire ce que Newton faisait dans le sien. La relation d'altérité permet, à sa façon, une multiplication indéfinie de l'usage de la double association. Ainsi Hume peut-il montrer, contre le sens général de sa thèse, que l'on peut passer de l'orgueil à l'amour dans le cas où la cause de l'orgueil est située dans une autre personne à laquelle je suis lié. Non que sa thèse ordinaire, selon laquelle il est plus facile de passer de l'amour à l'orgueil que de l'orgueil à l'amour, soit fausse ; mais l'altérité avec laquelle elle se combine dans le cas qui nous intéresse, ne permet pas son fonctionnement normal. En effet, si le passage est difficile de l'orgueil

1. Ainsi obtient-on, éparses dans le *Traité* comme dans la *Dissertation* d'ailleurs, car Hume n'a jamais cherché à les regrouper dans un corpus cohérent, des lois de toutes sortes. Il y a des lois de conservation (semblables à celles de la conservation du mouvement ou des forces en physique) (II, 198) ; des lois, d'allure plus biologique que physique, qui postulent la nécessité d'une activité (II, 199). Il y a enfin des lois diférentielles (II, 241).

à l'amour, c'est parce que l'imagination est rétive à se porter du contigu à l'éloigné; or je suis plus proche de moi-même que n'importe quel autre peut l'être. Mais, dans le cas présent, je m'enorgueillis pour une cause qui est située dans un autre qui m'est proche; l'orgueil peut alors porter à l'amour. Le problème est évidemment de savoir si la méthodologie ne verse pas alors dans la seule habileté rhétorique, l'exception à la règle se transformant en sa confirmation; il est de savoir s'il n'est pas toujours possible de se mettre en règle avec les principes énoncés in abstracto: la relation de parenté, par exemple, permettant, au moment opportun, de vaincre la distance qui m'oppose à l'autre. Si la même thèse peut expliquer un phénomène et son contraire, que vaut la thèse?

D'une certaine façon, en dépit de l'incontestable éclairage que les raffinements les plus extrêmes de la doctrine de la double association apportent à certaines «instances», ce sont paradoxalement d'autres thèses, les thèses de Hume les plus risquées, celles qui engagent le plus grand désir de recherches et de polémiques qui nous intéressent à présent, de préférence à celles qui prétendent établir un résultat, faussement garanti en dépit de sa force apparente.

VI. Hume prétend remonter, pour expliquer les comportements économiques, politiques, familiaux des hommes, à des opérations qui se déroulent dans leur psychisme entre l'imagination, l'entendement et la «sensation» affective, dont il donne en dernier recours, les lois du fonctionnement *naturel*. Certes, cela ne revient à trouver l'origine de ce comportement, ni dans un Je transcendantal censé en établir la possibilité a priori, moins encore, dans quelque cogito substantiel, ni dans le *mind* individuel: les images de nous-mêmes, les sentiments que la société nous intime d'éprouver, et que nous éprouvons en effet, brouillent de toutes parts les pistes qu'on voudrait suivre pour opérer la distinction de ce qui revient à l'individu et de ce qu'on peut attribuer à la collectivité. Mais alors le problème se pose: de quoi parlons-nous quand nous parlons des passions? Avons-nous affaire à des phénomènes ultimement explicatifs de nos comportements sociaux? Ou ne sont-elles que le reflet de ces comportements qu'elles peuvent bien accompagner mais qu'elles ne sauraient structurer? Comment mesurer l'importance du phénomène passionnel?

On a pu parler, du vivant même de Hume, à propos de sa philosophie, de «*naturalisme*»[1]. Retenons de cette qualification les seules conséquences qui nous importent. Enonçons-les sans nuances pour commencer: nos comportements sociaux (économiques, familiaux, ...) sont fondés dans la nature humaine, dont on peut énoncer les lois qui la régissent immuablement. L'illusion de la très grande variété de ces comportements ne tient qu'à l'histoire qui fait jouer l'immuabilité dans des circonstances

1. Warburton, dans une lettre à A. Millar du 7 février 1757, désigne du terme de «*naturalisme*» l'«*espèce d'athéisme*» dont, à ses yeux, témoigne Hume dans l'*Histoire naturelle de la religion*. Il dénonçait par là l'idée d'établir les valeurs par leur génèse. Le terme s'est étendu depuis, des valeurs religieuses à toutes les autres.

toujours différentes. Trop de textes cautionnent cette thèse pour que nous la récusions entièrement[1] ; mais aussi trop d'éléments nous empêchent d'y souscrire sans scrupules.

Insistons sur ces derniers, d'autant que la thèse naturaliste, si elle était vraie en dernier ressort, nous conduirait vers une conception trop naïvement idéologique des rapports sociaux : la société, telle qu'elle s'organise économiquement en fonction d'une liberté d'entreprendre et d'échanger, la famille, telle qu'elle est structurée avec le primat du père, trouveraient leur origine en même temps que leur radicale justification dans la nature humaine. Or le naturel n'est pas chez Hume l'équivalent de ce qui est fixé primitivement (SB, 280); le naturel, du moins est-ce fondamentalement le sens retenu par le livre II, c'est le régulier, ce qui obéit à des lois qu'il est possible d'énoncer. Les systèmes auxquels ces lois naturelles donnent lieu peuvent très bien évoluer sous l'effet de leur propre fonctionnement; l'histoire n'est donc pas seulement le milieu dans lequel évolue une nature stable, laquelle apparaît seulement comme instable : elle devient la véritable règle de cette nature. Rien n'empêche qu'il en soit ainsi pour les phénomènes psychiques, en particulier pour nos passions, que Hume tend à rapprocher des phénomènes biologiques et physiques et qu'il cherche à traiter par des méthodes comparables. Il arrive à Hume, peut-être pas généralement et sans doute trop ponctuellement, de montrer que certains affects, loin d'être immuables, apparaissent seulement dans certaines conditions historiques[2].

Ainsi, d'une part, Hume, dans ses deux magnifiques chapitres du *Traité* (livre II, IIIe partie, sections 7 et 8), suggère-t-il que, dans un monde où les techniques de transport et le commerce modifient notre rapport à l'espace et au temps, les constituants spatio-temporels des passions changent ; ils modifient en particulier leurs proportions et, par conséquent, la passion même. On ne saurait mieux relever une direction qui rend la passion tout à la fois spatiale et historique. Autres eussent été la terre et son organisation sociale, autre eût été l'affectivité. Hume ne trouve-t-il pas, d'autre part, en toutes nos passions, une origine «*sympathique*», c'est-à-dire une identification à ce que nous imaginons qu'autrui éprouve ? Il est donc clair que l'on ne peut se reposer sur une affectivité immuable pour rendre compte d'un ensemble de comportements sociaux ; elle peut, quoiqu'elle s'explique par des lois naturelles, être aussi historique que les comportements qu'elle est censée expliquer. Si l'on se rappelle que Hume envisage aussi

1. C'est indiscutablement le point de vue soutenu dans le TNH (SB, 401-2), dans le *Dialogue* présenté avec l'EPM et dans la première partie de la sec. 8 de l'EEH.

2. Le monde où l'on présente à sa fiancée un fouet en guise de bague nuptiale ne connaît pas les mêmes sentiments que celui où la politesse nous contraint de cacher jusqu'aux motifs de jalousie – fussent-ils fondés – et à afficher des passions directement contraires. Nous empruntons ces exemples de Hume aux *Essais Politiques* (Paris, Vrin, 1972, p. 271). De même le monde dans lequel on peut régler ses dettes à la pointe de l'épée n'est évidemment pas le même que le monde bourgeois où le point d'honneur est, pour le moins, déplacé vers le respect des contrats (*Ibid.*, p. 275-276).

cette temporalité comme la description de cycles, il faut peut-être distinguer un temps long de l'histoire où l'avarice peut apparaître ou changer de sens[1], où l'amour peut se faire galanterie, et le temps bref de la succession ordinaire et quotidienne des passions. En tout cas, on ne voit pas comment on pourrait tenir pour décisive la thèse d'une permanence affective au cours du temps, dès lors qu'on affirme avec force la fluence des passions et leur «*plasticité*» (*Traité*, III, 246). On peut retourner complètement le problème et s'autoriser à demander comment, dans la fluence généralisée des passions qui constitue «le cours général» des affaires humaines, peuvent se produire des zones de viscosité, de résistance au mouvement, que nous traitons à tort comme des substances et appelons «orgueil», «amour», etc., en croyant les reconnaître chez les Grecs autant que chez les Français du XVIIIe siècle, chez les Latins autant que chez les Anglais de l'époque moderne. Cette question n'est pas moins justifiée que celle de savoir comment, à partir d'une nature humaine identique, on peut trouver des hommes aussi différents entre eux et d'eux-mêmes, pris à divers moments.

Si ces remarques lavent le système de Hume du soupçon d'un «naturalisme» par trop sommaire, elles n'expliquent pas encore l'intérêt de tenir les passions pour ultimement explicatives des phénomènes humains ou, du moins, l'intérêt de les prendre en compte dans leur compréhension. Or le *Traité* et la *Dissertation* pullulent d'analyses que l'on retrouvera parfois au mot près dans les essais de politique et d'économie. Le lecteur admirera, dans sa brièveté, l'étude du plan de clivage qui sépare les «grands» des autres «classes» sociales et qui leur permet de jouir d'une sorte de supériorité «absolue»; la différence ne jouant que dans un sens, sans le retour possible qui permettrait la comparaison et l'envie (SB, 378). Sans doute les analyses humiennes sur l'amour que nous portons aux riches, sur la suprématie paternelle,... ne sont-elles pas judicieuses; notre époque et parfois même déjà, le XVIIIe siècle n'en ont que trop fait ressortir le caractère restreint et fallacieux: s'il est des cas où Hume a fort bien vu que certaines passions se découvraient comme de simples contingences historiques, il en est d'autres, sans doute en plus grand nombre, où il a pris ces contingences historiques pour l'effet de la nature humaine elle-même. Toutefois il serait regrettable de perdre, au nom de ces utilisations contestables, l'apport d'une philosophie des passions aux sciences humaines. Il faut se montrer ici plus humien que Hume lui-même et savoir distinguer, dans sa philosophie, ce qui est interprétation idéologique de ce qui est le chemin sceptique, seul proprement praticable.

1. Dans son essai sur *l'intérêt*, Hume suggère que l'avarice du grand commerçant qui constitue un capital n'équivaut pas à celle d'une personne qui se prive de tout pour amasser une petite fortune. *(Quatre Discours politiques*, Centre de philosophie politique et juridique de l'Université de Caen, 1986, p. 95). Dans le *Quinzième Essai* sur la *Liberté & le despotisme*, Hume qualifie l'*avarice* moderne d'*aiguillon de l'industrie* (EP, p. 186).

CHAPITRE III

LE PLAISIR ET LA DOULEUR

I. Soucieux de substituer une théorie des fictions à la théorie humienne des passions, Bentham accuse Hume d'avoir traité dans le plus grand désordre « des plaisirs, des peines, des désirs, des émotions, des affections, des passions, des intérêts, des vertus, des vices, des talents et autres entités psychologiques », comme les cavaliers de Rotten Row chevauchent à Hyde Park, c'est-à-dire sans aucun souci de considérer les relations qui unissent les uns et les autres[1]. Dans un texte sur *les vertus de Hume*, il reproche à l'auteur du *Traité* de ne pas voir « la connexion qui existe entre la passion, le plaisir et la douleur », alors que « le plaisir et la douleur constituent la seule clé susceptible d'ouvrir la serrure »[2] de la véritable conception des passions, de la morale et du droit.

Cette critique sonne étrangement ; car, si quelques textes de Hume[3] paraissent rompre avec le principe de binarité du plaisir et de la douleur, tenu pour le fondement de l'affectivité, la majorité d'entre eux montrent que les passions naissent, par des réflexions très réglées, du plaisir et de la douleur (II, 110, 138). Les passions apparaissent généralement si liées au plaisir et à la douleur que si l'on « supprimait la souffrance et le plaisir, il s'ensuivrait aussitôt une suppression de l'amour et de la haine, de l'orgueil et de l'humilité, du désir et de l'aversion, comme de la plupart de nos impressions de réflexion ou de nos impressions secondaires » (II, 297)[4]. Il

1. Article sur l'utilitarisme, version brève, art.15, *Deontology*, A. Goldworth, Clarendon Press, 1983, 323.

2. *Op. cit.*, p. 350. *Ibid.* : « Hume ne voit pas le lien entre passion, d'une part, plaisir et douleur, de l'autre ».

3. Par ex., TNH, II, 298 : « Outre le bien et le mal ou, en d'autres termes, la douleur et le plaisir, les passions directes proviennent fréquemment d'une impulsion naturelle ou d'un instinct dont il est parfaitement impossible de rendre compte. De cette espèce sont le désir de châtiment pour nos ennemis et de bonheur pour nos amis, la faim, le plaisir sexuel (*lust*) et quelques autres appétits corporels ».

4. Le thème est repris presque dans les mêmes termes au début de la IIIe partie du livre III du *Traité* : « Les principaux ressorts ou principes actifs de l'esprit humain sont le

nous faut comprendre ce lien, qui est moins envisagé, à la façon de Bentham, comme la condition d'un calcul, utilisable le plus directement possible par le législateur, le politique, le juge, l'économiste, que dans ses complications ontologiques. Ce qui fait, de la réflexion humienne, un détour indispensable pour mesurer l'intérêt et le bien-fondé des voies qui, postérieurement mèneront au calcul.

Il est nécessaire de commencer par éliminer un faux problème.

II. Le plaisir est-il impression de sensation ou impression de réflexion ? Hume fait une réponse nominaliste à cette question lorsqu'il note que, sous le terme de *plaisir*, se logent des plaisirs très différents dont les uns relèvent des impressions de sensation, les autres des impressions de réflexion (*Traité*, III, 68). Le terme de *plaisir* est assez ambigu pour que, dans cette perspective de classement, on s'avise de relever les textes où le plaisir désigne nettement une impression de sensation et les autres où il paraît essentiellement réflexif. Au livre II (110), Hume, conformément au début du livre I du *Traité* (48), classe évidemment les plaisirs parmi les impressions de sensation, puisqu'il fait ressortir que « les douleurs et les plaisirs corporels naissent originellement dans l'âme ou dans le corps, comme il vous plaira de dire, sans aucune pensée ni aucune perception qui les précède » [1]. En revanche, lorsqu'on traite le plaisir comme une qualité esthétique ou morale, il est clair qu'il devient une impression de réflexion.

Mais cette perspective de classement n'est ni ultime ni la plus intéressante de la philosophie de Hume, dont la conception plus dialectique se concentre dans le terme déjà analysé de *sensation*. La sensation marque aussi bien l'impression originaire, qui ne dérive d'aucune perception (impression ou idée) préalable, que la façon dont une impression de sensation ou une passion se ressentent ; elle est alors l'immédiateté d'une réflexion, immédiateté relative qui, elle-même, peut servir d'impression originaire pour d'autres réflexions. La sensation prend évidemment cette dimension réflexive quand elle s'assimile au goût (II, 136) ; le livre II parle très volontiers de la *sensation* d'une passion aussi complexe que l'orgueil, l'humilité, la haine ou l'amour (II, 178, 242, 243).

Le caractère dialectique du terme de *sensation*, ainsi appliqué, traduit parfaitement le jeu réciproque des deux sens du plaisir et de la douleur que Hume détecte : « Douleur et plaisir ont deux manières de faire leur apparition dans l'esprit ; (...). Ils peuvent apparaître soit sous forme d'une impression sentie dans son actualité, soit seulement en idée comme à présent où je les mentionne » (I, 186-7). Le jeu par lequel un sentir ne reste jamais brut, mais peut se réfléchir, se scinder et se compliquer en d'autres

plaisir et la peine ; quand on enlève ces sensations à la fois de notre pensée et de notre conscience, nous sommes dans une large mesure incapables de passion et d'action, de désir et de volition » (p. 195).

1. Cette thèse est identique à celle du TNH, I, 276 : « Il est aussi évident que les couleurs, les sons, etc. sont originellement à égalité avec la douleur qui naît de l'acier et le plaisir qui provient d'un feu ».

sentirs, va si loin que s'obtiennent par là toutes sortes de renversements de plaisir en douleur et de douleur en plaisir. C'est ainsi que, transformant la douleur en spectacle, nous pouvons en jouir; et que, transformant un plaisir en spectacle, nous pouvons le déplorer, comme c'est le cas dans la sympathie, qui est adhésion imaginaire au sentiment d'autrui, en un premier temps, mais qui le réfléchit bientôt pour en prendre éventuellement le contrepied en un second, de sorte qu'on s'attriste du bonheur d'un autre et qu'on se repaisse de son malheur.

Toutefois, ce jeu du plaisir et de la douleur, du plaisir avec lui-même et de la douleur avec elle-même, par lequel on soupçonne déjà comment le psychisme peut s'accommoder des déplaisirs qu'il rencontre dans le réel [1], prend d'autres aspects déterminés, déjà esquissés dans la citation précédente du livre I. Il faut opposer un plaisir ou une douleur ponctuels, vécus dans l'instant, à des plaisirs et des douleurs de temporalité plus longue, engageant l'histoire entière du psychisme; ainsi, Hume, venant de remarquer que «l'image du plaisir passé, dans sa force et sa violence, confère ces qualités à l'idée du plaisir futur, qui lui est reliée par ressemblance», pose-t-il qu'«un plaisir conforme à la façon de vivre que nous avons adoptée suscite davantage nos désirs et nos appétits qu'un autre, qui lui est étranger» (II, 283). Nos plaisirs ne se sélectionnent par association qu'en fonction d'une histoire personnelle, qui est aussi une histoire collective, car nul ne jouit à une époque des mêmes choses qu'à une autre, comme le montre, par exemple, le changement des arts. On ne peut donc prendre que relativement les fonctions d'immédiateté et de secondarité; et, une fois posées ces abstractions, loin de concevoir comme absolue la répartition de l'immédiateté et de la secondarité, il faut la lier à d'autres principes.

Il est encore un autre aspect, tout aussi fondamental, du jeu du plaisir et de la douleur, ou plutôt du jeu du plaisir avec lui-même: l'opposition du plaisir comme *fait* au plaisir comme *valeur*. Sans doute n'existe-t-il pas de fait brut de l'impression: une sensation n'est qu'une abstraction, sans la croyance qui lui donne sens; mais la tendance de l'impression de sensation est plutôt celle du fait et de la méconnaissance d'elle-même comme valeur, alors que la tendance de la valeur est d'ignorer sa génèse et de se distinguer du fait; et, par exemple, de se croire indépendante des plaisirs et des désirs auxquels elle donne lieu. Si le livre I paraît insister sur le plaisir comme fait, les deux autres livres le présentent plus souvent comme valeur ou constituant de valeur. Il est valeur lorsque Hume en fait l'essence même du beau, tandis que le déplaisir est celle du laid (II, 136); le plaisir est même critère du véritable esprit (*wit*), tandis que le déplaisir l'est du faux (II, 134). Le plaisir et la douleur ont une portée si évidemment morale qu'on ne peut rien réclamer de plus «pour régler notre conduite et nos mœurs» (III, 64):

1. *Traité*, II, 312: «La vie humaine est une scène si ennuyeuse et les hommes sont en général de dispositions si indolentes que tout ce qui les divertit, fût-ce une passion mêlée de souffrance, leur procure, à tout prendre, un plaisir sensible».

«avoir le sens de la vertu, ce n'est rien de plus que de ressentir une satisfaction d'un genre particulier à la contemplation d'un caractère. C'est ce sentiment lui-même qui constitue notre éloge ou notre admiration» (III, 67). Le terrain moral permet, en outre, de présenter une véritable inversion du fait en valeur. Hume commence par constater que «l'impression qui naît de la vertu est agréable et (*que*) celle qui procède du vice est déplaisante» (III, 66). Mais, fort de cette expérience, Hume retourne en un clin d'œil ces propositions pour en faire deux autres, de portée très différente, puisqu'elles se posent en définitions ou, plutôt, en paraphrases de la vertu et du vice: est vertueux ce qui fait un certain plaisir et vicieux ce qui fait un certain déplaisir: «Une action, un sentiment ou un caractère est vertueux ou vicieux; pourquoi? Parce que sa vue cause un plaisir ou un malaise d'un genre particulier» (III, 67; 159). La possibilité toujours ouverte que le vécu devienne spectacle (III, 67) et que le spectacle redevienne sentir est ce par quoi se constitue la valeur.

Dès lors que Hume ne prend pas lui-même pour thème ce jeu de renversements du verbe en nom, ou ce mouvement d'objectivation qui fait tout le mouvement de la fiction, faut-il l'accuser pour autant de «sophisme»? Non car ce qu'il représente dans l'élément du langage n'est pourtant pas linguistique: c'est le mouvement même de l'affect qui, constamment, se réfléchit ou se relativise lui-même. C'est l'affect qui, se retournant sur lui-même, acquiert une sorte de cohérence, de consistance, d'indépendance, qui sont celles de la valeur[1]. Nous verrons comment la sympathie parachève le système de valeurs. Enfin, si Hume n'a pas cherché directement à constituer un calcul des plaisirs et des peines, il n'a rien fait non plus pour l'empêcher; et, s'il s'est moins attaché que Bentham à réduire toutes les passions et tous les intérêts au dénominateur commun du plaisir et de la douleur, il a surtout, par sa réflexion, sur les plaisirs et les douleurs, sur leurs diverses modalités et celles de leurs relations, considéré les conditions d'un tel calcul, qu'il s'agisse de composition, de mélange, de fusion, etc. C'est ce travail sur les principes qu'il faut découvrir.

III. Le principe qui régit le plaisir et la douleur se trouve formulé à plusieurs endroits dans l'œuvre de Hume: dans le livre I d'abord, où il est noté que «nous accomplissons les actes qui tendent à assurer notre conservation personnelle, à obtenir le plaisir et à éviter la douleur» (254); dans le livre II ensuite où le principe est énoncé dans des termes proches de ceux qu'on utilise pour traiter de l'inertie: «Comme tous les hommes désirent le plaisir, rien n'est plus probable que son existence, dès lors que nul obstacle extérieur ne vient s'opposer à sa venue et que les hommes n'appréhendent pas de danger à suivre leurs inclinations» (II, 153).

Ce principe est si fondamental qu'il ne peut être mis sur le même plan que les multiples lois qui expliquent comment s'associent les impressions,

1. «Nous n'inférons pas qu'un caractère est vertueux de ce qu'il plaît; mais, en sentant qu'il plaît de cette manière particulière, nous sentons effectivement qu'il est vertueux» (TNH, III, 67).

les idées et comment leurs séries se corroborent : le principe de la recherche du plaisir et de l'évitement de la douleur oriente l'ensemble de ces règles et de ces lois, puisqu'il y va de l'existence psychique elle-même dans son rapport à la réalité sous la multiplicité de ses formes, et à la vérité. Hume indique le caractère majeur et ultime de ce principe en montrant qu'il fait comprendre, en dernier ressort, l'usage des relations (I, 326) ; en le présentant, par conséquent, comme un critère de sélection entre des principes concurrents ; et en étudiant particulièrement sa confrontation à la croyance, car, sans elle, on retrouverait aussitôt une irréductible pluralité, puisque ce qui plaît à la raison ne coïncide pas nécessairement avec ce qui plaît à l'imagination ou à la sensibilité (I, 300).

Ainsi, le psychisme, divisé par deux principes contraires, celui de l'identité des perceptions semblables et celui de leur discontinuité, choisit, contre toute preuve et toute nécessité théorique, l'identité des perceptions semblables, simplement parce que le cours de ses pensées devient plus coulant et qu'il trouve un allègement au malaise qui résulte de la division. Mais, bien évidemment, il n'est possible de céder à ce plaisir que parce qu'il est compatible avec le principe de réalité. C'est toutefois quand l'esprit cherche une conciliation de différents plaisirs avec le principe de réalité qu'il est capable de produire ses plus fantastiques chimères : n'invente-t-il pas l'idée d'objets transcendants au psychisme et existant en soi ? Cette « hypothèse de la double existence des perceptions et des objets » « plaît à notre raison en ce qu'elle admet que nos perceptions dépendantes sont discontinues et différentes et, en même temps, elle est agréable à l'imagination en ce qu'elle attribue l'existence continue à quelque chose d'autre que nous appelons *objets* » (I, 300).

Cette recherche du plaisir, cette orientation donnée, autant qu'il est possible, à toutes les lois dans sa direction, sont d'autant plus nécessaires que la douleur est une expérience plus vive que le plaisir. « (L'affliction et le chagrin) ont toujours une influence plus forte ou plus durable qu'aucun plaisir ou qu'aucune jouissance » (II, 218)[1]. La vivacité plus grande des impressions douloureuses ne signifie toutefois pas que le principe de réalité soit fatalement orienté contre le plaisir ; encore que les personnages de Philon et de Déméa, ligués contre Cléanthe dans la Xe partie des *Dialogues*, ne recevront guère de démenti quand ils déploreront la plus grande quantité et le plus large éventail des occasions de douleur par rapport à celles de plaisir. La recherche du plaisir peut parfois très bien s'accommoder de la croyance : la vivacité même des impressions peut être celle du plaisir, comme lorsque nous regardons l'immensité de l'océan (I, 179). Plus généralement, mieux que la pure fiction, « la croyance doit séduire l'imagination par la force et la vivacité qui l'accompagne ; car toute idée qui a force et vivacité est agréable, trouve-t-on, à cette faculté » (I, 191). Il faut

1. Il en résulte que, « lorsque notre fantaisie considère directement les sentiments des autres et les pénètre profondément, elle nous rend sensibles à toutes les passions qu'elle envisage, mais tout particulièrement au chagrin et à la tristesse » (II, 231).

des dispositions mélancoliques et chagrines pour nous pousser vers des croyances sinistres, qui ne sont pas toutes justifiées par les faits (I, 188) ; et il faut s'inventer « des ennemis imaginaires » pour transformer nos plaisirs en crimes (*Dialogues*, 124).

Le plaisir et la douleur, d'une part, la réalité de l'autre, les lois et les règles du psychisme forment un équilibre qui doit constamment être établi, apprécié, jugé. Hume pose que « si les impressions (de plaisir et de douleur) influençaient seules la volonté, nous serions soumis, à tout instant de notre vie, aux plus grandes calamités ; car, même si nous avions prévu leur approche, nous ne serions pas naturellement pourvus d'un principe d'action qui nous pousse à les éviter. D'autre part, si toute idée influençait nos actions, notre condition ne serait pas bien meilleure. Car telles sont l'instabilité et l'activité de la pensée que les images de toutes les choses, spécialement des biens et des maux, sont toujours en train de voyager dans l'esprit ; et si celui-ci était mû par toute conception inconsistante de ce genre, il ne jouirait jamais d'un moment de paix ni de tranquillité » (II, 187). L'esprit agit donc de façon à déréaliser, essentiellement en les temporalisant, nos sensations trop pressantes, et à donner aux idées une importance qu'elles n'auraient pas spontanément. Cet équilibre, même s'il est naturel, n'est pas donné ; il requiert l'action pour être trouvé. Le plaisir est si peu statique qu'il n'existe que dans l'action. Et l'équilibre que cherche le psychisme est rompu par cette recherche même, ne serait-ce que par la passion mise à le trouver.

Ce qui ne compromet pas toute espèce de vérité ; il y a, à coup sûr, un plaisir à la chercher et à la poser. « La vérité, dit Hume dans un passage qui concerne l'esthétique mais qui peut être généralisé, n'a pas d'autre effet que de procurer un accueil aisé aux idées et d'amener l'esprit à y consentir avec satisfaction ou du moins sans répugnance» (I, 189-190). Mais s'il y a une passion de la vérité et si cette passion est un plaisir[1], il faut noter en retour que le plaisir crée aussi des illusions ; en particulier des illusions de vérité. Tout plaisir veut être vrai. Ainsi le plaisir et la douleur sont-ils invoqués en faveur de l'existence du moi par certains philosophes : « La plus forte sensation et la plus violente passion, disent-ils, au lieu de nous distraire de cette vue [du moi], ne font que l'établir plus intensément ; elles nous font considérer leur influence sur le moi par leur douleur ou leur plaisir » (I, 342). Si je souffre, c'est tout de même bien moi qui souffre ; et si l'autre jouit, je puis faire l'expérience à mes dépens, comme dans la jalousie, que ce n'est pas moi qui jouis. Mais est-ce le moi du plaisir, le moi du déplaisir, le moi de la jalousie qui me livent la vérité du moi ou celle de son identité ? Pourquoi ces figures du moi seraient-elles plus vraies que les autres ? Et dans quelle figure le moi serait-il dans sa vérité ? Le plaisir est un guide dangereux en définitive, puisqu'il y a un plaisir de l'illusion aussi

1. C'est bien le sentir d'un plaisir qui est « l'origine de la philosophie [de Hume] » (TNH, I, 364) ; ce plaisir était constitué non seulement de l'amour de la vérité, mais aussi de l'ambition avouée d'instruire l'humanité et de se faire un nom.

vif que le plaisir de la vérité. Il faut, pour se repérer, constamment distinguer et mettre en concurrence les plaisirs dont dépendent et qui dépendent des valeurs avec lesquelles ils sont couplés.

Parce que le plaisir est un principe ultime, il règle une diversité de lois qu'il faut désormais inspecter et réunir, tant elles sont éparses dans l'œuvre de Hume.

IV. Par principe, Hume ne distingue pas explicitement les lois que la phénoménologie schelerienne a appelées «*essentiales*» de lois simplement empiriques ou phénoménales, car, chez lui, les passions n'ont pas d'essence à proprement parler; si elles en avaient, on pourrait les définir. Ce qui donne l'impression d'une essence affective tient dans un regroupement plus consistant d'événements qui durent, qui peuvent être transmis et ne se dissolvent pas de la même façon que les circonstances qui les ont occasionnellement portés à l'existence. Mais, s'il ne pose pas d'essences nécessaires de passions qui pourraient ontologiquement dériver d'une structure a priori, Hume fait pourtant place à des distinctions qui paraissent dépendre de lois essentiales. Ainsi note-t-il que «les bonnes qualités d'un ennemi nous sont pénibles, mais nous commandent toujours l'estime et le respect» (III, 68); et il ajoute, un peu plus loin: «Bien que certainement une voix musicale ne soit rien d'autre qu'une voix qui procure naturellement un genre particulier de plaisir, il est pourtant difficile de sentir l'agrément de la voix de son ennemi et d'en connaître la musicalité. Mais une personne dont l'oreille est fine et qui a la maîtrise d'elle-même, peut séparer ses sentiments et accorder la louange à qui la mérite» (*Ibid.*). Cette maîtrise de soi n'a de sens que si, pour des raisons nécessaires, aucun mélange n'est possible entre le repérage d'une belle voix et l'animosité qu'elle suscite, par ailleurs, à l'encontre de cet ennemi qui chante et qui sera d'autant plus haïssable qu'il le fait mieux. Hume rencontre le problème «phénoménologique» sous la forme des passions relativement séparables de leur genèse, susceptibles ou non de fusion ou de mélange. Mais, d'un bout à l'autre, nous restons dans une théorie des événements qui peuvent se conglomérer de façon plus ou moins durable ou servir de circonstances fuyantes à ces conglomérats plus stables. Avant de voir les avantages d'une théorie qui ne distingue pas les essences des événements, il faut énumérer sèchement les différentes lois du plaisir.

Le livre II du *Traité* apprend que «l'anticipation du plaisir est par elle-même un plaisir très considérable» (154); qu'«un changement trop soudain et trop violent [que ce soit dans le corps ou dans l'esprit] déplaît» (313); que «le plaisir se trouve accru par les objets qui, de nature sensible et facile à comprendre, se laissent pénétrer aisément par l'imagination et lui sont agréables» (312); que «tout ce qui entretient et enfle nos passions nous est agréable»; et que, «au contraire, tout ce qui les affaiblit et les déprime est désagréable» (292). Parmi ces règles, les unes relèvent du principe d'inertie; les autres, du passage par le tore dont nous avons parlé au chapitre précédent; d'autres encore sont des lois différentielles.

Partant de la même expérience que celle de la *République* (523 e-524 d) de Platon, Hume n'en tire pas la conclusion que les sensations donnent des informations contradictoires, mais qu'« un faible degré d'une qualité, qui succède à un degré plus élevé, produit la même sensation que s'il était plus faible qu'il n'est en réalité ; il peut aller parfois jusqu'à produire la même sensation que la qualité opposée ». Hume passe de ces considérations sur les sensations à celles de la douleur et du plaisir : « Si une légère souffrance succède à une violente, elle paraît insiginifiante, ou plutôt elle se transforme en plaisir ; tandis que si une violente souffrance succède à une légère, notre chagrin et notre malaise s'en trouvent redoublés » (II, 221).

Il est d'autres lois différentielles qui montrent que, lorsqu'une supériorité est très grande, elle produit moins d'effet que lorsqu'elle est très légère et va croissant ou décroissant. « Un homme qui se compare à son inférieur ressent du plaisir de la comparaison ; et lorsque l'infériorité décroît, par l'élévation de l'inférieur, ce qu'on aurait pu prendre pour une simple diminution de plaisir devient une souffrance réelle, par une nouvelle comparaison avec la situation précédente ». Mais Hume raffine aussitôt cette première esquisse de la loi en notant que « ce n'est pas la grande disproportion de nous-mêmes à un autre qui suscite l'envie ; c'est, au contraire, notre proximité » (II, 227). Un général porte finalement moins ombrage à l'homme du rang que le caporal, là où l'on attendrait qu'une plus grande différence provoque une plus grande envie.

L'une des plus belles inversions est produite par la loi différentielle qui concerne l'accoutumance. « Rien n'exerce un plus grand effet (...) pour convertir le plaisir en souffrance et la souffrance en plaisir que l'accoutumance et la répétition » (II, 279). Hume explique ce renversement : quand l'âme s'emploie à effectuer une action nouvelle, sans doute éprouve-t-elle du plaisir de la nouveauté, mais inséparablement elle ressent la douleur de la rigidité de ses facultés. Toutefois cette rigidité se perd avec l'expérience et un plaisir naît de cette difficulté vaincue. Pas pour longtemps car, par la facilité de l'exercice, l'esprit perd graduellement toute tension. Hume remarque finement qu'on ne peut éprouver du dégoût par habitude que pour des objets qui devraient nous faire éprouver du plaisir si l'habitude ne les avait pas banalisés (II, 280). De même que la laideur subvertit la sensibilité, il y a dans l'habitude quelque chose qui l'écœure. On ne peut plus sentir des choses que l'on devrait sentir, parce qu'on les a trop senties. Ainsi, quand on ne sent pas une chose que l'on devrait sentir, on peut encore mimer le sentiment que l'on n'a pas ; en revanche, quand on l'a trop sentie, elle nous échappe irrémédiablement.

V. Le principe et les lois précédentes ne prennent leur sens que dans une conception dynamique des plaisirs et des souffrances. L'idée humienne est d'essayer toutes sortes de possibilités géométriques et vectorielles pour rendre raison de ce qui est vécu comme susceptible de fusionner, de se composer ou de coexister sans fusion ni composition.

Certes Hume n'ignore pas que la sensation peut prendre fondamentalement un sens arithmétique ou algébrique. Ainsi trouve-t-on, au livre II la règle selon laquelle « les objets produisent toujours par comparaison une sensation [il s'agit de celle des passions] directement contraire à leur sensation d'origine» (243); mais l'essentiel est de rendre raison des cohésions et l'arithmétique ne le peut pas. Si l'on accepte de s'en tenir à la seule dynamique du plaisir et de la douleur, on découvre trois caractères importants.

D'abord, Hume note, dans son *Introduction* au *Traité*, comme une certitude insurpassable, que « le désespoir a sur nous presque le même effet que la jouissance» (36). La conscience d'être parvenu à un terme est aussi mortelle pour le désir, qu'elle provienne du désespoir ou de la jouissance. D'un côté comme de l'autre, « le désir s'évanouit» ou perd sa tension. La jouissance, comme le désespoir, est le tombeau du désir.

Ensuite, Hume montre que l'un des sens majeurs de l'orientation sociale n'est pas de développer le maximum de plaisir compatible avec la réalité; il est aussi de réfréner la jouissance, non pas artificiellement et par l'arbitraire de règles morales, mais par une sorte de nécessité inhérente à la jouissance elle-même: « Il est contraire à l'intérêt de la société civile que les hommes – et plus encore les femmes – aient une entière liberté de satisfaire leur appétit de jouissance sexuelle» (III, 192). L'un des buts des lois juridiques et morales est « de persuader les hommes que les transgressions du devoir conjugal sont plus infâmes qu'aucun autre genre d'injustice, quand évidemment elles sont plus excusables en raison de la grandeur de la tentation» (III, 190). Sans doute l'argument invoqué par Hume est-il qu'un père doit être sûr de ses enfants pour se mettre à travailler pour eux (189), mais cet argument ne saurait suffire dès lors que ses obligations masculines de chasteté extra-conjugale sont reconnues moins grandes que celles des femmes (191) et que, par ailleurs, Hume conseille de fermer les yeux sur le libertinage. Il se pourrait que, conformément à la morale naturelle de Hume, le plaisir fût condamné par le jeu des choses mêmes plutôt que par une règle transcendante qui s'élèverait au-dessus de ce jeu. Il semblerait bien que Philon dît la pensée profonde de Hume lorsqu'il nie qu'il y ait quelque mécanisme dont la seule fin serait de donner du plaisir (*Dialogues*, 128).

Notre troisième remarque concernera les mécanismes de défense, qui ne sont pas seulement extérieurs, sociaux et biologiques, mais qui agissent aussi de l'intérieur. Lorsque Hume, détaillant les espèces de biens, retient particulièrement la satisfaction intérieure de l'esprit comme étant la seule « dont nous sommes parfaitement sûrs de jouir» (III, 87-88), il est bien évident qu'il ironise; car on ne voit pas comment une âme, qui ne se construit qu'en composant des éléments hétérogènes, pourrait éviter toute inquiétude et toute division contre elle-même. Il suffit de pousser un peu plus loin sa lecture pour trouver qu'il est « des tempêtes plus furieuses» que les ouragans de la nature, « qui, aujourd'hui, produisent tant de troubles et engendrent tant de confusions dans les âmes humaines» (III, 94).

VI. Si la philosophie de Hume n'atteint pas la clarté à laquelle parviendra la phénoménologie en distinguant les lois essentiales des lois empiriques du plaisir, elle permet en revanche d'apercevoir déjà l'avantage de la perspective humienne sur la méthode schelerienne, par exemple. La volonté de distinguer des essences affectives du cours événementiel des affects conduit Scheler à présenter ces essences selon un modèle ptoléméen d'emboîtement de sphères depuis un noyau central, qui représente l'intimité des valeurs personnelles jusqu'aux zones périphériques qui n'engagent que ponctuellement la personne. Mais ce modèle qui enferme les essences les unes dans les autres se trouve dans l'incapacité de rejoindre les événements affectifs dans leur existence même. La bonne démarche est plutôt de ne jamais quitter le terrain des événements et de montrer comment, dans leur fluence, se constituent des zones plus résistantes, d'une temporalité telle que, par sa lenteur, elle fait croire à une relative éternité sur fond de laquelle glissent les autres représentations. Mais nous n'avons pas à philosopher comme nos passions nous intiment souvent fallacieusement de le faire. Encore qu'il nous paraisse insuffisant, le schéma humien est beaucoup moins défaillant que le schéma schelerien, puisqu'il est délibérément copernicien et qu'il substitue le jeu des principes et des lois à une ontologie statique, réaliste et substantielle.

CHAPITRE IV

L'IMAGINATION

I. La notion d'*imagination* enveloppe des actes si hétérogènes, voire si contradictoires, que son contenu et ses contours la font paraître une idée fort abstraite. L'imagination est analyse, elle est synthèse, elle est figure et figuration; elle a aussi son sentir et ses passions; elle est système de points de vue possibles et élection, parfois arbitraire, d'un point de vue parmi d'autres; elle est jugement et choix; en outre, tout en collaborant à la confection de lois, elle est elle-même soumise à des lois. Bref, les usages du terme d'*imagination* nous mettent dans une situation plus délicate que ceux du terme de *triangle* à travers lesquels Locke et Berkeley dénonçaient de façon exemplaire les contradictions des idées générales.

D'autant plus délicate que le nominalisme humien a vu dans l'imagination une clé pour expliquer l'illusion du pouvoir de transcendance des idées abstraites. Or est-ce en forgeant la pire des abstractions que l'on résout le problème de la formation des abstractions? Le scepticisme philosophique, qui présente toutes les entités psychiques comme des fantasmes, ne se prend-il pas par là à son propre piège? Il faudra se demander si l'imagination ne fournit pas le mirage d'une fausse solution au scepticisme lorsqu'il se tourne à la fois contre les sens et contre la raison.

Sans doute pourrait-on entrevoir une atténuation des contradictions de la notion en repérant que les usages du concept d'*imagination* se répartissent, si l'on met à part le vocable de *fiction*, selon deux termes en anglais: *imagination* et *fancy*. *Imagination* remplit à la fois la fonction d'un terme générique, englobant tous les aspects de l'imagination, et une fonction spécifique présentant un certain nombre d'aspects distincts de ceux que *fancy* synthétise. Le traducteur, qui veut rendre compte de ce partage de significations, ne dispose en français que des termes d'*imagination* et de *fantaisie*. Or cette distinction inévitable est imparfaite, car *fancy* recouvre tout autre chose que la notion de *fantaisie*. Il faut donc commencer par identifier ce que Hume enveloppe plus ou moins systématiquement dans ces vocables de *fancy* et d'*imagination*.

Mais il est clair qu'on ne résout pas les contradictions d'une notion, en forgeant deux termes ou deux faisceaux d'usages qui se répartiraient les deux versants de la contradiction, d'autant que Hume rappelle souvent l'équivalence des termes d'*imagination* et de *fancy*. Dans ces conditions, si l'on refuse de faire du scepticisme humien le constat vulgaire des contradictions, qu'elles viennent des sens, de la raison ou de l'imagination, il faut chercher plus loin les principes de leur solution et se demander si l'imagination n'aurait pas elle-même le statut de « fiction ». Sans doute la notion de « fiction » est-elle délibérément traitée par Hume comme une partie du domaine de l'imagination ; mais la dénonciation de l'idéologie des facultés séparées qui aboutira à faire apparaître l'entendement, la sensation et les passions comme des déterminations de la seule imagination ne donne-t-elle pas lieu à une idéologie pire encore, par sa confusion et son extrême abstraction ? Autrement dit, lorsque l'imagination paraît concentrer en elle tous les actes que la tradition accordait à la sensation, la raison, la passion, que devient la notion de vérité ?

II. Il faut d'abord dresser un inventaire des diverses fonctions assignées par Hume à l'imagination, sans qu'aucun chapitre du *Traité* ou des *Enquêtes* ne les ressaisisse synthétiquement. Ce travail préalable de classement est indispensable si l'on veut faire apparaître ensuite des contradictions entre ces fonctions.

Hume n'innove pas par rapport aux auteurs classiques lorsqu'il présente l'imagination comme une faculté distincte de celle de recevoir des impressions, qu'elles soient de sensation ou de réflexion, différente aussi de la mémoire, de l'entendement ou de la raison. La différence des « présentations » ou des « représentations » de l'imagination avec les impressions de sensation, c'est qu'elles sont des copies de celles-ci, qu'elles sont moins vives, affadies. En revanche, l'expression de « plus obscures » (*Traité*, I, 147) pour qualifier les idées de l'imagination par rapport à celles de la mémoire est étonnamment mal choisie, car le sens général de l'argumentation de Hume est de retenir les seuls critères de force et de vivacité pour les distinguer. Il y a plus : alors que les impressions de sensation sont contraintes de respecter l'ordre dans lequel elles sont données, l'imagination peut destructurer ce donné et le recomposer comme bon lui semble en indéfinies variations (I, 51 ; III, 109, note 1) ; simplement, l'imagination ne fera pas croire à la réalité de ce qu'elle fantasme comme on croit à la réalité des impressions sensibles. Quand bien même elle se caractérise par la singularité, l'imagination n'en reste pas moins de l'ordre de l'idée ; son contenu représentatif n'en fait pas une impression. Elle peut indéfiniment destructurer tout contenu représentatif en idées simples et les recomposer en idées complexes (I, 51-2) ; mais cette indéfinie disponibilité se solde par l'impossibilité de celui qui la met en œuvre de croire aux contenus de sa fabrication. Ce qui ne veut pas dire, comme nous le verrons bientôt, que le travail fictionnel soit sans importance dans notre rapport à la réalité.

On peut désormais régler très vite la comparaison entre la mémoire et l'imagination. La mémoire est censée garder l'ordre dans lequel se sont produits les phénomènes ou plutôt leurs perceptions; et nous croyons, sans aucune preuve possible d'ailleurs, à la conservation de cet ordre. En revanche, l'imagination avoue franchement briser cet ordre et ne s'y conformer d'aucune manière; mais alors, elle ne laisse plus de place à la croyance. Hume indique nettement que ce ne sont pas les qualités représentatives de l'une et de l'autre qui les distinguent. Un souvenir peut être plus imprécis qu'une image: il n'empêche qu'il n'est pas ressenti comme elle. C'est par la manière dont on les sent qu'on distingue les souvenirs des simples fictions (I, 376). C'est le *belief* qui, par-delà toutes les distinctions des qualités représentatives, fait la différence entre mémoire et imagination (I, 148). L'imagination peut bien être solidaire de la réalité; elle prend néanmoins ses distances à son égard. Par cette marge de manœuvre qu'elle s'octroie à l'égard de la réalité, elle perd aussi en elle ou sur elle toute intervention directe, laquelle la rendrait inappropriée ou dangereuse.

Parce que l'imagination est de l'ordre de l'idée, on est tenté de la rapprocher de l'entendement; elle s'en distingue pourtant. Les coïncidences viennent de ce qu'elle est, comme lui, jugement, exploration des possibles, sélection de ces possibles au besoin (I, 68-9) et choix. A toute situation donnée, qu'elle soit présente, passée ou future, l'imagination envisage un environnement, un développement ou des antécédents possibles. En un texte étonnant, Hume n'hésite pas à dire de cette capacité d'envisager les possibles qu'elle est «infinie». Le propos est imprudent sans doute[1]; il renverse la conception cartésienne qui montre que c'est l'entendement, non l'imagination, qui détient la règle de l'imaginable; mais il est conforté par l'affinité particulière que Hume note entre l'imagination et l'éventail de chances qui s'ouvre autour de toute situation. Mais si l'imagination conçoit ainsi les possibles[2], qu'est-ce qui la distingue de l'entendement?

Sans doute, cette conception imaginative reste-t-elle toujours paradoxalement un sentir et une singularité; mais ce caractère ne saurait constituer, dans la philosophie de Hume, ce qui permet de la distinguer nettement de l'entendement. En effet, la production des idées abstraites peut-elle s'effectuer autrement que par un traitement singulier d'idées singulières? Simplement, là où l'entendement démontre, que ce soit par confrontation d'idées ou par évaluation de probabilités, l'imagination ne s'encombre pas de démonstrations[3]. Elle est à la fois le système des possibles et ce qui permet de passer sans intermédiaire de l'un à l'autre, avec une extraordinaire vivacité. Plus alerte que l'entendement et moins exigeante que lui sur la chaîne des raisons, l'imagination peut remplir la

1. Ce qui n'empêche pas Hume de reprendre ce thème de l'infinité du pouvoir de l'imagination dans l'EEH (p. 110).

2. «Tout ce que nous pouvons imaginer est possible» (TNH, I, 341).

3. «Quand j'oppose (*l'imagination*) à l'entendement, je comprends par là la même faculté, à l'exception des seuls raisonnements démonstratifs et probables» (TNH, II, 329).

fonction irremplaçable de saisir l'allure générale des courbes. Si l'entendement ne peut jamais concevoir une courbe que comme un polygone qui contient un nombre très grand, voire infini de côtés, l'imagination peut, en l'idéalisant, saisir l'allure d'une courbe dont l'entendement ne donnera jamais qu'une approximation[1]. L'entendement s'auto-détruit sans le secours de l'imagination[2].

Mais on aurait tort de tenir l'imagination pour une faculté comme les autres, jouât-elle une fonction intermédiaire entre elles, puisqu'elle semble emprunter à chacune des traits essentiels. Si elle est *milieu*, ce n'est pas seulement par ses fonctions d'intermédiaire, mais parce qu'elle offre un élément dans lequel les idées et les impressions peuvent se frayer un chemin, s'associer selon des lois (I, 56) que le philosophe doit rechercher. Ce milieu n'est d'ailleurs pas neutre, non seulement parce qu'il est tramé par des règles privilégiées d'utilisation, non seulement parce qu'il «est meublé d'idées» (I, 84), mais encore parce qu'il possède la propriété d'*aviver* ces idées (I, 358). L'imagination *présente* les idées (I, 69) autant qu'elle les représente. Ce qui n'empêche nullement que, par l'imagination, toute perception peut faire office d'une ou de plusieurs autres, comme s'il se fût agi de signes. Organe des associations en tout genre, qu'elles soient d'idées ou d'impressions, voire de leur double série, organe dans le double sens de milieu et de sujet d'effectuation des liaisons, l'imagination joue toutes sortes de fonctions de communication.

Parce qu'elle est une instance de jugement (I, 130) dégagée de la croyance, elle est essentiellement production, variation, transport de sens. Parce que cette production de sens emplit l'ensemble du possible, l'imagination humaine, loin d'être folle, est, de ce point de vue, étonnamment sage; loin d'être incommunicable, elle circonscrit au contraire la sphère du communicable. On comprend dès lors que Hume hésite entre l'aspect *intuitif* de l'imagination, qui donne un sentir aux idées, peut-être un autre type de sentir aux impressions, et un aspect *langagier* ou *logique*. L'expression «*l'imagination nous dit que...*» (par ex., I, 300) revient souvent sous la plume de Hume, même s'il déclare un peu plus loin que l'imagination n'est pas fondamentalement discursive (I, 352, 355). L'intersubjectivité de l'imagination, la communicabilité de ses productions sont des évidences pour Hume qui note que la liaison entre les signifiants et les signifiés du langage est son œuvre.

Tour à tour matrice et milieu, intuition et langage, faculté et acte vif, jugement et objet soumis à des lois, l'imagination remplit des fonctions si

1. En tout cas, la géométrie ne saurait atteindre «une rigueur supérieure à celle que nos yeux ou notre imagination sont, à eux seuls, capables d'atteindre» (TNH, I, 130).

2. TNH, I, 360-1: «La résolution de rejeter toutes les suggestions banales de l'imagination et de nous en tenir fermement à l'entendement serait dangereuse et s'accompagnerait des conséquences les plus fatales si nous l'exécutions sans fléchir. Car... l'entendement, lorsqu'il agit isolément et selon ses principes les plus généraux, se détruit complètement lui-même et ne laisse plus le moindre degré d'évidence à aucune proposition de la philosophie ou de la vie courante».

diverses que l'on se prend à douter d'avoir affaire à un être consistant et bien réel. Mais il faut encore aggraver la diversité enveloppée par ce terme générique d'*imagination* censé enfermer la sphère du pensable, en présentant plus vivement les contradictions de la notion qu'il désigne.

III. L'inventaire précédent fait apparaître des contradictions qu'il suffira de fixer en paires d'antonymes, dont la raison se trouve dans le double scepticisme que Hume tourne à l'encontre des sens et de la raison.

En de multiples sens, l'imagination est tiraillée entre l'*activité* et la *passivité*. Sans doute y a-t-il contradiction à la traiter comme milieu où peuvent s'inscrire les impressions, les idées et leurs associations et, à la fois, comme activité, lorsque, par exemple, elle suit les relations (I, 53-4). Ce renversement de la passivité en activité est patent lorsqu'on lit, dans la même phrase, que l'imagination fait l'expérience de la différence des idées et que, transformant cette passivité en performation, elle produit cette séparation ; l'un des grands principes du livre I se formule ainsi : « A chaque fois que l'imagination perçoit [*perceives*] une différence entre les idées, elle peut facilement produire [*produce*] une séparation » (I, 52), en raison même de la parfaite commande qu'elle exerce sur toutes nos idées.

Sur un registre à peine différent, on voit Hume invoquer la liberté de l'imagination (I, 51) qui paraît ne se plier à aucun ordre et, à quelques lignes de distance, l'ordre qu'elle suit, poussée par une *gentle force* qui, à défaut d'agir toujours, n'en prévaut pas moins communément (I, 53). La contradiction est toutefois moins cruciale qu'il paraît, puisque l'imagination n'est pas comparée, sous l'angle de la liberté, à la même faculté que sous l'angle de l'ordre. Sans doute est-elle libre par rapport aux sens, puisqu'elle est délivrée de l'ordre auquel nous rive la perception des phénomènes ; mais ce qui apparaît, d'un certain point de vue, comme une absence d'ordre, peut se concilier avec un ordre propre de l'imagination, défini par des lois : les lois d'association, qui régissent les impressions (en particulier les impressions de réflexion) selon leur ressemblance, et les idées en fonction de leur contiguïté, de leur ressemblance ou de leur lien de causalité ; les lois qui règlent le sens de passage de l'imagination en fonction du degré de clarté des idées (II, 185), ou en fonction de la grandeur et de l'importance des objets dont elles sont les idées (II, 190), de leur degré de contiguïté ou d'éloignement (II, 188) ; les lois enfin qui ont trait à la structuration de notre champ perceptif (I, 350). Ainsi, l'invocation des actes volontaires de l'imagination (I, 213) pour prouver sa liberté ne saurait nous troubler. Il y a des lois de l'imagination, et la volonté, qui n'est, après tout, qu'une passion parmi d'autres, ne saurait être considérée comme une instance de dépassement des passions. De la liberté prétendue de l'imagination, il en va chez Hume comme chez Spinoza : ceux qui en parlent ne considèrent l'imagination que sous un rapport, en oubliant les autres. On commence à voir que le galiléisme, qui fait varier les points de vue, tout en réglant le passage de l'un à l'autre, est sans doute la solution d'une partie des contradictions ; charge à nous de découvrir la règle de ce relativisme. Mais résoudra-t-il aussi facilement les contradictions suivantes ?

Est-il possible de dire, au début du livre I du *Traité* que, « dans l'imagination, la perception est effacée (*faint*) et sans vie (*languid*) », que « ce n'est pas sans difficulté que l'esprit peut la conserver ferme et invariable pendant quelque temps » (50), que « les idées de la mémoire sont beaucoup plus vives et plus fortes que celles de l'imagination » (idem), pour ensuite admettre que « la vivacité qui produit l'imagination est, dans de nombreux cas, plus grande que celle engendrée par l'accoutumance et l'expérience » (191) et accorder, dans le livre II, une force telle à l'imagination, qu'il dépendrait d'elle de « convertir une idée en impression » (284), alors que tout le début du livre I cherche à nous convaincre que les impressions sont fortes d'une force que l'esprit, qui n'est jamais dupe de ses fictions, ne saurait inventer ? Peut-on ainsi commencer par affaiblir l'imagination par rapport à la sensation et à la mémoire, en lui refusant une force qu'on lui accordera par la suite ?

Cette inquiétude sur l'apparente contradiction du discours de la force rejoint celle que suscite le discours de la mobilité et de l'immobilité. Hume insiste souvent sur le caractère preste et agile de l'imagination, qui ne cesse de voler d'un point de vue à l'autre ; mais, en un autre sens, l'imagination tend à fixer nos représentations (en objets ou en séries causales). Comment est-il possible de mobiliser la volubilité psychique au service d'une stabilité mentale ?

Enfin comment peut-on parler de l'*infirmité* de nos facultés, à laquelle l'imagination ne paraît pas devoir échapper mieux que la sensibilité, la mémoire ou la raison, et souligner l'*infinité* des possibles de cette même imagination ? Comment faut-il entendre cette *infinité* pour qu'elle puisse ne pas apparaître en contradiction avec la misère et la finitude de notre psychisme ?

Avant d'essayer de résoudre ces contradictions, il faut comprendre qu'elles ne sont pas fortuites et qu'elles trouvent particulièrement place dans un nominalisme qui refuse le sensualisme. En effet, le scepticisme de Hume se tourne contre la raison mais aussi contre les sens ; dans les deux cas, la démystification conduit à une multiplication des fonctions de l'imagination. Dans le cas de la raison, la démystification consiste à expliquer les idées abstraites par un jeu singulier d'idées singulières échangeables les unes contre les autres ; ce qui équivaut à une réduction de la raison à l'imagination. Dans le cas de la sensation, qui paraît l'être psychique le plus élémentaire qui soit, la démystification consiste à présenter son existence comme le reliquat fictif d'une division qui n'est jamais effectuée dans les circonstances ordinaires. Quant à ce que nous appelons la perception, elle est moins une agrégation de ces êtres fictifs qu'un certain type de fantasme. Ainsi, entendement, sens et mémoire « sont fondés sur l'imagination » (I, 358). Mais si l'on y regarde de près, les problèmes que l'on paraît régler ainsi (l'existence des idées abstraites, l'existence des sensations) ne sont éludés qu'en forgeant une chimère dont on attend qu'elle fantasme aussi bien le simple que le complexe et qui n'est autre que l'imagination.

Incontestablement, il était inconfortable de poser, comme les classiques, des facultés dans une relative autonomie des unes par rapport aux autres. Mais est-il plus commode de poser l'imagination comme l'impression des impressions ou l'impression des idées abstraites et d'en faire la véritable racine de toutes les autres facultés, lesquelles apparaissent ainsi comme fictives (I, 358)?

IV. *Fancy* n'est pas une simple variante stylistique d'*imagination*, destinée à éviter les répétitions. Au moins statistiquement, si ce n'est avec une rigueur totale, l'analyse permet de distinguer deux ensembles de sens cohérents.

Le traducteur est parfois légitimement poussé à rendre l'anglais *fancy* par le français *fantaisie*. Ainsi, l'une des premières occurrences de *fancy* dans le *Traité* concerne l'imagination littéraire, celle des « fables » où « l'on ne mentionne rien que des chevaux ailés, des dragons de feu et des géants monstrueux » (I, 51). Derrière l'adjectif *extravagant*, on attend de préférence le mot *fancy* à celui d'*imagination* et, la plupart du temps, le lecteur n'est pas déçu sur ce point, encore qu'il trouve aussi souvent *whimsy* que *fancy* dans ce sens. *Fancy* est donc liée à l'impression de liberté[1] que nous éprouvons en imaginant, alors que cette impression peut être fallacieuse. Dès lors que *fancy* occupe cette position, on conçoit que, par contraste, *imagination* occupe plutôt les domaines plus réglés et plus systématiques de l'imagination[2]. Si bien que, en dépit des réserves que nous avons prises, l'*imagination* se trouve plus proche de la mémoire et surtout de l'entendement que *fancy*[3].

Mais le jeu complexe des contradictions précédentes fait que cette opposition n'en reste pas là et que le caractère plus systématique d'*imagination* va pousser le terme de *fancy* dans une tout autre direction que celle de la désignation d'un acte ponctuel et apparemment irrationnel ou déraisonnable. D'ailleurs, on serait désagréablement surpris si l'on conjecturait une cohérence sans faille dans la première direction : ainsi, pour désigner l'acte psychique de délirer, on attendrait plutôt le terme de *fancy* que celui d'*imagination* ; or Hume retient *imagination*[4]. Lorsque l'on

1. Hume parle de « la liberté de la fantaisie » (TNH, I, 51). L'EEH parlera, sans distinguer entre *fancy* et *imagination*, de la liberté de l'imagination (p. 110).

2. Ce « pouvoir illimité de mêler, composer, séparer et diviser » les idées est encore attribué à l'*imagination* dans l'EEH, p. 110. Il est vrai que l'EEH distingue moins évidemment que le TNH, entre *fancy* et *imagination*.

3. *Fancy*, dans une de ses rares occurrences de l'EEH, se trouve même directement opposé à *understanding* lorsque Hume note que « l'éloquence, à son plus haut sommet, (...) s'adresse entièrement à l'imagination (*fancy*) ou aux affections », qu' « elle captive les auditeurs complaisants et subjugue leur entendement » (EEH, 192).

4. On trouve un autre démenti de l'identification de « *fancy* » et de « *fantaisie* » lorsque, dans une importante note du livre III du TNH (p. 106), Hume dit que « les règles

découvre les aspects systématiques d'*imagination*, l'opposition à *fancy* devient alors plutôt celle des aspects «*topiques*» du système de l'*imagination* à celle des aspects «dynamiques» de la *fancy*. Le premier livre du *Traité* associe déjà la *fancy* à la puissance et la couple avec les passions (190); mais cette opposition est surtout sensible quand on explore le second livre du *Traité*.

La sixième expérimentation de la deuxième section de la deuxième partie du livre II du *Traité* montre que, s'il est possible que je sois orgueilleux d'une qualité aimable qui caractérise mon frère, il est en revanche beaucoup moins facile qu'une qualité que je porte en moi-même et qui m'enorgueillit me pousse à aimer mon frère. Il est intéressant de regarder les termes que choisit Hume dans son argumentation. Si l'on s'en tient à la symétrie abstraite de la relation de fraternité, on ne comprend pas l'inégalité des passages de l'orgueil à l'amour et de l'amour à l'orgueil. Il faut, pour la comprendre, faire intervenir l'imagination. «Une fois que les affections sont dirigées sur nous-mêmes [et que l'orgueil est installé], la fantaisie (*fancy*) ne passe plus avec la même facilité de cet objet à une autre personne, si intime que soit sa connexion avec nous» (II, 185). La fantaisie est «*fléchée*», alors que l'imagination fonctionne plutôt comme un milieu indifférencié sur lequel on peut agir. Il y a des relations plus faciles ou plus difficiles que d'autres: seule la *fancy* peut saisir cette différence. La *fancy* est l'imagination, en tant qu'elle est liée à un jeu de forces qui l'orientent dans un sens plus que dans un autre. L'entendement ne sait pas «flécher» ses relations par lui-même; il doit recueillir la «vectorisation» de la *fancy*.

Prenons un deuxième exemple (II, 188) pour confirmer cet aspect dynamique de la *fancy*. «Quelque élément fortuit nous porte-t-il à considérer les satellites de Jupiter, notre fantaisie se porte naturellement à concevoir l'idée de cette planète; mais si nous commençons à réfléchir à la planète principale, il nous est alors plus naturel de négliger les astres qui l'accompagnent. La simple allusion aux provinces d'un empire suffit à conduire notre pensée vers la capitale; mais la fantaisie ne revient pas avec la même facilité de la considération de la capitale à celle des provinces» (II, 188). Là où l'*understanding* et l'*imagination* marquent les relations qu'ils empruntent au sceau de la réversibilité, la *fancy*, plus proche de l'acte et exprimant la dynamique du phénomène mental, est essentiellement irréversible; elle oriente particulièrement dans une direction. Cela ne veut pas dire que la réversibilité soit impossible pour la *fancy*; simplement, la description d'un processus dans un sens n'équivaut pas dynamiquement à la description de ce processus dans un autre. La *fancy*, c'est la sensation de force dans l'imagination (II, 204). Ce que la *fancy* garde de sa première acception de fantaisie, c'est la singularité de l'acte se détachant sur le

de droit sont fixées par l'imagination, c'est-à-dire par les propriétés les plus frivoles de notre pensée»; on attendrait «*fancy*» et c'est «*imagination*» qui côtoie «*frivolous*»; sans doute à cause des propriétés systématiques qui l'emportent dans ce domaine du droit.

système entier de l'*imagination*. Cet aspect est frappant lorsque Hume discute les rapports de l'imagination et de la volonté (II, 153-154). La volonté se projette en des points divers de la topique constituée par l'imagination; l'illusion qui lui fait croire qu'elle aurait pu agir autrement en est une de la *fancy*. Cette liaison de la *fiction* et de la *fancy* se voit particulièrement dans un texte qui oppose particulièrement la *fancy* à l'*imagination*, lorsque, au livre I du *Traité*, Hume examine une loi de l'imagination qu'avait déjà repérée Pascal: «Lorsque les circonstances superflues [qui accompagnent les circonstances essentielles] sont nombreuses, remarquables et fréquemment unies aux circonstances essentielles, elles ont, sur l'imagination [*imagination*] une telle influence que, même en l'absence de ces dernières, elles nous portent à concevoir leur effet habituel et à donner à cette conception une force et une vivacité [*force and vivacity*] qui la rendent supérieure aux simples fictions de l'imagination [*the mere fictions of the fancy*]» (232).

Mais s'il est des illusions de la *fancy*, on voit qu'en elle aussi transparaît le *sérieux* de la croyance. L'*imagination* ne considère le sérieux de la croyance que comme un possible parmi d'autres. La *fancy*, si elle n'est pas elle-même la croyance, la laisse au moins affleurer. D'ailleurs, dans certaines de ses occurrences, *fancy* est bien proche de marquer une préférence (II, 289) ou un choix, comme le ferait la volonté (II, 106).

Ainsi, partis d'un sens fantasque de la *fancy*, nous en arrivons à une proximité de la *fancy* et de la croyance, bien marquée par l'inévitable accompagnement de la *fancy* par des affects (II, 222), d'une part, par des images, d'autre part. Ce qui n'est pas fatalement le cas de l'*imagination*: comment pourrait-elle avoir des images de l'infinité des possibles qu'elle domine? Sans doute avons-nous quelque peu accusé en la systématisant, au cours des précédentes analyses, la différence entre *imagination* et *fancy*, mais il arrive que Hume aille, dans le *Traité*, sinon jusqu'à les opposer, du moins jusqu'à les distinguer fortement[1]. La contre-épreuve de cet argument peut être faite en considérant ce qui se passe dans l'*Enquête*, où, comme nous l'avons noté, la distinction de *fancy* et d'*imagination* est presque abandonnée au seul profit d'*imagination*: dès lors, l'imagination devient le véritable organe de la production des fictions, la seule *belief* sortant telle ou telle situation de son statut fictionnel. Il est clair que la place faite à la *fancy* dans le *Traité*, empiète sur celle de la croyance.

La temporalité différente de l'*imagination* et de la *fancy* confirme cette hypothèse. La fine pensée de la temporalité de l'imagination s'accompagne d'un choix judicieux des termes. Hume oppose (II, 287) la dispersion des instants dans le temps à l'union des points dans l'espace tel qu'il nous environne au présent; et il note que la première se réalise dans

1. Ainsi lit-on dans le TNH, II, 293: «Il s'ensuit que tout ce qui renforce et anime l'âme, soit en touchant les passions, soit en agissant sur l'imagination, transfère naturellement cette tendance à s'élever à la fantaisie et la détermine à remonter le cours naturel de ses pensées et de ses conceptions».

l'*imagination* tandis que l'autre s'effectue dans la *fancy*. On retrouve la division précédente: l'*imagination* est plus «vraie» que la *fancy*, laquelle ne s'occupe pas de l'exacte dispersion des points, mais les réunit fictivement en vue d'une adaptation au réel. Si la *fancy* est intellectuellement plus fallacieuse que l'*imagination*, elle est aussi vitalement plus sûre. La préférence vitale est liée à la *fancy*, sans que rien ne la justifie intellectuellement ou imaginativement parlant, quand il s'agit de se poster un peu en avant du présent, en direction du futur pour affronter les situations, plutôt qu'un peu en arrière du présent, en direction du passé (II, 289). L'*imagination* peut bien s'enthousiasmer intellectuellement pour un lointain passé; la *fancy* a beaucoup plus de mal à remonter le temps en direction du passé qu'à le descendre en direction de l'avenir (II, 295).

On pourrait encore multiplier les exemples d'opposition entre *imagination* et *fancy*. Ce qui brouille parfois les cartes, c'est que Hume ne paraît jamais se tenir à un lexique précis. Même lorsqu'il fixe la signification des termes, il n'est pas rare de le voir apparemment prendre le contrepied de ce qu'il vient d'établir: à plus forte raison, lorsqu'aucune convention n'a pas été passée avec le lecteur. Toutefois on aurait grand tort de croire que Hume ne se soucie pas d'un vocabulaire rigoureux; simplement, il est trop galiléen pour savoir qu'on ne fixe pas plus la valeur d'un mot qu'on ne le rive à une réalité en soi. Le sens d'un mot, la valeur d'un terme sont éminemment relatifs; mais, pour le comprendre pleinement chez Hume, il faut insérer le relativisme discursif dans un relativisme plus général que nous nous proposons d'inspecter. Le scepticisme humien ne se réduit pas au nominalisme.

Mais avant d'étudier le rôle joué par l'imagination dans les inversions de principes qui occasionnent les changements de valeur des éléments mis en œuvre, il ne sera pas inutile d'esquisser le jeu dynamique qui relie les diverses facultés entre elles et le rôle spécifique qu'y remplit l'imagination. C'est d'ailleurs déjà du côté de la dynamique que nous avons trouvé la cohérence du terme de *fancy*.

V. Les actes de l'imagination ne sont pas séparables de tous les autres actes psychiques ou faisceaux d'actes que sont les facultés. Ils n'existent que par les fonctions qu'ils remplissent.

Hume envisage le psychisme comme un champ de forces; la structuration de ce champ passant essentiellement par le jeu des oppositions et des compensations de l'imagination et des passions. Il est facile de comprendre cette extension humienne: l'imagination concentre en elle l'ensemble des puissances de la représentation; si bien que l'imagination n'a jamais affaire qu'à elle-même quand des représentations se contredisent. C'est elle-même qui produit des règles abstraites et c'est encore elle qui se pose singulièrement en face de ces abstractions auxquelles elle se montre d'ailleurs particulièrement sensible[1]. L'imagination intervient en

1. «Les règles générales créent une espèce de probabilité qui influence parfois le jugement et toujours l'imagination» (TNH, III, 207). Mais cette sensibilité de l'imagi-

outre dans toutes les relations; elle les suit toutes et se trouve largement influencée par elles (II, 206). Tout ce qui est représentable, qu'il soit simple ou complexe, ne peut échapper à l'imagination. Ainsi la plus profonde opposition que l'imagination est susceptible d'affronter s'effectue avec l'irreprésentable, c'est-à-dire avec les forces passionnelles.

Encore que les gestes mêmes d'imaginer n'aillent pas sans composante passionnelle ou dynamique (II, 222). Pas plus qu'une passion n'a de sens, déliée de toute représentation. L'imagination est puissance en de multiples sens, autant que peut l'être la passion. Mais, de même que la passion se distingue de la représentation qui, pourtant, l'accompagne toujours, de même la composante passionnelle qui entre dans la représentation pour l'étayer ou la contrecarrer doit en être distinguée. Le *Traité* offre de nombreux exemples d'articulation entre les passions et l'imagination.

L'imagination peut d'abord ouvrir ou fermer un univers aux passions. La façon dont l'imagination présente l'objet est d'une importance considérable pour les passions par rapport à la valeur réelle et intrinsèque de l'objet (III, 144); et il est clair que la manière dont nous apparaît un plaisir, selon que nous l'avons déjà vécu ou selon son apparence seulement abstraite (comme lorsque nous devons le sentir alors que nous n'en avons pas eu encore l'expérience), agit fort différemment sur nous. Nous sommes plus attachés à nos plaisirs passés qu'à nos plaisirs à venir, non seulement parce qu'ils sont incertains, mais aussi parce que nous en ignorons la nature (II, 281). La facilité avec laquelle l'imagination présente un objet de plaisir est une source de plaisir supplémentaire (II, 312). L'imagination que le plaisir de la consommation se rapproche tient en haleine l'avare qui diffère toujours le moment de jouir de sa richesse. Elle peut aussi gâter un plaisir: «nous tirons peu de plaisir d'une chose dont nous prévoyons et anticipons le changement par l'imagination» (II, 129). Elle entre de toutes les façons dans nos passions. C'est de l'imagination que dépend la pitié (II, 129); et comment pourrait-on concevoir l'orgueil si l'imagination ne lui ouvrait un théâtre (II, 145-6)?

L'imagination et les passions ne se contentent pas de «s'unir étroitement» de telle sorte que «rien de ce qui affecte l'une ne puisse être entièrement indifférent aux autres» (II, 281; II, 284): «elles se portent encore assistance mutuelle (...) lorsque leurs tendances sont similaires et quand elles agisent sur le même objet» (II, 185). Hume parle des «deux impulsions concourantes» de ces facultés de l'esprit (*ibid.*). Mais dans ce concours dynamique des passions ou de la volonté et de l'imagination, les passions l'emportent toujours: Hume parle d'une *prévalence* de la passion sur l'imagination (II, 191). Et, s'il n'y a pas de volonté sans projection

nation aux règles générales peut aller jusqu'à s'opposer au jugement (TNH, I, 225). Elle peut nous faire passer ces règles générales pour plus réelles que la réalité même (TNH, II, 210: «La règle générale continue de prévaloir et, en façonnant l'imagination, elle entraîne la passion tout de même que si son objet propre était réel et existant»). Voir aussi TNH, I, 208.

imaginaire, l'imagination a toujours moins d'effet sur nos passions que ce que nous croyons réel. « Une simple fiction de l'imagination » ne peut avoir plus d'influence sur nos passions que la vivacité d'une croyance ; « elle est trop faible pour s'assurer une prise sur l'esprit ou pour s'accompagner d'émotion » (II, 284). L'*Enquête* posera même comme critère de la croyance par rapport à la simple fiction que les idées auxquelles on croit « produisent du plaisir ou de la douleur, de la joie ou du chagrin » (113, 122, 141).

Ces dernières esquisses sur les rapports de force entre les passions et l'imagination nous incitent à dépasser le point de vue classique du découpage en facultés, l'essentiel de la philosophie de Hume nous permet de récuser la différence entre une prétendue capacité et son exercice. Ce qui est traité comme faculté éclate en tout sens dès lors que l'on cherche à s'assurer de ce qui est compris sous le nom d'*imagination* ou sous celui de *passion*. La confrontation avec le principe de réalité fait éclater l'*imagination* en de multiples aspects qui vont des simples fictions aux images utiles et nécessaires à la croyance, en passant par les idées abstraites. Quant aux *passions*, c'est aussi en référence à la croyance qu'elles se divisent entre les passions *du cœur* et celles *de l'imagination*. Car « l'imagination a son jeu de passions (...) dont dépendent grandement nos sentiments de beauté. Ces passions sont mues par des degrés de vie et de force, qui sont inférieurs à la croyance et ne dépendent pas de l'existence réelle de leurs objets » (III, 207). Cette caractérisation a le tort de laisser penser que l'imagination n'a pas de rôle à jouer dans la constitution de la réalité et qu'elle se différencie toujours de la croyance. Mais l'essentiel est, pour Hume, d'établir que les passions du cœur ont un rapport plus étroit que les autres avec le principe de réalité. « Il faut que les sentiments touchent le cœur pour qu'ils commandent nos passions : mais il n'est pas nécessaire qu'ils dépassent l'imagination pour qu'ils influencent notre goût » (III, 209). Cette distinction est issue d'une confrontation permanente avec le principe de réalité ; ainsi « le critère général d'approbation et de désapprobation des caractères et des mœurs » que nous acquérons par « la communication des sentiments dans la société et la conversation » ne permet-il pas de mesurer toutes les situations réelles et d'y engager notre « cœur », mais il sert au moins « tous nos desseins en société, en chaire, au théâtre, et dans les écoles » (III, 230).

La distinction du réel et du fictif est sans doute le principe le plus important de la structuration de nos facultés. La réalité – qu'elle soit physique, psychologique ou sociale – n'est pas une chose, elle n'est pas une faculté ; elle est une norme liée à tout un jeu de valeurs (dont l'utilité) et elle ne s'apprécie que dans une activité de jugement. Le jugement se déploie bien sûr dans l'activité de connaissance, mais il est aussi, plus généralement et peut-être plus fondamentalement, l'appréciation du réel, c'est-à-dire la croyance en l'existence de l'objet (I, 227). Imagination et passions entretiennent naturellement des rapports étroits avec ce jugement : « Nous pouvons observer que l'aide est réciproque entre le jugement et l'imagination, aussi bien qu'entre le jugement et la passion ; et que non seulement la croyance donne de la vigueur à l'imagination, mais encore une imagination vigoureuse et forte est, de toutes les aptitudes, la plus propre à produire croyance et autorité» (I, 191). On notera ici le superbe usage du terme «autorité» qui, joint à celui de «croyance», désigne le type même de force du principe de réalité. On notera encore la composition tripartite du psychisme des hommes tramé par l'imagination, les passions et le principe de réalité qui s'apprécie en un jugement. Mais le jugement de qui ? Certes, ce ne saurait être celui d'un moi substantiel, permanent, immortel ; un tel moi n'est qu'une fiction construite, une élaboration secondaire. Les instances du jugement sont donc extrêmement variables : il y a un jugement de l'imagination, un jugement des sens (I, 130), un jugement de la mémoire. Et c'est le jeu sélectif des instances qui constitue la réalité, à un moment donné, et qui promeut les principes les plus essentiels ; on voit bien que la vie domine le jeu lorsque Hume écrit qu'il faut «distinguer, dans l'imagination, les principes permanents, irrésistibles et universels» qui «servent de base à toutes nos pensées et actions au point que leur disparition doit entraîner immédiatement la perte et la ruine de la nature humaine» ; alors que les autres «principes, variables, faibles et irréguliers» «ne sont pas inévitables pour les hommes, ne sont pas nécessaires, ni aussi utiles pour la conduite de la vie» (I, 312). Sans doute la nature semble-t-elle, en dernier ressort déterminer l'instance qui juge : «la nature, par une nécessité absolue et incontrôlable, nous a déterminés à juger aussi bien qu'à respirer et à sentir» (I, 264) ; mais elle le fait moins comme un guide qu'au terme d'un processus sélectif. Toutefois la vie, qui sacrifie à un certain nombre de valeurs, et principalement à celles de l'utilité, n'empêche nullement d'autres valeurs de se déployer dans une indépendance relative, comme dans le cas de l'amour de la vérité. La philosophie de Hume n'est donc pas un *naturalisme* ou un *vitalisme* banal.

L'idée d'une réalité appréciée du point de vue d'instances variables a deux conséquences. La *première* est que la réalité peut être appréciée par des jugements *déréglés*. Sans doute le jeu sélectif des instances privilégie-t-il naturellement les jugements les mieux réglés, mais il y a toujours place pour le dérèglement. Il y a des esprits plus «faibles» que d'autres chez qui «les principes variables, faibles et irréguliers» l'emportent sur «les principes permanents, irrésistibles et universels». Tout se passe comme si le dérèglement individualisait mieux que la règle, mais à sa façon, douteuse et précaire.

La *seconde* conséquence est que l'imagination est fantasme plutôt que faculté. Elle doit s'inventer elle-même pour coordonner ses sensations, harmoniser les sens et la raison, tenter d'abolir ses conflits et remplir une multitude de tâches plus ou moins prévisibles.

VI. Particulièrement attentifs aux moments privilégiés où la pensée se retourne sur elle-même et donne à ses principes un «tour» différent, nous inspecterons le rôle joué par l'imagination dans ces inflexions. Dans cette tâche, nous ne serons pas très aidés par l'auteur, qui thématise rarement et systématise moins encore les changements de perspective. Nous la tenterons en prenant trois points de repère.

Le premier exemple montre que l'expression de mépris est moins violente lorsqu'elle s'effectue par des gestes et par des actes que lorsqu'elle passe par le langage. Par conséquent, le langage n'est tolérable, lorsqu'il signifie le mépris, que s'il est suffisamment couvert. Mais Hume ajoute aussitôt que « parfois la grossièreté est moins désagréable qu'une critique parce qu'elle nous venge en quelque sorte de l'insulte au moment même où celle-ci se commet, en nous apportant une juste raison de blâmer et de mépriser la personne qui nous insulte » (I, 226). Un tel jeu de perspectives est ordinaire chez Hume qui l'attribue à l'imagination, laquelle varie ses points de vue à l'égard d'un phénomène social complexe. Hume en tire des conclusions pratiques fort proches de celles de Pascal, qui conseille de pratiquer « *la pensée de derrière* ». Il faut masquer : la réalité des choses ne nous donne pas le choix. Ainsi, masquer ses sentiments, c'est encore exprimer sa reconnaissance à la personne que l'on méprise, quand bien même cette reconnaissance aurait *réellement* disparu. Le problème qui demeure est de savoir comment on passe d'un point de vue à l'autre. La saisie de la règle de ces points de vue ou le perspectivisme bien réglé est la loi qui permet de lever les contradictions.

Passons à l'analyse d'un autre point d'inflexion : celui qui retourne l'imagination en passion. Certes Hume dépense quelque énergie à distinguer une passion d'une représentation ; la passion ne représente rien et l'idée d'une passion n'est pas une passion. Mais dès lors qu'aucune idée ne se passe d'un accompagnement affectif, comment pourrait-on séparer l'imagination de la passion ? Nous savons d'ailleurs que Hume distingue les passions de l'imagination des passions du cœur : « Il faut considérer qu'il existe certains désirs et certaines inclinations qui ne dépassent pas l'imagination et sont plutôt les ombres fictives et les images des passions que des affections réelles » (II, 310) ; Hume ne laisse pourtant pas de les appeler des passions, quand elles n'influenceraient que notre goût. L'imagination que l'on sent – ou que l'autre sent – donne à nouveau à sentir. Réflexion du sentir sous toutes ses formes et détection de cette réflexion en tout sentir, la philosophie de Hume ne peut que difficilement fixer un principe sans qu'il ne se retourne sur lui-même et signifie par là autre chose que ce qu'il voulait d'abord dire, voire l'inverse de ce qu'il signifiait. L'analyse de la sympathie permettrait de considérer ces renversements de représentations d'affects en d'autres affects, les uns devenant des signes pour les autres.

Il nous reste toutefois un point majeur à traiter par un autre exemple que nous connaissons déjà, mais qu'il nous faut réexaminer sous l'angle de l'opposition de l'*imagination* et de la *fancy*, soit sous celui du renversement de la topique en dynamique.

On se rappelle la comparaison que Hume établit entre l'effet produit par le remariage d'une mère sur ses enfants et l'effet dissymétrique d'un semblable remariage du père sur les siens. Il faut, pour la comprendre, faire intervenir la dynamique de l'imagination. Si l'entendement peut facilement passer de l'enfant à sa mère, l'imagination ne peut faire de même. Une fois qu'elle s'est lancée vers la mère remariée, l'imagination tend à continuer son chemin vers le nouveau mari et, plus généralement, la nouvelle famille, d'où elle revient difficilement, «quoique la relation (entre la mère et ses enfants de premier lit) reste identique». Par cette difficulté du retour, la relation, qui est logiquement la même, est dynamiquement «affaiblie par rapport à ce qu'elle serait si le passage était libre et facile dans les deux sens». Si l'affaiblissement est moindre dans le cas du remariage du père, c'est que la «supériorité paternelle empêche la transition aisée de la pensée de ce père à son épouse, et laisse le passage ouvert pour un retour à l'enfant, selon la même relation», empruntée à l'envers. Hume fait alors ce commentaire riche d'enseignement linguistique: dans le cas du remariage paternel, «toute latitude étant laissée à la fantaisie (*fancy*) dans ses aller-retour, le lien de l'enfant à son père conserve toute sa force et tout son effet». Il est clair que la pensée des relations ne saurait être entièrement laissée à la seule logique; elle ne peut être comprise que si l'on introduit le point de vue dynamique de l'imagination, prise dans son acception de «*fancy*».

Cette dernière considération d'une dynamique, qui vient briser la réversibilité ou la symétrie des relations, doit être prolongée par une remarque qui fera la transition avec notre prochain thème de la fiction, laquelle constitue l'un des faisceaux majeurs de fonctions de l'imagination. Si l'*understanding* ou l'*imagination* ne permet pas de résoudre, ni même de poser la question du point de vue d'où l'analyse du remariage est menée, en revanche, la *fancy* permet d'introduire le point de vue dans les structures. En effet, la relation de maternité, analysée par l'entendement, apparaît stable, de quelque point de vue qu'on se situe. Mais la conception dynamique perturbe cette apparence. Si la mère ne comprend pas ou se défend de penser «que les liens qui l'unissent à son fils se sont distendus parce que les relations avec son nouveau mari s'y trouvent mêlées», en revanche les enfants ne peuvent guère se défendre contre la dissymétrie de la relation et contre l'impression que la relation avec leur mère s'est dégradée; ce qui implique d'ailleurs que la mère, ne serait-ce que par sympathie avec le point de vue des enfants, ne peut guère demeurer bien longtemps dans ses illusions de stabilité affective. La question que la dynamique de l'imagination permet de poser est la suivante: de quel point de vue l'analyse de l'imagination est-elle conduite?

En dépit des apparences, cette question est des plus difficiles à résoudre et elle lance dans la problématique des fictions. On ne laisse pas d'être étonné, lorsqu'on a posé cette question, de voir Hume traiter *in abstracto* de la dynamique de l'imagination, comme si les problèmes de limites dans lesquelles elle se déroule étaient réglés. Or en traite-t-il du point de vue des enfants ? d'un enfant ? d'un fils ? de moi-même, sympathisant avec l'un ou l'autre de ces points de vue ? d'un observateur impartial ? L'analyse ne cesse de glisser d'un point de vue à l'autre, sans jamais justifier ses choix. La dynamique qui sous-tend les relations les sort, il est vrai, de l'universalisme abstrait de l'entendement, mais nous fait hésiter sur les sujets qui leur donnent sens. Sans doute Hume nous a-t-il appris à nous méfier du vocabulaire qui entend attribuer à un sujet, quel qu'il soit, tout ce qui se passe ; mais la question du sujet n'est pas seulement une affaire de vocabulaire. Et s'il n'est pas question de décider dogmatiquement et en soi des sujets qui sont les supports de l'activité imaginative dont nous avons parlé, le jeu imaginatif désigne des sujets mobiles et transitoires, voués à d'interminables réflexions que Hume a particulièrement dépeintes dans le système de la sympathie. Des processus aux sujets, la conséquence est bonne ; mais c'est alors dire que, si la dynamique est réelle, elle s'accompagne inévitablement de tout un jeu de fictions à travers lesquelles elle paraît se donner des limites constamment variables.

Le problème que nous venons de soulever pourrait se poser pour presque toutes les analyses de Hume. L'auteur ne distingue guère le point de vue du psychisme individuel de celui de la société ; il fait la critique des illusions du principe d'individuation. Mais si l'on veut bien suivre Hume dans ses critiques multiples des points d'application du jeu affectif et imaginatif, qu'ils soient individuels ou collectifs, puisqu'ils sont également dénoncés comme des fictions et en quelque sorte renvoyés dos à dos, il faut tout de même résoudre la question, faute de quoi les analyses de Hume resteraient flottantes.

A travers notre enquête sur les points d'inflexion, c'est la fiction qui est en jeu. Nul ne peut être dupe de la réalité de la faculté d'imaginer et de l'effarante multiplicité de ses fonctions. L'imagination n'est-elle pas la création, dissimulée en découverte, de points de vue, telle que l'esprit en a besoin pour résoudre ses contradictions, du moins quand il lui est nécessaire de les résoudre ? Le philosophe n'a pas à s'effrayer de l'usage de fictions auxquelles n'importe quelle activité intellectuelle – fût-ce la plus rigoureuse – a recours. Simplement, le philosophe est entraîné beaucoup plus loin que les autres lorsqu'il parle de la fiction, car il est seul à envisager les limites de son extension et de son usage.

Le travail qui, chez Hume, vise à inverser le sens des principes, peut donc s'interpréter ainsi. Le *premier mouvement* des principes (empiriste, sensualiste, abstrait, topique) est dupe ou chargé de fictions qui ne sont pas reconnues ou dévoilées comme telles ; en ce sens, lorsque les commentateurs se limitent à ce premier mouvement, ils réduisent l'essentiel de la philosophie de Hume, quand bien même ils croiraient par là avoir suivi une conception critique, d'ailleurs présente dans ce mouvement même. Mais le *deuxième mouvement*, parfois dissimulé chez Hume, comme s'il se fût agi de cas particuliers ou d'exceptions, est lié à la prise de conscience de contradictions, à la volonté, qui lui est solidaire, de les résoudre en introduisant des fictions, et surtout à sa compréhension de l'esprit des hommes comme organe fabricateur de fictions, qui ne sont pas toutes fausses. Cette lecture benthamienne de Hume, que nous nous apprêtons à effectuer, en grande partie contre Bentham lui-même, est rendue possible par trois convictions que nous avons acquises à la lecture des textes et qui seront confirmées plus généralement dans notre IIe partie : que la fiction est produite pour résoudre des contradictions ; que l'usage des fictions n'est pas nécessairement fallacieux ; que Hume a esquissé une théorie des fictions qui, pour être différente et moins assurée que celle de Bentham, n'en est pas moins cohérente et originale.

VII. La précédente analyse de l'imagination permet-elle de parler d'une théorie des fictions ou Hume s'est-il contenté de dénoncer, sous le nom de *fictions* des usages fallacieux, de l'imagination ? Mais, d'abord, que faut-il entendre par *fiction* ?

Prenons l'exemple de la première occurrence du terme de *fiction*, tel qu'il s'applique à la notion de *substance* (I, 61). La fiction est liée à un effet de langage qui permet de donner un nom à une collection d'idées diverses. Cette réunion donne l'illusion de l'existence d'un objet transcendant. Hume note que la fiction a une historicité, puisqu'un être que l'on constitue et projette sous un vocable comme ayant tels constituants à une époque pourra en comporter d'autres à une autre, sans pour autant avoir changé de nom. La stabilité des noms ne fait donc croire que fallacieusement à la stabilité des choses.

Hume montre, sur l'exemple privilégié de la substance, comment les fictions se développent, en ordre de complexité croissant, à partir d'entités réelles. Sans doute est-il absurde d'attribuer des sensations changeantes à un sujet censé être immuable. Le processus est évidemment contradictoire. Mais la fiction ne s'arrête pas à ces considérations ; le « quelque chose d'inconnu que l'imagination invente » a pour conséquence inévitable la production de la notion d'*accident*. « Nous ne pouvons nous empêcher de regarder les couleurs, les sons, les saveurs, les formes et les autres propriétés des corps comme des existences incapables d'exister séparément et qui réclament un sujet d'inhérence pour les soutenir et les supporter » (p. 308-9). Par une sorte de sophistication naturelle, les philosophes, poussant jusqu'au bout ce mouvement, créent ainsi des « qualités occultes » (p. 309). Leibniz, contre la réalité de l'espace et du temps, et Berkeley, contre l'existence de la matière, avaient déjà tenu des discours comparables.

On pourrait se demander si Hume ne dépasse pas le sensualisme, souvent solidaire d'une théorie des fictions, car c'est moins à partir d'objets réels qu'il met en branle les fictions qu'à partir de pratiques réelles, ce qui est la meilleure façon de comprendre les entités réelles dans leur relativité même. C'est l'idée de mesure qui, judicieusement, sert de paradigme à la fiction humienne. En effet, toute mesure de segments de droite ou de courbe ne peut jamais être que le décompte d'unités minimales visibles, que nous le fassions directement ou indirectement en établissant des rapports par démonstration ; mais nous ne résistons pas à l'idée que la mesure diffère de l'opération de décompter et nous projetons, au fondement des *visibilia*, une grandeur idéale continue, que nous prenons pour réelle, alors qu'elle est la simple limite, rejetée à l'infini, de la discontinuité ; nous en produisons la fiction et la protégeons par d'autres fictions, invoquant par exemple l'entendement de Dieu pour poser cette mesure idéale, en une sorte de fuite en avant. Car l'idée d'une mesure idéale est une pure illusion de la pratique même de mesurer, laquelle ne cesse de se corriger elle-même en une activité inlassable. La mesure idéale n'est que l'horizon fictif et fallacieux d'une activité qui se corrige indéfiniment par d'autres activités. Il est des gestes réels qui font exister un mirage d'eux-mêmes dans lequel la pratique s'inverse et par lequel elle se croit mesurée (I, 100-103). Hume a bien vu le geste par lequel la pratique ne se conçoit jamais que comme l'inverse de ce qu'elle est. La mesure se donne volontiers comme une confrontation à un idéal de rigueur, de perfection enfermé par l'objet même ; alors que c'est précisément cet idéal qui n'a de sens que comme un possible fictif projeté à partir de sa réalité pratique. Nous aurons l'occasion de voir à quel point cette conception de l'illusion pratique rend problématique le naturalisme de Hume.

Intéressons-nous pour le moment à la valeur d'« inflexion » de la fiction. Comme les principes dont nous avons vu l'infléchissement à partir d'un point de rebroussement, la notion de « *fiction* », clé de la compréhension de ces inversions en ce qu'elle fantasme la contradiction et sa solution, est elle-même soumise au mouvement qu'elle épouse chez les autres.

Il semblerait d'abord que Hume s'en tienne à un traitement négatif de la fiction comme erreur ou comme illusion. Ainsi affirmer l'identité de perceptions distinctes mais semblables (comme nous apparaît un bruit que nous entendons par intermittence) ou attribuer à un objet continu ce que l'on ne voit que discontinument, sont des fictions que Hume traite comme des *erreurs* (I, 287, 294, 295). La fiction devient synonyme d'*illusion* lorsque nous nous croyons libres sous prétexte que notre volonté peut se projeter, « par un mouvement fictif » en des points qu'elle n'occupe pas réellement, mais que nous nous persuadons qu'elle aurait pu investir (II, 263). Dans le livre I, Hume parle de « l'illusion de l'imagination » qui nous porte à chercher, dans la relation de cause à effet, non pas la simple conjonction constante d'événements, mais quelque énergie qui se trouverait du côté des choses elles-mêmes. Toutefois Hume accorde aussi une *positivité* aux fictions. Comment en serait-il autrement d'ailleurs dès lors que toutes les facultés se ramènent à l'imagination dont elles paraissent de simples déterminations ? L'imagination, qui ne peut guère qu'entrer en conflit avec elle-même, ne peut compter que sur elle-même pour réduire ou résoudre ses propres conflits (*Traité*, I, 223), qu'il s'agisse de conflits ordinaires ou de conflits philosophiques, car « l'imagination est le juge dernier de tous les systèmes philosophiques » (I, 312).

Mais que l'imagination soit juge en dernier ressort des affaires philosophiques, juridiques et de pratique quotidienne, ne veut pas dire que n'importe quelle fiction soit bonne. Quelles sont les fictions acceptables et celles qui ne le sont pas? Quels sont les dépassements de contradictions acceptables et ceux qui sont fallacieux? Qu'est-ce qui fait que, parfois, la volonté de renverser « le mystérieux ou l'inexplicable », pour reprendre l'expression du *Traité* (I, 346), en principe d'explication est inacceptable, alors que, dans d'autres conditions, le renversement paraît davantage acceptable? Ici, il faut prendre garde que, à l'encontre de la philosophie, qui cherche à lever les contradictions, sans en accepter aucune, la vie courante, en revanche, peut en accepter et se trouve même forcée de le faire.

Si l'on s'étonnait de voir des conduites apparemment aberrantes suivies, sur le terrain politique, juridique et perceptif, par l'ensemble des hommes, il faudrait tenir compte de trois arguments. D'abord, une situation juridique, aberrante, à un moment donné, aux yeux de la raison abstraite, est en réalité le produit, lui-même transitoire, d'une longue histoire qui l'a sélectionnée par confrontation complexe de désirs, d'intérêts, de craintes dont les supports subjectifs sont de limites variables. Même les valeurs par lesquelles une société se leurre et qui paraissent les plus aberrantes ont leur nécessité. Ensuite, le jeu de l'imagination qui paraît frivole, quand on le prend comme résultat, ne peut pas être coupé de la fonction de repérage de l'ensemble des situations. N'oublions pas que l'imagination couvre l'ensemble de ce qui a sens. On conçoit dès lors que les hommes s'entendent très bien sur le produit de leur imagination qu'ils peuvent repérer les uns et les autres de la même façon. Ainsi les hommes ne sont jamais à court de symboles pour satisfaire leur imagination, même dans les cas les plus difficiles de transfert de biens (III, 119). Enfin, il faut se souvenir que l'opinion et les façons de sentir des hommes se forment fondamentalement par autorité et sympathie. Il est très facile d'hériter de ce qui stabilise le monde physique et social. Les fantasmes d'autrui sont adoptés sans critique dès lors qu'ils ne contreviennent pas au plaisir ou à l'adaptation conforme au désir. Nous ne sommes pas très exigeants en matière de croyance et craindrions plutôt de ne pas croire ce que nous imaginons cru par les autres. Nos fantasmes sont beaucoup plus stéréotypés que nous le croyons, quand bien même nous en aurions hérité par des chemins indirects.

Au terme de cette analyse, la fiction apparaît comme un fantasme censé ouvrir une situation, la déplacer, sinon toujours la résoudre. L'imagination n'est pas à proprement parler une faculté, quand bien même Hume en parlerait parfois ainsi et la présenterait comme un principe d'autres facultés, lesquelles ne seraient rien sans elle. En réalité elle n'a pas d'être sinon celui d'une infinie projection de situations fictives, réalisées ou non en images. Elle existe sur le mode du « comme si »; et certains de ces « comme si » peuvent, dans le jeu sélectif, persister, là où tant d'autres périclitent. Les solutions des conflits sont moins inventées que produites et sélectionnées parmi une infinité d'autres. Mais le fantasme par lequel nous

nous débarrassons d'une contradiction gênante ne se sait pas comme fantasme et entend se vivre plutôt comme découverte; faute de quoi se perdrait toute croyance. L'esprit feint de donner pour original ce qu'il a construit pour des raisons intellectuelles ou vitales, par le jeu des relations. Le principe d'individuation ne saurait se prendre dogmatiquement comme une sorte de préalable qui définirait le cadre de ce jeu d'ouverture et de fermeture; en réalité, c'est ce jeu même qui détermine les individualités toujours fluctuantes. La pire des illusions serait de croire les limites des individus fixées à l'avance et une fois pour toutes. On s'est souvent étonné que les opérations logiques les plus complexes et celles qui nous coûtent le plus d'efforts lorsque nous raisonnons en mathématiques ou en droit s'effectuent très spontanément quand nous parlons; la philosophie de Hume donne à s'étonner plus généralement de l'inversion des repérages, laquelle dans les activités théoriques paraît toujours fastidieuse et compliquée, alors que l'imagination l'effectue presque spontanément quand l'intérêt et le plaisir y trouvent leur compte.

CHAPITRE V

LES IDÉES DE LA MÉMOIRE, LES IDÉES ABSTRAITES OU GÉNÉRALES

I. Le chapitre précédent a montré comment les idées de la mémoire se distinguaient de celles de l'imagination. Il nous est apparu alors que tout souvenir pouvait bien être un faux souvenir, puisque rien ne permettait d'occuper un lieu qui rendît possible la confrontation entre ce qui fut une sensation (ou un ensemble de sensations) et ce qui est désormais un souvenir. Seul un fantasme peut donner l'existence à un tel lieu qui permet cette impossible confrontation, quand bien même un témoin étranger viendrait, par son discours, m'assurer de la vérité de mon souvenir. Car comment ce qui est posé par une sensation serait-il identique à ce qui est posé par le souvenir, sinon par préjugé et coup de force indû ? On voit ici, une fois encore, que l'on demande à l'imagination de « résoudre » ce qui est irréductiblement « problématique » ; et que la position de l'identité de l'objet senti et de l'objet mémorisé n'est que le retournement du problème en solution. Le fameux couple de la perception, par lequel le destin de toute sensation est de devenir idée, tandis que toute idée plonge ses racines, de façon plus ou moins complexe, en quelque sensation, n'est possible que parce que la perception est fondamentalement imaginaire.

La revendication de vérité, qui caractérise la mémoire par opposition avec l'imagination, la rend extrêmement suspecte ; Hume pense sans doute à chacun de nous lorsqu'il peint ce menteur qui, ne dupant personne et victime lui-même avant tous les autres de ce qu'il raconte, finit par croire à ses mensonges. On a tout lieu de soupçonner que les souvenirs volent au secours de la réalité ou de la croyance, et de se méfier de la « vérité » dont ils paraissent s'envelopper. La mémoire n'a que trop tendance à confondre la réalité avec la vérité et à tenir le « ciment » qu'elle apporte à la confection d'un monde stable, cohérent et surtout conciliant à l'égard de notre vie, pour la vérité même.

Ainsi se comprennent les sentiments mêlés que nous formons à l'égard de la mémoire. On se vante moins facilement d'avoir une bonne mémoire que d'avoir un bon jugement; ou plus exactement et apagogiquement, on avoue et affecte plus facilement le défaut de mémoire que le défaut de jugement (*Traité*, III, 241); sans doute Hume en trouve-t-il la raison dans le peu de plaisir que l'on tire du fonctionnement de sa mémoire, alors qu'il y en a davantage dans l'exercice du jugement. Mais n'est-ce pas aussi parce qu'on soupçonne que la mémoire nous trompe, alors que le jugement, qui nous est aussi naturel que la respiration (I, 270), est aussi ce qui peut aller à contre-sens de ce qui constitue en nous la croyance et se trouve assez puissant pour dénoncer en nous la mémoire et sa prétendue vérité? On ne sympathise pas plus avec les menteurs qu'avec la mémoire, alors qu'on sympathise avec le jugement et qu'on se plaît à l'exercer parce qu'on en voit l'effet immédiat.

Mais l'idée se prend encore en deux autres sens au moins: celui d'« idée générale » et celui auquel nous donnerions volontiers aujourd'hui le nom de « signifié ».

II. Hume reprend à Berkeley quatre éléments de doctrine (I, 62). En premier lieu, il n'existe que des idées particulières. En second lieu, ce qu'on appelle « idée générale ou abstraite» n'est qu'une façon particulière d'user d'idées particulières. En troisième lieu, le langage est une fonction de la généralité, chaque terme permettant de donner une signification plus étendue aux idées particulières qui lui sont jointes. Enfin, la mémoire fait que chaque idée particulière en rappelle d'autres.

Mais s'il n'y a que des idées singulières, s'il n'y a que des usages singuliers de ces idées, si les actes linguistiques sont singuliers, comme les souvenirs, comment est-il possible que du général puisse jaillir de cette conjuration du singulier? Le style des actes majeurs qui assurent la généralisation est celui de la *représentation* (I, 65, 70, 85-86, 237) et du *tenir pour*: je *tiens* telle idée singulière *pour* d'autres idées singulières semblables. Considérer une idée singulière *comme si* elle était universelle (I, 65), cela veut dire qu'on la prend pour un exemple d'autres idées également singulières qui pourraient remplir la même fonction et qui la remplissent d'ailleurs effectivement (II, 282). Et dans cette fonction de « modèle », on la sent différemment.

Cette conception de l'idée abstraite, loin de compromettre l'acte scientifique, lui donne son style. Pascal écrit des théorèmes de portée générale sur des exemples privilégiés, sans que l'universalité de la géométrie ait à en souffrir; et «*avoir l'air de la géométrie*», c'est très exactement savoir que ce qui vaut pour tel exemple vaudrait pour une multitude d'autres exemples de même type que l'on pourrait produire à l'instant si on le voulait. L'exemple paraît enfermer une puissance de généralité qui tient en réalité à la lecture et à l'écriture qui la suggère. Toutefois la rançon d'un tel nominalisme, c'est que l'exception devient une rivale de l'exemple, d'une puissance égale à la sienne; car si l'exemple est l'équivalent d'une thèse, l'exception est équivalente à une antithèse.

L'accord avec Pascal va si loin que leur conception de la représentation achoppe sur le même écueil. Pascal présente ses transplantations, nécessaires à l'analyse, de la dynamique à l'arithmétique, et de l'arithmétique à la géométrie, comme des copies ; et c'est sans doute par cette dimension de copie et par cette volonté de mimer l'acte géométrique par l'acte arithmétique que la solution pascalienne au problème de la roulette se trouve indissolublement découverte et bornée. Chez Hume, comme chez Pascal, la *représentation* est encore solidaire de la *copie*, quand bien même on pourrait tirer de celle-ci quelque avantage dynamique, comme nous l'avons montré dans notre chapitre premier.

Il est même étonnant de voir Hume s'embarrasser dans le même problème que le précédent, à peine déplacé : celui de l'infini. Par un raisonnement apagogique (I, 96), Hume tente de montrer que les idées de point, de ligne, de surface, de volume, etc. ne sauraient être divisibles à l'infini ; sinon il faudrait que nos sensations, du moins nos figurations, le fussent ; autrement dit, que le volume n'eût point de surface pour le délimiter, que la surface n'eût point de lignes pour la limiter ultimement, etc. Pour que l'argument ait la moindre valeur, il faut que l'idée représente l'impression singulière et qu'elle la copie ; sinon, qu'est-ce qui empêcherait que, dans le passage d'un système de perception à son « double », l'infini soit traité différemment ? La multitude numérique des sensations n'est-elle pas différente de l'infinité des grandeurs continues telle que l'imagination peut s'en saisir ? La copie, qui avait borné l'horizon de la découverte pascalienne, compromet, en partie, la philosophie de Hume.

Sans doute Hume ne confond-il pas *représentation* et *copie*, s'il associe les deux termes le plus souvent (I, 64, 160). Dès lors que la représentation est l'acte de *tenir pour* ou celui de *valoir pour*, la retombée de la représentation en copie n'était pas une fatalité ; car cet acte, que rien n'empêche d'être doté d'une force propre, n'implique nullement la copie. Si la notion de *copie* présente quelques avantages, en particulier par ses vertus mécaniques d'enregistrement, elle a aussi le plus souvent dévoyé la notion authentiquement dynamique de *valoir pour*.

Mais le problème est plus dialectique qu'il paraît ; et l'on comprend l'attachement de Hume à la notion de représentation comme copie dès lors qu'il récuse les idées innées (I, 233, 236). En effet, la conception dynamique pousse à penser la représentation comme innée ; elle insiste sur le caractère *sui generis* de la représentation et l'on sait que Hume s'autorisait de Malebranche pour concevoir des actes non-figurés comme des actes affectifs. Sans doute le schème de la copie peut-il relever parfois d'une conception dynamique[1], mais curieusement il est le meilleur rampart contre les idées innées, quoiqu'il entre le plus souvent en conflit avec le point de vue des forces auquel Hume tient tout particulièrement.

Il est peut-être un point sur lequel Hume a innové par rapport à Berkeley dont il entend confirmer les découvertes. Cet argument se tire de

1. L'imitation peut en effet porter sur les forces, comme on le voit dans la croyance qui « fait qu'une idée imite les effets des impressions » (TNH, I, 198).

sa philosophie de la sympathie. Sans doute avons-nous vu que le témoignage d'autrui ne suffisait pas à garantir la vérité d'un souvenir. Il n'empêche que, par la sympathie, une représentation singulière peut devenir une représentation générale et abstraite ; en effet, je fais comme si je construisais un lieu où il est possible pour l'autre et pour moi-même de communiquer ; la généralité s'effectue par le fantasme invérifiable, sinon par un discours commun, que l'autre peut se saisir aussi de la représentation que j'ai dans l'esprit. C'est ainsi que nous corrigeons nos vues, que « ces corrections servent suffisamment à régler nos notions abstraites » (III, 208) et que « l'imagination s'attache aux vues générales des choses et distingue les manières de sentir qu'elles produisent de celles qui naissent de notre situation particulière et momentanée » (III, 209).

Le langage, et tout particulièrement l'écrit, accomplit pleinement ce mouvement de l'imagination et de la sympathie. Il s'installe d'emblée en ce lieu qui paraît franchir la représentation singulière et privée pour rejoindre la représentation qui appartient à l'autre ; sans doute ces représentations ne coïncident-elles pas, du moins n'est-il jamais possible de s'assurer de cette coïncidence, mais l'écrit rend plausible la stabilité d'une transmission, qui serait particulièrement fuyante sans son concours (I, 219-220). Le langage pose comme une réalité ce qui n'en saurait avoir et nous faisons, grâce à lui, *comme si* nous pouvions partager les mêmes représentations que les autres. Le langage se pose en des lieux qui ne peuvent être, à cause de leurs contradictions, que fantasmés. L'écrit, tout particulièrement, stabilise effectivement l'idéalité de ce qui est indéfiniment copié ; il neutralise la loi de Craig qui avait montré que la vérité des témoignages ne cesse de se corroder en passant d'un locuteur à un autre, jusqu'à tomber à un degré de probabilité insignifiant (I, 229).

III. Si, touchant la signification des mots, la réflexion de Hume ressemble à celle de Berkeley, ce n'est pas toujours par la contribution la plus originale de l'évêque de Cloyne à la philosophie du langage puisque c'est, par exemple, pour déplorer que les hommes prennent les mots pour des idées et parlent dans leurs raisonnements au lieu de penser (I, 117). Cette position assez triviale fait craindre un retour à des positions que Berkeley avait dépassées dans certains textes. En effet, récusant l'idée lockéenne selon laquelle le sens d'un mot tient dans une idée générale, mais exprimant nettement la conception de la signification des mots comme usage de ces mots par rapport à d'autres dans toutes sortes de contextes, Berkeley avait rompu avec le classicisme. Or Hume réinterprète l'essentiel de l'idée berkeleyenne en assimilant le sens des mots à une habitude. Nous avons pris l'habitude en usant des mots de les comprendre, c'est-à-dire de faire comme si nous étions capables d'associer à chaque mot des idées que nous n'associons pas en réalité. Les caractéristiques de l'habitude sont d'être inconsciente d'elle-même et de dispenser de prendre conscience des actes que nous faisons. Ainsi peut-elle nous dispenser de saisir l'idée dont le mot paraît tenir lieu, tout en nous faisant croire que nous la saisissons (I,

67). Nous avons pris l'habitude d'écouter et de produire des mots sans nous soucier de ce qu'ils signifient sous la forme de représentations distinctes d'eux. C'est lorsque nous ne nous soucions plus de leur sens qu'ils signifient le mieux.

Mais cet oubli du sens, qui est condition de l'échange des mots, ne laisse pas d'être dangereux; et c'est bien à ce danger que pense Hume lorsqu'il dénonce que, le plus souvent, nous parlons au lieu de penser. Il s'enracine dans l'inévitable substitution de l'habitude à l'idée, qui nous fait croire à un sens caché des mots; l'usage fallacieux du langage provient d'une «ressemblance de présentation qui abuse l'esprit et qui nous fait imaginer une ressemblance et une conformité véritables» (I, 311).

Il faut aller plus loin pour comprendre la théorie humienne du langage. Hume ne partage nullement les vues qui sont celles de Bentham et qui consistent à référer ultimement la distinction de la réalité et des fictions au langage, comme si le langage constituait le fondement dernier de cette répartition. En réalité, le langage ne s'explique pas par lui-même; il ne s'entend que par un usage de l'imagination, comme nous le laissions supposer précédemment. Hume en cherche même la preuve directe quand il croit pouvoir montrer que les signifiés des mots se correspondent largement les uns aux autres d'une langue à l'autre, fussent-elles très différentes (*Enquête*, 71). Là où Bentham est frappé par la différence des langues et joue sur leurs disjonctions pour classer les plaisirs, les douleurs et l'ensemble de leurs dérivés, Hume s'attache d'abord à considérer leur fantastique analogie. Nos façons de «cimenter» le monde sont habituelles, affectives et imaginaires; elles ne sont linguistiques que par ces trois précédentes dimensions. Les conséquences de cette conception du langage pèseront de tout leur poids dans la distinction entre la théorie humienne des fictions et leur théorie benthamienne.

IV. Ce qui apparaît nettement au terme de l'analyse précédente, c'est la complication de l'idée générale, dont la philosophie morale doit rendre compte. La sensation, nous l'avons vu, dépend, elle aussi de processus complexes, mais tous ne relèvent pas de la philosophie morale; leur étude appartient plutôt aux diverses rubriques de la philosophie naturelle (I, 49). Ce qui concernait, à son sujet, la philosophie morale consistait à montrer que la simplicité de la sensation ou plutôt celle des relations entre des impressions simples n'étaient pensables qu'en les réintroduisant dans un univers plus complexe.

Nous avons aperçu la complexité psychique en analysant l'imagination, laquelle fantasmait la résolution de difficultés (généralement exprimable en contradictions) et transformait ce fantasme même en résolution. L'idée abstraite, aussi bien simple que complexe, offre au philosophe l'image d'une complication rythmique, comme il est très bien indiqué dans le *Traité*: «Une fois que l'esprit a produit une idée individuelle, sur laquelle nous raisonnons, la coutume conjointe, éveillée par le mot abstrait ou général, suggère promptement une autre idée individuelle, s'il se trouve que nous formions un raisonnement qui ne s'accorde pas avec celle-ci» (I, 66). Cette remarque, qui s'accompagne du fameux exemple du triangle[1], dynamisé et temporalisé plutôt que traité logiquement, appelle deux considérations.

La première est que l'idée générale concilie le temps bref de l'événement de l'idée individuelle et le temps long de l'énergie potentielle de l'habitude, laquelle fait surgir l'événement d'une autre idée individuelle.

La seconde est que l'activité rationnelle, qui ne se passe pas du recours aux idées générales, s'effectue par des opérations qui ne relèvent pas toutes de la raison (I, 358-9). Le jeu du temps ponctuel et de la durée plus longue ne relève pas de la raison et pourtant il en sous-tend les règles. Nous verrons au chapitre suivant qu'il en va de même avec les relations qui sous-tendent les principes sur lesquels la raison fonde ses identifications, ses rapprochements et ses explications[2]. Une structure d'actes hétérogènes fournit à la raison le point d'appui et d'équilibre dont elle a besoin pour développer sa propre activité.[3]

Mais si les relations posent des problèmes comparables à ceux des idées générales, elles ne se confondent pas avec des idées générales. Si l'on veut bien attribuer à la raison la fonction de relier les idées entre elles, il est clair qu'elle ne produit par elle-même aucune idée (I, 233). Nous allons donc considérer ce qui relie les idées entre elles et qui se révèle beaucoup plus riche que ce qui relie les sensations entre elles ; car si la seule *ressemblance* permet l'association des impressions de sensation entre elles, il faut ajouter à cette relation, celles de *causalité* et de *contiguïté* pour faire le tour des relations qui concernent les idées (II, 119).

1. que l'on trouve dans *l'Essai concernant l'Entendement humain* (L. IV, chap. 7, § 9) de Locke, puis dans l'*Introduction* aux *Principes de la connaissance humaine* (§ 13) de Berkeley.

2. «La raison n'est rien d'autre que la découverte de la connexion (entre des objets)» (TNH, II, 270).

3. «Quand la raison est vive et qu'elle se mêle à quelque penchant, il convient de lui donner son assentiment. Quand il n'en est rien, elle ne peut jamais avoir de titre sur nous» (TNH, I, 363).

CHAPITRE VI

LA RELATION DE RESSEMBLANCE

I. Dans l'ensemble des relations distinguées par la section 5 de la Ire partie du livre I du *Traité*, soit la ressemblance, la causalité, l'identité, l'espace et le temps, le nombre et la quantité, les degrés, la contrariété et la différence, l'attention doit se porter sur les deux premières, en cherchant le matériau de leur explication dans la totalité de l'œuvre, sans se limiter aux sections qui en traitent spécifiquement.

L'explication philosophique de la relation de *ressemblance* est sous-tendue au moins par deux oppositions fondamentales, distinctes mais solidaires : celle de la représentation et de la force, d'une part ; celle du constat et du droit, d'autre part.

Sans ignorer que la relation de *ressemblance* est dialectique et contradictoire en de multiples autres sens, l'exploration portera particulièrement sur les deux oppositions précédentes qui suscitent des problèmes de cohérence et d'articulation en elles-mêmes et entre elles. Car, pour ce qui est de la *première opposition* (de la représentation et de la force), il ne revient pas au même de présenter la ressemblance *soit* comme le caractère d'une copie (de représentations entre elles), *soit* comme le résultat d'une force d'assimilation du différent. Dans un cas, si la ressemblance est dans la comparaison des représentations, la force introduirait plutôt un élément de dissemblance entre l'impression et sa copie ; dans l'autre cas, si la ressemblance est une assimilation, c'est au tour du langage de la « copie » de devenir plus encombrant qu'éclairant. Il faut donc vérifier si les deux discours, représentatif et dynamique, coexistent légitimement.

La *seconde opposition* suscite encore plus directement un problème de *légitimité*. Hume dit à plusieurs reprises de la ressemblance qu'elle est une relation qui se situe au principe de toutes les autres (*Traité*, I, 59). Mais il la dénonce aussi souvent comme mensongère, poussant à des identifications qui n'ont pas lieu d'être. Ce qui pose immédiatement un problème : si la ressemblance est une relation ultime, comment distinguer entre les vraies ressemblances et les fausses, entre les ressemblances bien fondées et celles qui ne le sont pas ? Sans doute, la reconnaissance du caractère dialectique de la ressemblance (laquelle est susceptible de constituer des degrés toujours plus complexes d'elle-même) et celle de l'impossibilité de détacher la ressemblance d'autres relations (comme la causalité ou la contiguïté) permettent-elles d'émousser quelque peu le tranchant du problème ; et l'on sait que l'une des composantes du «*naturalisme*» tient dans le refus de séparer, sinon de distinguer, le droit et le fait. Car Hume, tant sur le plan pratique que sur le plan théorique, entend distinguer nettement les lois du fonctionnement réel du psychisme des règles qui permettent au jugement d'user correctement de la causalité (comme dans le *Traité*) et de la ressemblance (comme dans les *Dialogues*, au moins par le biais du personnage de Philon). Hume ne veut donc pas esquiver la distinction du fait et du droit ; mais se pose alors la question de savoir comment s'articulent dans sa philosophie l'effectuation réelle de la ressemblance avec le jugement de ce qui doit être tenu pour semblable. Quel est le rapport des lois que l'on peut énoncer touchant le fonctionnement de notre psychisme (ou de notre système nerveux) avec les règles que le jugement se donne pour apprécier correctement une ressemblance ?

Le problème se pose, que l'on définisse la ressemblance comme copie ou comme performation ; mais il se pose différemment selon qu'on tient le vrai pour une conformité plus ou moins évidente ou qu'on le conçoit comme une sorte de position *sui generis*, sans aucune évidence. Ainsi, l'exact problème dont nous cherchons la solution, à travers la double opposition précédente, est de savoir à quel type de vérité nous avons affaire lorsque la ressemblance est plutôt traitée comme une performation que comme une copie.

II. Quoiqu'il n'abandonne jamais le discours de la copie, Hume traite plutôt la ressemblance comme une opération d'assimilation des actes mentaux hétérogènes. Regardons comment il passe du discours de la copie au discours de la force.

Ecartons les faux problèmes. La ressemblance n'a lieu ni entre deux choses, dont la philosophie de Hume ne se soucie pas d'établir l'existence en soi, ni par conséquent entre une représentation et la chose censée se situer à l'extérieur d'elle ; comme chez Berkeley, la ressemblance ne peut jamais avoir lieu qu'entre des représentations ou, pour être plus général, qu'entre des actes mentaux.

Dès les premières lignes du *Traité*, Hume pose un problème qui est lié à la ressemblance et qui ne met en jeu que la complexité et la simplicité des représentations, nullement les objets auxquels elles sont censées se référer. Hume commence par remarquer «la grande ressemblance entre nos impressions et nos idées sur tous les points autres que leur degré de force et de vivacité» (I, 42). Tout se passe comme s'il y avait une correspondance terme à terme (élément par élément) entre une impression complexe et son double idéel : la ressemblance semblerait donc être une copie conforme. Les choses se gâtent quelque peu pour cette conception trop banale de la ressemblance lorsqu'il faut bien remarquer qu'«un grand nombre de nos impressions complexes ne sont jamais exactement copiées par des idées» (*ibid.*) sans que les unes et les autres ne cessent pourtant d'être ressemblantes. Une copie ne requiert pas d'être parfaitement conforme pour être ressemblante : la notion de « ressemblance » implique même des différences. Mais la difficulté principale est ailleurs et tient à l'impossibilité même de la définition de la ressemblance, ou plutôt à l'impossibilité de la définir autrement que par elle-même.

En effet, s'il est facile de définir la ressemblance des idées complexes avec les impressions qu'elles doublent, il ne l'est plus du tout de définir la ressemblance des idées simples que la première semble pourtant supposer. Hume ne donne pas de telle définition et il se contente de dire que « toute idée simple a une impression simple qui lui ressemble et que toute impression simple a une idée correspondante » (I, 43). Ne nous croyons toutefois pas au bout de nos peines en constatant qu'il est plus difficile de définir la ressemblance entre une idée simple et une impression simple qu'entre une idée complexe et une impression complexe ; il est peut-être encore plus difficile de savoir en quoi deux simples impressions de sensation se ressemblent, comme peuvent le faire deux nuances de bleu, par exemple. Il est clair que cette ressemblance dépasse la seule saisie des impressions des deux bleus et qu'elle ne peut être ressentie que parce que, implicitement, *donc imaginairement*, nous sommes capables d'inscrire ces deux nuances de bleu dans une série de couleurs censée les contenir toutes. La confrontation des sensations s'effectue donc à partir d'un système imaginaire qui nous permet de saisir, dans un dégradé artificiellement construit par l'expérimentation, qu'il manque telle ou telle nuance. Remarquons ici que, même dans les saisies de ressemblances qui apparaissent les plus simples, l'imagination joue un rôle complexe.

Nous le verrons mieux encore dans l'exemple qui suit et qui fait l'objet d'une note (I, 386) : « Bleu et vert sont des idées simples différentes, mais elles se ressemblent plus que bleu et écarlate ; pourtant leur parfaite simplicité exclut toute possibilité de séparation ou de distinction ». Hume étend alors la portée de sa remarque des idées aux impressions sensibles simples : « C'est le même cas pour les sons particuliers, les saveurs et les odeurs. Ceux-ci soutiennent d'infinies ressemblances quand on compare leurs aspects d'ensemble, sans qu'ils aient en commun une circonstance identique ». Ce texte est intéressant pour deux raisons : la *première*, sur laquelle nous reviendrons, est que la saisie de la ressemblance fait jaillir, dans les idées simples et les sensations simples, une infinie variété qualitative. La *seconde* est que la saisie de ressemblances qui paraît la plus élémentaire de toutes requiert pourtant des actes complexes de comparaisons, d'oppositions, d'inscriptions dans des systèmes qui ne sont pas présents ailleurs que dans l'imagination. Le chiasme auquel donne lieu la ressemblance est ainsi remarquable : lorsqu'elle paraît se donner entre des idées complexes, c'est avec la fascination du simple ; losqu'elle paraît se donner entre des idées simples, c'est avec la perspective d'être réintroduite dans un horizon d'idées complexes.

Le résultat le plus clair de cette première recherche est que, contrairement à ce qu'on aurait pu croire, la ressemblance n'est jamais saisie qu'à travers des représentations hétérogènes. Non seulement dans le sens où les impressions du toucher peuvent ressembler à celles de la vue par la disposition de leurs parties (I, 85), mais en un sens plus radical; car toute perception devient hétérogène à elle-même: une sensation devient une idée, une idée devient une autre idée, etc. On ne doit donc plus s'étonner que Hume ait commencé son inspection de la ressemblance par la comparaison des idées complexes et des sensations complexes dont elles sont issues: loin d'être arbitraire, ce cas est le plus ordinaire; c'est même nécessairement que la ressemblance se décide entre une perception sensible et un ou des souvenirs (de perceptions sensibles). Mais on découvre aussitôt l'extrême difficulté où l'on se trouve pour embrasser cette ressemblance comme une évidence: le lieu d'où on la saisit, d'où on la prononce ou la ressent ne saurait être que celui d'une *confrontation imaginaire* entre une perception et des souvenirs. Car ce qui est confronté est au plus haut point hétérogène: l'esprit (ou le système nerveux) qui se dispose à recevoir l'événement A_2, comme semblable à l'événement A_1 qu'il a déjà vécu, n'est pas le même que celui qui s'apprête à accueillir l'événement A_3 et qui a déjà vécu les événements A_1 et A_2. Le schème caricatural que nous présentons est destiné à faire comprendre que la ressemblance n'est jamais saisie que dans l'instabilité et même, comme nous le verrons mieux par la suite, que c'est parce que l'esprit est toujours changeant qu'il peut saisir la ressemblance.

Une ressemblance que nous croyons saisir simplement entre deux événements ou entre deux objets met en réalité en jeu une prodigieuse complexité d'actes et d'impressionnantes audaces, sur lesquelles il nous faudra revenir. Soulignons pour le moment que la ressemblance n'est pas seulement affaire de représentations, même hétérogènes, que l'on confronte: des affects aussi peuvent se ressembler. Si des affects se ressemblent, c'est parce qu'ils rapportent le sujet à l'objet de la même façon, c'est parce qu'ils sont déclenchés par des causes semblables, c'est parce qu'ils tendent au même type d'actes ou évoluent selon le même destin, c'est parce qu'ils sont ressentis de la même manière. Mais il faut encore aller plus loin et dire qu'une représentation et un affect peuvent se ressembler au point que l'une peut se changer dans l'autre (SB, 317, 318, 319, 322, 353, 387, 446); ce qui serait absurde dans une théorie de la copie ou de la correspondance d'éléments représentatifs avec d'autres. Une représentation ressemble à un affect lorsqu'ils ont même mouvement, indépendamment de leur valeur représentative.

Dès lors, rien n'empêche plus Hume de penser, non seulement que la ressemblance n'est pas un fait, qu'il n'y a de ressemblance que dans un système d'actes complexes, que la ressemblance est relative au point de vue que l'on adopte sur les termes que l'on compare, mais encore qu'elle puisse être voulue; pourvu qu'on entende la volonté à la façon humienne, qui n'implique aucune transcendance des volitions par rapport aux passions. Le jeu très complexe d'actes hétérogènes qui produisent une ressemblance et déterminent notre psychisme doit être ultimement tranché. D'ailleurs, si la ressemblance est "une relation sans laquelle aucune relation philosophique ne peut exister" (I, 58) et si les relations philosophiques sont forcées, voulues, au point que les idées qu'elles assemblent paraissent plutôt « unies arbitrairement dans l'imagination » (I, 57), n'est-ce pas que la ressemblance puisse être l'ouvrage d'une assimilation forcée par un acte de jugement ?

Avant de passer à l'analyse des règles qui limitent cet acte de jugement, il nous faut confirmer l'aspect actif de la ressemblance par un autre tour.

III. Nous savons déjà que, chez Hume comme chez Berkeley, le monde perçu se construit graduellement et se transforme, à partir des impressions que nous avons, en objets. Berkeley ajoutait que nous nous servons de plusieurs séries de sensations pour construire ce monde, l'une servant à critiquer ou à corroborer l'autre. L'idée humienne, en rupture apparente avec la thèse de Berkeley, c'est qu'il est des séries de sensations qui ressemblent plus à leur objet que d'autres. Ainsi l'océan serait plus crédible, considéré par la vue que par l'ouïe, parce qu'il ressemblerait plus aux impressions de la première qu'à celles de la seconde (I, 179).

L'idée est aussi intéressante que compliquée. Compliquée, car le lecteur de Berkeley ne voit pas comment on pourrait saisir une ressemblance entre des objets et des séries de représentations s'il est impossible de concevoir les objets autrement que par des représentations. Du coup, il faut entendre la ressemblance dans un sens beaucoup plus actif. La ressemblance n'est pas l'accord passivement constaté entre l'objet et les sensations qui lui correspondent ; elle n'est pas non plus la fabrique d'une croyance, car une croyance ne se laisse pas fabriquer. Il faut, pour entendre qu'une série d'impressions est plus ressemblante à un objet qu'une autre, faire intervenir le plaisir.

C'est le plaisir qui permet de sélectionner imaginairement la série perceptive la plus ressemblante. On prend plus de plaisir à regarder l'océan qu'à l'entendre : donc l'océan ressemble plus à ce qu'on voit qu'à ce qu'on entend. D'autant que le principe de réalité ne s'oppose pas à cette sélection. Ainsi la relation de ressemblance découvre un lien entre le principe de réalité et le principe de plaisir. Le plaisir oriente la ressemblance dans la mesure où la réalité le permet.

Que la dominante soit fantasmatique et s'exprime sous la forme d'une ressemblance n'ôte rien aux raisons de Berkeley. Lorsque nous voyons l'océan et que nous imaginons qu'il est comme nous le voyons, c'est parce que de multiples gestes ont été faits, de multiples auditions ont eu lieu. Cette vision que j'ai de l'océan est solidaire de toutes les autres séries sensorielles, mais elles sont réduites à la fonction de l'accompagner. Le seul point faible de Berkeley est de n'avoir pas su penser la variation de la dominante d'une série perceptuelle sur l'autre, selon les circonstances. Cette dominante que nous percevons comme une plus grande ressemblance est l'effet d'une dynamique affective que Berkeley a entrevue, mais que Hume a mieux mise en branle.

Toutefois, si active et même si décidée soit-elle, si arbitraires que puissent paraître les rapprochements qu'elle effectue entre des êtres différents, la ressemblance n'échappe évidemment pas à toute règle.

IV. A première vue, pour trouver une régulation de la ressemblance, il ne faut se tourner ni vers le *Traité*, qui propose explicitement des règles d'utilisation de la causalité (livre I, IIIe partie, section XV), ni vers l'*Enquête*, mais il faut s'adresser aux *Dialogues* où elle joue un rôle décisif dans la critique du théisme sous l'angle logique. Cette normativité tient en deux règles qui sont énoncées par Philon dans la IIe partie des *Dialogues*. La première se formule ainsi: «L'exacte similitude des cas nous donne la parfaite assurance d'un événement semblable; et jamais une évidence plus forte n'est désirée ni recherchée». Mais, prenant sans doute conscience que cette exigence est excessive et ne représente jamais qu'un idéal des règles d'analogie, Hume laisse Philon énoncer une autre règle qui n'a, comme nous le verrons, de mathématique que l'allure: «Partout où vous vous écartez, si peu que ce soit, de la similitude des cas, vous diminuez proportionnellement l'évidence et vous pouvez finir par la réduire à une très faible analogie, qui est de l'aveu général sujette à l'erreur et à l'incertitude» (*Dialogues*, 70). Philon revient maintes fois à la charge contre le théisme de Cléanthe, avec ces deux règles (*Dialogues*, 73, 74, 75, 76, 85, 92, 106).

Or ces deux règles qu'une lecture superficielle des *Dialogues* attribuerait volontiers à Hume sont bel et bien celles de son personnage et préparent à la fois le revirement de Philon qui, dans la dernière partie, se range du côté de Cléanthe, et le classement des positions qui, dans la dernière phrase de l'œuvre, a souvent été jugé étrange par les commentateurs. En réalité, et à la lettre, les principes de Cléanthe «approchent plus de la vérité» que ceux de Philon, sans être vrais au sens humien; et «ceux de Philon sont plus probables que ceux de Déméa». Au moins ce jugement se vérifie-t-il exactement quand on analyse les positions de Philon et de Cléanthe sur la ressemblance et les règles qu'ils édictent à son sujet. Montrons-le.

Constatons d'abord que Philon, lorsqu'il énonce *la première règle*, se trouve sur des positions diamétralement opposées à celles de l'*Enquête*, et au moins éloignées de celles du *Traité*. En effet, que peut être une «*exacte similitude*»? La réponse est facile: elle ne peut avoir lieu que dans les traités de mathématiques, en particulier lorsqu'ils traitent de probabilités. Ainsi lorsque Bayes résout son fameux problème de la doctrine des chances en mesurant le degré de certitude que l'on peut avoir dans la probabilité d'un événement dont on sait que plusieurs occurrences ont eu lieu ou n'ont pas eu lieu auparavant, il suppose une rigoureuse similitude des événements, faute de laquelle les règles qu'il énonce deviendraient fausses. Or cette similitude n'est parfaitement rigoureuse qu'à la condition que le mathématicien se la donne idéalement. Seulement, en dépit de tous les efforts de Price pour donner une portée expérimentale aux arguments bayesiens, la similitude des cas ne se décide pas dans la réalité par un trait de plume. Sans le travail non mathématique d'assimilation de cas nécessairement différents et sans cette différence même qui caractérise l'individualité des cas (et qui échappe nécessairement aux mathématiques), on ne pourrait même pas parler de ressemblance. Ainsi commençons-nous à entrevoir, sans l'avoir complètement montré, que la ressemblance que s'octroie le mathématicien, pour venir à bout de ses problèmes de probabilité, n'est que l'occurrence du même événement, mais qu'elle n'a rien à voir avec la ressemblance par assimilation, pour laquelle elle peut, tout au plus, incertainement valoir. L'exacte ressemblance demandée par Philon, en accord avec le mathématicien, risquerait bien d'être une chimère et une contradiction, dont l'effet critique n'a de portée que rhétorique.

Du coup *la seconde règle*, qui semble plus ouverte à l'expérience que la première (qui envisage la cause comme une idéalité mathématique), n'est pas tellement plus utile qu'elle, quoiqu'elle soit un peu plus proche de la vérité. Sans doute, établit-elle, comme la règle de Bayes, quoique avec moins de précision, que le degré d'assentiment que l'on doit accorder à l'espérance d'un événement dépend de ses productions passées ; mais ce n'est là qu'un élément de la question, et le véritable problème est celui de l'écart, que cette règle ne mesure pas mathématiquement, entre un cas expérimental et un autre auquel on voudrait l'assimiler. On le voit : si cette règle paraît plus ouverte à l'expérience, elle la manque aussi par un tour plus subtil que la précédente, dont Philon se faisait l'ardent défenseur. Décidément l'esprit mathématique ne vaut rien dans cette affaire et nous ne devons pas être davantage dupes de la doctrine moderne de la chance que de la métaphysique de Newton, quand l'une et l'autre prétendent établir la constance des lois de l'univers. *Le décalage entre les positions de Hume et celles de ses personnages*, tout particulièrement de Philon, sur cette question décisive de la probabilité et de la ressemblance, est donc *de principe*.

Pour trouver la vérité de la doctrine humienne, dont Cléanthe ne fait que s'*approcher*, il faut retourner au *Traité* et à l'*Enquête*, qui n'encouragent guère une régulation et qui établissent plutôt que la prétendue ressemblance parfaite, requise par l'argumentation mathématique, est précisément ce qui compromet la réalité de la ressemblance. La ressemblance parfaite est une ressemblance morte, qui n'a aucun sens empirique. Pour être vive, la ressemblance doit être essayée, risquée, trouvée et fixée dans la différence ; aucune situation réelle ne peut offrir passivement une ressemblance : « Dans toute situation et dans tout événement, il y a de nombreuses circonstances particulières et des circonstances en apparence menues que l'homme du plus grand talent est tout d'abord porté à négliger, bien que la justesse de ses conclusions, et par la suite, la sagesse de sa conduite, en dépendent entièrement » (*Enquête*, 108, note). C'est par une indéfinie variation sur des situations qui apparaissent très voisines que la véritable ressemblance se constitue. Pour qu'elle se décide, il faut la composante d'une suite, si possible longue, de cas semblables, mais il faut aussi, éclatant dans un événement présent particulier, un cas inédit qui va permettre la performation assimilante de la ressemblance (*Enquête*, 123). Si nous nous contentions de repasser involontairement dans notre mémoire les cas semblables déjà édités, nous serions sensiblement dans la même identité morte (*Traité*, I, 212-3) qui qualifie les occurrences du mathématicien; c'est la contestation opérée par le cas présent, dans sa différence, mettant en péril la suite des cas passés, qui fait la vérité de la ressemblance; c'est l'écart que le cas présent effectue à l'égard de la série des cas passés qui fait retentir cette série comme elle n'a jamais pu le faire auparavant. Dans son analyse de l'idée de connexion nécessaire, Hume montre en effet que, « comme cette idée naît du nombre des cas semblables, et non pas d'un cas isolé, il faut qu'elle naisse de la circonstance qui fait différer le nombre de cas de chaque cas individuel » (*Enquête*, 146). La ressemblance ne peut être effective tant que l'occasion présente d'un cas, par quelque côté irréductible aux autres, ne s'offre pas pour être assimilée à des cas passés.

Les règles vivent de ce qu'elles nient; car c'est nier la ressemblance que de la faire tendre à l'identité. Mais les écarts incontrôlés entre les cas individuels que le psychisme rend *similar* (assimile) paraissent aussi compromettre toute rationalité. Le jugement ne vit qu'en rompant avec les règles et les règles ne sont pourtant faites que pour lui. Il semble que la déontologie des *Dialogues* ait radicalement raté son objet, car elle ne sert ni au mathématicien, qui sur ce point n'a pas d'autre choix que la facilité, ni au philosophe qui connaît son inapplicabilité (*Traité*, I, 262). Tout au plus, la déontologie nous a-t-elle situés devant un *chiasme*: les règles n'existent que par ce qui les méprise; mais elles n'en constituent pas moins un idéal pour le jugement, pourvu que la réalité empirique soit seulement *visée* par leur moyen. Le chiasme peut s'exprimer plus rigoureusement de la façon suivante: les règles relèvent d'une conception mathématique de la ressemblance et manquent sa dimension philosophique; la philosophie pense réellement la ressemblance mais ne semble pas être en mesure de lui assigner les règles adéquates qu'il lui faut pourtant bien poser. Le problème légué par la régulation des *Dialogues* est de savoir quelles sont ces règles, ou de comprendre comment articuler les règles mathématiques à l'expérience, les raisons avec la croyance. Car si le mathématicien calcule des raisons de croire, c'est en ignorant totalement ce que c'est que croire; et si le philosophe pénètre mieux ce qu'est le croire, c'est semble-t-il à condition d'en perdre les raisons.

Mais notre analyse de la ressemblance reste incomplète tant qu'elle n'entre pas dans des considérations dynamiques.

V. Lorsque Hume élève la critique berkeleyenne des idées générales au rang « des plus grandes et des plus estimables découvertes qui aient été faites récemment dans la république des lettres », il ne la rattache pas moins, deux pages plus loin, au « principe généralement reçu en philosophie que tout dans la nature est individuel » (*Traité*, I, 65), y compris les actes de synthèse et les actes linguistiques effectués par l'intelligence pour prétendre s'élever à la généralité.

Se révèle alors que l'originalité de l'analyse humienne de la ressemblance réside peut-être moins dans l'insistance sur l'individualité de nos idées, sans oublier nos idées abstraites (I, 65), que dans la critique opérée simultanément de la notion d'*individualité*. Un instant de réflexion suffit pour saisir que l'insistance sur la notion d'individualité fait presque complètement perdre la notion de ressemblance : si nos perceptions étaient trop individuelles, comment pourraient-elles se ressembler ? Si la ressemblance peut jouer un rôle pour confectionner les mots, les concepts, les causes et les effets, c'est précisément parce que l'individualité n'est pas plus réelle que la généralité, et qu'elle existe elle-même seulement comme une fonction. Le point est extrêmement important parce qu'il contribue à juger de la valeur méthodique plutôt qu'ontologique qu'il convient d'accorder à la thèse de l'atomisme humien. Regardons-le de près sur l'exemple privilégié du langage, qui prendra ici valeur de schème.

Si l'on peut assembler, ordonner et peut-être sommer des perceptions sous des mots, ce ne sont pas des perceptions individuelles à proprement parler, mais seulement des perceptions que l'on peut viser comme telles, dont on imagine que l'on pourrait les développer s'il le fallait (si les impératifs de la vie ou d'une activité quelconque l'exigeaient) ; l'individualité est plus réelle comme fonction que comme objet transcendant. Ainsi, lorsque j'entends un mot, est-il clair que je n'en forme aucune idée générale, mais il n'est pas moins clair qu'il ne saurait susciter ni l'ensemble des idées particulières déjà saisies ou rencontrées, ni même, le plus souvent, aucune d'entre elles. « Par suite, le mot, qui ne peut éveiller l'idée de tous ces objets individuels, touche seulement l'âme, si l'on m'accorde de parler ainsi, et éveille la *coutume* que nous avons acquise à les examiner. Ils ne sont pas réellement, ni effectivement présents à l'esprit, ils le sont seulement en puissance ; et nous ne les explicitons pas tous distinctement dans l'imagination » (I, 65-66).

Hume insiste sur la difficulté de parcourir d'un coup l'ensemble des idées individuelles qui se sont lentement accumulées pour constituer la genèse du mot, toutefois l'intérêt de l'analyse touche précisément les degrés de qualité et de quantité de nos perceptions que la ressemblance opère, parce que les perceptions sont rendues par là commensurables ; ce que leur pure individualité réelle et monadique ne permettrait pas. C'est dans la visée qui s'arrête au degré et que la vie et ses intérêts ne permettent ordinairement pas de poursuivre jusqu'à l'extrême individualité que se joue la ressemblance, qui implique un certain anonymat des perceptions. Ces considérations quantitatives nous donnent déjà un argument précieux en faveur d'une dynamique.

Il n'aura échappé à personne que la notion de *puissance*, récusée comme une fiction de la philosophie aristotélicienne, qui vient doubler de possible la réalité des choses, est ici, sous la forme d'une sorte d'énergie potentielle, totalement réhabilitée. On voit ici combien la dynamique, qui est fictive en son essence, car rien ne correspond directement dans l'expérience externe ou intime à ce qu'elle dit, n'en est pas pour autant fallacieuse et permet de rendre compte, à un degré d'abstraction et de symbolisation suffisant, des processus psychiques, encore qu'ils ne soient pas vécus directement comme ils sont exprimés.

Cette recherche de dynamique psychique est importante à plusieurs titres sur le problème de la ressemblance. Tâchons d'énoncer ces intérêts. Le *premier* est que la ressemblance ne doit pas être enfermée dans la seule sphère de représentations dont on dénombrerait les caractères communs ; que ces représentations sont si peu séparables des forces qui les soustendent, qu'elles peuvent même en être considérées comme les fantasmes. Hume montre par exemple combien il est difficile de nous défaire de l'impression que la nécessité d'une liaison entre deux événements est une espèce de fait objectif, quoique ce *ciment* n'existe qu'à l'intérieur de notre esprit, victime d'une illusion de transcendance. L'esprit veut reconnaître comme objet venant de l'extérieur ce qu'il fabrique lui-même (*Traité*, I, 243 ; *Enquête*, 121, 145, 161). Le paradoxe sur ce point est que la force, qui fait la différence des impressions et des idées, est plus fondamentalement ce qui permet la ressemblance. Trouver ressemblant, c'est fondamentalement faire se ressembler, introduire une perception vive et hétérogène dans une série homogène ; sans que cette activité d'assimilation ne relève de la copie, sinon pour en effectuer l'impression. De ce point de vue, la notion de force, tout en assurant le lien commun qui permet l'accumulation et la sommation, nous dissuade de traiter la ressemblance comme une copie de représentations.

Le *second* intérêt de la considération des forces dans une recherche sur la ressemblance, c'est que, dans la psychologie humienne comme dans la dynamique leibnizienne, quoique en un sens très différent, *les forces sont les véritables indicatrices de réalité*. Sans doute nous font-elles croire à des objets qui ne sont pas et se font-elles oublier alors même qu'elles agissent le plus – comme dans le cas des habitudes –, mais ces fictions, si fallacieuses soient-elles, ne perturbent aucunement notre prise en compte de la réalité, qui ne requiert pas d'être vraie. Car la croyance, qui est notre sens du réel, consiste moins en une valeur représentative qu'en un « poids et une influence » (*weight and influence*) qui fait paraître une représentation comme ayant plus d'*importance* (importance) qu'une autre (*Enquête*, 111-112). Le sérieux de l'existence est plutôt du côté des forces que de leur expression figurée, laquelle ne permet pas de distinguer à elle seule une fiction d'une réalité. La ressemblance ne peut conduire d'une représentation à une autre, de valeur informative sensiblement égale, que parce qu'elle est transfert de force, convoyeuse du sérieux de l'existence (SB, 141-2 ; *Enquête*, 114, 123, 144). Nous lui confions notre vie : quand nous nous trouvons dans une situation dont nous avons déjà éprouvé qu'elle fut, dans ses occurrences passées, liée plus ou moins constamment à une autre situation semblable, nous projetons sa concomittante par le jeu de forces dont nous avons parlé et attribuons à cette projection un degré de réalité comparable à celui d'une perception sensible. Le *ciment* du monde n'apparaît à la perception que fallacieusement ; il est réflexif et tient à un jeu de forces et à une audace sans laquelle la ressemblance ne serait pas elle-même. La ressemblance se donne souvent comme frappante, à la manière d'une sensation (*Traité*, I, 128), alors que, voulant se méconnaître, c'est elle-même qui constitue le choc.

Le *troisième* intérêt de cette analyse tient dans une limitation de la dynamique ; car il ne s'agit pas d'abandonner le discours de la copie, même une fois démasqués le caractère « performatif» du *standing for* et le caractère « secondaire » ou « réflexif» du travail dynamique de la ressemblance. C'est que si les représentations apparaissent comme les fantasmes des forces, ces forces sont tout de même celles de représentations ; sans doute, grâce à leur caractère abstrait et commensurable, les forces assument-elles les opérations indispensables à la mise en œuvre de la ressemblance ; mais elles ne sauraient assurer seules la détection et la reconnaissance des idées semblables aux impressions. Le point est parfaitement clair lorsque Hume montre la rapidité avec laquelle l'imagination recherche les idées et les présente à l'instant même où elles lui sont utiles (*Traité*, I, 69, 54). Est-ce à dire que cette dynamique est entièrement, quoique plus clandestinement que chez Leibniz, tramée par des causes finales et que l'inertie et l'association n'agissent que sur des matériaux triés intentionnellement ? C'est paradoxalement le langage de la copie qui sauve la conception humienne du psychisme (comme système de forces) d'un recours, autrement inévitable, aux causes finales. En effet, comme toute entité psychique existe sur trois modes (celui de la sensation, celui de l'idée qui peut être réactivée, celui enfin de l'impression de réflexion qui accompagne toute représentation), elle ne saurait perdre ses relations avec les autres qui peuvent être réactivées à tout moment et quasi-automatiquement (I, 217).

Ce dernier problème, posé sur le terrain des forces, fait rebondir à sa façon celui de l'opposition du jugement et de la relation, du droit et du fait, de la règle et de la loi. Il devient ici celui de l'autorité et de la force. Nous retrouvons d'ailleurs les mêmes difficultés ; car si les règles de la ressemblance impliquent une conception inapplicable de la ressemblance, l'autorité que l'esprit a sur ses idées (*Enquête*, 110, 112) n'est pas suffisante pour leur conférer la réalité. L'esprit doit nécessairement être envahi et subjugué pour déclarer la réalité (*Enquête*, 112) ; du moins ne saurait-il commander la croyance à plaisir (*Enquête*, 110). Mais alors qu'avons-nous gagné à ce discours des forces, s'il fait revenir les anciens problèmes, à peine transposés ? Et quel est l'exact rapport chez Hume de l'autorité avec les forces ?

VI. Il ne sera pas très difficile de répondre à la *première question*, car l'introduction des forces dans l'explication des phénomènes psychiques permet de distinguer un travail de la ressemblance là où l'on ne trouve plus trace de ressemblance figurée. Le second livre du *Traité* pose, en principe, contre toute espèce d'atomisme de la sensation, que deux actes mentaux peuvent se ressembler et s'associer parce que leur trajectoire, leur orientation globale, leur sens ou leur impulsion sont les mêmes. Ainsi s'associent des passions différentes, comme la bienveillance et l'amour, la colère et la haine, qui ne se ressentent pas de la même façon et présentent de nombreuses différences, mais dont la dynamique est comparable. Ainsi devons-nous « considérer que ce n'est ni la seule sensation présente, ni un plaisir ou une douleur momentanés qui déterminent le caractère d'une passion, mais l'inclination générale de cette passion ou sa tendance du début à la fin [*the whole bent or tendency from the beginning to the end*]. Il peut y avoir relation d'une impression à une autre, non seulement quand leurs sensations se ressemblent [*when their sensations are resembling*], (...) mais aussi quand leurs impulsions [*impulses*] ou quand leurs directions (*directions*) sont semblables et se correspondent [*similar and correspondent*] » (SB, 381-2). C'est aussi par là qu'une impression de réflexion peut ressembler à une idée ou à une image puisque « l'imagination et les passions se portent mutuellement assistance [*assist each other*] dans leur opération, lorsque leurs tendances sont similaires [*when their propensities are similar*] et quand elles agissent sur le même objet » (SB, 339).

L'approfondissement que reçoit la ressemblance de ces analyses très développées dans le IIe livre du *Traité* nous met en mesure de comprendre comment, paradoxalement, des ressemblances sensibles et extérieures peuvent être superficielles et sans intérêt, tandis que des ressemblances cachées et pour ainsi dire insensibles peuvent être réelles. Le destin de la ressemblance est qu'elle devienne secrète, alors même qu'elle est active. Les relations ne se sentent ni par impressions externes ni, toujours et immédiatement, par impressions secondaires (SB, 305). Le langage dynamique que l'on tient sur elles n'est pas forcément destiné à les rapprocher des impressions réflexives. Prenons garde à ce trait qui pourrait être un élément de réponse à la deuxième question. L'*Enquête* ne laisse sur ce point aucune espèce d'illusion : le jeu mécanique des forces ne coïncide pas avec l'impression intime qu'on en a (*Enquête*, 134, note ; 139-140 ; 141). Quel degré de rigueur peut-on attendre des symboles utilisés par la dynamique psychique ?

Appliqué à la ressemblance, le problème se pose ainsi : dans une philosophie qui tient la ressemblance pour la relation fondamentale, comment est-il possible de dénoncer des ressemblances comme étant plus confuses que d'autres (*Traité*, I, 287, 289 et n., 294, 345), et même comme fausses par rapport à d'autres (*Enquête*, 67), voire comme la source la plus fertile d'erreurs (*Traité*, I, 116, 276-7 ; *Enquête*, 127) ? Sans doute avons-nous vu que, à l'instar des fictions benthamiennes, la ressemblance ne cessait de constituer des niveaux toujours plus compliqués d'elle-même et de plus en plus éloignés de l'expérience directe. Sans doute savons-nous aussi que les termes d'*autorité* et de *force* sont à la fois distingués et constamment rapprochés. De plus, nous avons remarqué que si l'intelligence était une production de la vie (*Enquête*, 118) et s'il nous était aussi naturel de juger que de respirer, la vie n'en opposait pas moins sa résistance à l'intelligence. Toutefois, ces éléments, qui expliquent bien le jeu dialectique de la ressemblance, suffisent-ils à distinguer les ressemblances acceptables de celles qui ne le sont pas ? Fictives, toutes les ressemblances le sont, mais comment se donner l'autorité de parler de ressemblances fallacieuses ?

L'originalité de la solution humienne tient à quelques caractéristiques de la ressemblance que nous n'avons pas encore remarquées.

VII. Si Hume dit que la ressemblance est le fondement de toutes les relations philosophiques, autrement dit: si la causalité et la contiguïté dépendent de la ressemblance, il faut dire en retour qu'il n'y aurait pas non plus de ressemblance sans causalité, ni contiguïté, ni d'ailleurs d'autres relations qui se disposent plus volontiers en un écheveau qu'en une table des catégories ou qu'en une chaîne de raisons. Si la ressemblance permet d'établir des causes et des effets (*Enquête*, 123 ; *Traité*, I, 204, 246-7), la causalité permet d'établir à son tour d'autres ressemblances (I, 207), en une sorte de structure feuilletée et selon un processus sans commencement ni fin. Cette impossibilité pour la ressemblance d'être isolée d'autres relations est corroborée par son aptitude à passer constamment d'un point de vue à l'autre.

Elle est aussi corroborée par un autre trait que Hume met particulièrement en évidence dans les *Dialogues*. Le conflit de Cléanthe et de Philon sur l'analogie théiste (l'univers serait à Dieu comme la machine à son constructeur) signifie que toute ressemblance s'accompagne d'autres ressemblances, lesquelles, en la réfléchissant, loin d'en soutenir la figure, peuvent la contredire ou la perturber. Si les mathématiques font croire à l'homogénéité des termes de l'analogie, en réalité toute ressemblance fait naître plusieurs lectures qui ne sont pas nécessairement cohérentes entre elles. Philon, qui, cette fois, se trouve aux antipodes de la méthode mathématique, va le faire découvrir à Cléanthe, quelque peu décontenancé. Si l'on regarde l'analogie théiste comme un rapport de *termes*, il est vrai que l'on est tenté de poser un grand artisan, car Dieu est au monde comme l'homme à une machine; mais il est une seconde lecture, nullement interdite par l'analogie et pourtant destructrice de la première interprétation: elle compare la relation de Dieu au monde à celle de l'homme à une machine. Et cette fois la comparaison confine à l'absurdité. Tout se passe comme si, en toute ressemblance, retentissaient des comparaisons implicites, qui la compromettent au moins autant qu'elles la garantissent.

Mais alors, si par son travail, la ressemblance fait éclater ses positions et mobilise contre elle-même tout ce qu'elle paraît stabiliser par ailleurs, comment est-il possible de trouver un équilibre entre ses figures? Comment choisir le sens qui paraît le plus valable? Sur ce point encore, la position de Philon est intéressante à considérer, en son tour paradoxal. Car, après avoir montré à Cléanthe les multiples réflexions contradictoires autant qu'inévitables de l'analogie théiste, Philon ne s'en déclare pas moins, à la fin des *Dialogues*, du parti de Cléanthe contre Déméa. Non pas que l'idée de Cléanthe soit irrécusable; mais bien pesée, c'est-à-dire sa force étant considérée et ses contrepoids défalqués, c'est encore elle qui résiste le mieux. Son illogisme n'empêche pas son acceptation. La croyance en la vérité des idées ne se décide pas sans faire entrer en ligne de compte leur valeur dynamique. Lorsque Hume confie à Gilbert Elliot of Minto qu'il ne comprend pas la persistance des arguments théistes alors même qu'ils sont défaits logiquement, sa perplexité porte peut-être moins sur l'entêtement religieux que sur la dynamique qui sous-tend la logique des arguments[1]. Et sans doute Hume aurait-il pu mieux convaincre en s'installant délibérément sur un terrain plus nettement rationnel ; ainsi la doctrine des fluxions de Newton convainc-t-elle, tout en étant fort répréhensible du point de vue logique. Il eût été intéressant de regarder la dynamique mentale qui la sous-tend ; et de poursuivre les recherches dans la direction que le *Traité* avait parfois esquissée (livre I, 4e partie, section 1).

Mais quand nous admettrions avec Hume que la vérité est liée à un calcul de forces, qu'elle ne se joue que dans un acte performatif noué inextricablement à d'autres actes, qu'elle est une sorte de calcul du centre de gravité de l'ensemble perceptif et réflexif que toute idée fait naître autour d'elle, il resterait une difficulté, bien pointée par Cléanthe contre Philon, dans un dialogue beaucoup mieux équilibré qu'on a bien voulu le dire. Ces idées, qui sont plus vraies par les forces que par leur valeur représentative, ne faut-il pas autant les chercher que les peser ? Et s'il faut les chercher, comme le suggère Cléanthe à la fin de la VIIe partie et au début de la VIIIe partie des *Dialogues*, où faut-il s'arrêter pour que la pesée prenne un sens ? Le discours des forces, qui n'abolit ni ne résout entièrement le problème, fait plutôt ressortir chez Hume le caractère fragmentaire de sa philosophie de l'autorité. Les forces ne nous poussent pas d'elles-mêmes le long des relations de telle sorte que nous soyons radicalement déterminés à tenir tel jugement plutôt que tel autre ; sans doute cette détermination est-elle requise, faute de quoi le jugement ne serait que fantaisie. Toutefois le principe d'union, tout particulièrement la ressemblance, doit être regardé non pas comme une « connexion inséparable », mais « comme une force calme qui l'emporte couramment » (*Traité*, I, 53). On soupçonne ici que c'est par une théorie de l'autorité, qui est force et mise à distance de forces par d'autres forces[2], que ce point eût été le mieux pensé ; sans doute y a-t-il loin d'une indication de direction à une recherche pleinement accomplie, mais on aperçoit, dès à présent, l'intérêt d'une recherche sur l'autorité que nous effectuerons dans notre IIIe partie.

1. *The Letters of David Hume*, ed. Greig, (Oxford, Clarendon Press, 1932), I, p. 157, postscriptum à la lettre du 10 mars 1751 : « Cléanthe admet en effet, dans la seconde partie, que toute inférence est fondée sur la similitude des œuvres de la nature avec les effets ordinaire de l'esprit. Sinon elles devraient nous sembler un pur chaos. La seule difficulté est de comprendre pourquoi les autres dissemblances n'affaiblissent pas l'argument. Et en effet, il semblerait, à en juger par l'expérience et par le sentiment, qu'elles ne l'affaiblissent pas autant qu'on aurait pu naturellement s'y attendre. Une théorie qui résoudrait cette difficulté serait très bien venue ».

2. C'est ainsi que Hume parle de « notre autorité sur nos sentiments et nos passions (qui) est beaucoup plus faible que notre autorité sur nos idées » (EEH, 135)

CHAPITRE VII

LA RELATION DE CAUSALITÉ

CAUSALITÉ ET PROBABILITÉ

I. L'intérêt pour le livre I du *Traité* s'est souvent réduit à l'analyse de la relation de causalité. Chacun sait désormais que la cause n'est pas dans les choses mêmes, quoiqu'elle le paraisse ; qu'elle est liée à l'habitude de conjonctions plus ou moins constantes qui nous portent à croire que les liaisons entre événements à venir seront semblables à celles qui ont déjà eu lieu entre les événements passés. Là-dessus, on a tenu des discours divers, les uns, de nature psychologique, qui décrivent la façon dont le psychisme fonctionne lorsqu'il pose le principe de causalité ; les autres, de nature logique, qui s'interrogent sur le contenu de l'induction ; parfois en s'étonnant que la mise en pièces du projet de causalité puisse encore s'accommoder de quelque usage en philosophie naturelle comme en philosophie morale.

Lorsqu'on a le souci de comprendre en quoi le scepticisme de Hume est philosophique, on cherche alors à s'instruire, non seulement des contradictions détectées par l'auteur dans la relation, mais aussi de la résolution qu'il propose des contradictions. Dès lors, le véritable problème n'est pas de choisir entre le point de vue de la description et celui de la règle ou du droit, mais de considérer comment, dans l'autorité du principe de causalité, s'articulent les constituants hétérogènes et les règles qui en définissent l'usage ; comment la temporalité et la dynamique des processus de la cause sous-tendent les impressions et les idées dans notre psychisme. Il est encore de considérer comment un traitement des fictions permet la cohérence de deux attitudes apparemment contradictoires : celle d'abord de la dénonciation des fausses conceptions de la causalité et des illusions auxquelles elle donne lieu ; celle enfin d'une réinstallation de son principe à nouveaux frais dans les travaux scientifiques. Car, plus peut-être que l'examen des éléments mené jusqu'à présent, les analyses de la causalité et de la probabilité permettent d'assigner un style à la science et à la connaissance mise en œuvre par le scepticisme philosophique.

II. On a surtout retenu de la critique humienne de la cause la mise en évidence du peu de fondement de la croyance par laquelle on étend ce qu'on estime avoir existé dans le passé, avec ou sans exception, soit une suite d'événements constamment conjoints, à ce qui se passera. Autrement dit, derrière la stabilité des lois affirmée par les grands ouvrages de philosophie naturelle de l'âge classique, et qui paraît garantir la vérité et l'efficacité de la science pour vaincre l'incertitude des opinions, se joue en réalité une croyance qu'il est impossible de fonder rationnellement. Ainsi les principes et les lois par lesquels la raison ordonne fondamentalement les phénomènes ne peuvent pas eux-mêmes se justifier rationnellement ; car rien ne permet de dire que leur prévalence jusqu'à présent puisse se poursuivre à l'avenir, rien sinon l'habitude passée, qui n'est pas une raison.

Hume étend son argument aux probabilités ; la loi de Bernoulli, appelée plus tard « loi des grands nombres », pose en effet que, au-delà d'un certain nombre d'expériences qui permet de fixer le rapport du nombre de fois qu'un événement a eu lieu et du nombre de fois qu'il n'a pas eu lieu, il devient inutile de multiplier les essais puisque le rapport ne s'en trouverait pas sensiblement affiné. S'il n'y a pas de raison pour qu'un dé de six faces présente plutôt l'as que n'importe quelle autre face, cela signifie qu'il y a une raison de croire que l'as se présente avec une probabilité de 1/6. L'absence de raison peut ainsi se renverser en raison. Nous croyons alors à une certaine stabilité du rapport de probabilité et avons tendance à oublier que la raison ne mesure que des degrés de croyance sans régler directement les choses. Nous avons tendance à interpréter faussement la loi des grands nombres comme si elle régissait les grands équilibres du monde alors qu'elle règle seulement, même chez Bernoulli, notre croyance en une relative stabilité des événements du monde, laquelle ne s'enregistre précisément pas quand on considère les phénomènes les uns après les autres.

Nous avons irrésistiblement tendance à prêter au monde, que ce soit directement par le principe de causalité ou indirectement par le biais de la probabilité, la stabilité dont nous désirons gratifier les choses. Poussant alors jusqu'au bout son avantage polémique, Hume montre que tous les efforts fournis par les mécaniciens, depuis plusieurs décennies, pour n'user que des causes efficientes dans leurs explications, voire pour éliminer purement et simplement les causes finales, sont peu convaincants [1] puisque la permanence dont on dote le principe de causalité n'est pas seulement mécanique et se trouve être fort intellectualisé [2].

1. TNH, I, 247-8 : « Toutes les causes sont du même genre ; en particulier, il n'y a pas de fondement à cette distinction que nous faisons parfois (...) entre les causes efficientes, les causes formelles, les causes matérielles, les causes exemplaires et les causes finales ».

2. C'est parce que « l'esprit a beaucoup de penchant à se répandre sur les objets extérieurs et à unir à ces objets les impressions intérieures » (TNH, I, 243) qu'il prend sa propre tendance « à passer de l'idée d'un objet à celle d'un autre objet qui l'accompagne habituellement » (TNH, I, 244) pour une tendance des objets eux-mêmes.

Mais ces arguments qui ont surtout retenu l'attention des commentateurs ne sont pas les seuls et Hume met l'accent au moins sur deux autres thèmes : l'illusion de la *transcendance* liée au sentiment de nécessité ; l'illusion de *simplicité* que recèle la causalité, laquelle est réellement composite. Commençons par dénoncer l'illusion de ce qui apparaît avec la simplicité d'une catégorie applicable aux phénomènes.

La relation de causalité est *composite* en de multiples sens. Dans les raisonnements « par causalité, nous employons des matériaux de nature mêlée et hétérogène qui, malgré leur connexion, sont pourtant essentiellement différents les uns des autres » (*Traité*, I, 146). Sans doute Hume veut-il dire que la causalité enferme la contiguïté des événements que l'on pose en relation de cause et d'effet, l'antécédence de l'un par rapport à l'autre et leur conjonction constante. Mais elle enveloppe aussi un effet, moins visible et plus sourd, quoique aussi efficace, de la ressemblance, laquelle n'est pas une identité mathématique et implique l'hétérogénéité relative des événements ou des éléments qu'elle traite de la même façon que celle de leur conjonction. Ces considérations nous ramènent à celles du chapitre précédent qui nous ont permis d'établir la grande diversité des forces et des styles de temporalité mis en jeu par la ressemblance.

Si la causalité nous fait découvrir la même force d'attaque de l'événement présent qui mobilise l'énergie potentielle des événements semblables du passé et nous porte à nous en souvenir pour traiter de même un présent pourtant si hétérogène, elle permet d'aller plus loin dans l'analyse. En effet, la ressemblance dont il s'agit dans la causalité est celle d'une série de phénomènes, souvent complexe ; c'est donc, non pas un phénomène qu'il s'agit de maîtriser, intellectuellement ou pratiquement, mais un flux de phénomènes auquel il faut substituer un ordre. La constitution de cet ordre implique, plus encore que dans le cas de la ressemblance d'événements ponctuels, que l'individualité de chaque événement ait été en quelque sorte gommée au profit du sentiment de la nécessité d'un lien que l'on peut transférer dans l'état présent. La causalité ne peut fonctionner que si l'on parvient à oublier les événements dans leur individualité pour transformer leur souvenir en habitudes relativement indifférenciées, quoique applicables dans le cas particulier offert par l'instant présent. Cet oubli de la spécificité des événements au profit d'une habitude qui neutralise, sinon la totalité du moins une partie de cette spécificité et qui libère par là quelque énergie dont la cause a besoin dans l'expérience présente, est à l'origine de l'autre illusion qu'il faut développer maintenant : celle de la *transcendance*.

Le nécessaire oubli de l'individualité des divers événements ressemblants dont nous avons pu faire l'expérience dans le passé et qui permet à la force de se lier à des événements présents donne l'illusion que cette force provient des objets mêmes que l'on pose en relation de cause à effet, comme si la cause enfermait en elle-même quelque pouvoir de produire l'effet. Autrement dit, la causalité, plus peut-être que toutes les autres relations, est au principe de l'illusion d'un accroissement de forces : les multiples séries d'événements que nous avons expérimentées en relation constante ont permis d'accumuler des forces; mais, loin de rester à leur place, liées à des expériences devenues souvenirs de plus en plus lointains, ces forces accumulées paraissent revenir en direction du présent pour fournir à l'esprit l'énergie avec laquelle l'esprit conjecture que l'événement ordinairement lié à celui qu'il est en train de constater va se produire. Ainsi le temps dynamique, dans lequel les forces s'orientent pour agir au présent, semble s'écouler en sens inverse du temps dans lequel on projette les souvenirs, chacun à sa place, dans un éloignement progressif du temps présent.

Le problème posé par cette conjugaison de forces présentes et de forces passées, mises en réserve, est le même que celui de l'illusion de la transcendance sur le terrain religieux, par exemple, ou sur le terrain du langage. Dans tous les cas, les forces que nous avons lentement constituées par nous-mêmes, quoique à notre insu, paraissent nous venir sous la forme d'un autre être qui s'impose à nous. Nous fabriquons le piège qui se referme sur nous: ainsi croyons-nous saisir des objets transcendants aux mots, alors que nous sommes simplement abusés par une projection réaliste de leur signifié; ainsi fabriquons-nous les dieux à notre image en croyant qu'ils possèdent infiniment nos propres vertus. Comment cette dépossession s'effectue-t-elle? Comment des forces orientées par un inévitable déclin et dispersées par leurs liens à de multiples souvenirs parviennent-elles à se ressaisir, à s'unifier et à s'orienter vers le présent, comme s'il s'agissait de défendre le psychisme en mobilisant le passé contre les agressions ou risques d'agression des forces présentes? Le présent nous offre un flux que l'on ne peut stabiliser qu'en y reconnaissant un ordre; cet ordre ne nous est fourni qu'en recourant à une accumulation de passé et à sa mobilisation en fonction de l'action présente.

III. Est-ce un hasard? Si la dénonciation du principe de causalité et de ses illusions s'effectue, en particulier lorsqu'il s'agit de contester un prétendu pouvoir qu'enfermeraient les causes, à travers une critique de la transcendance qui est celle même qui s'applique à la mise en question de la religion, étrangement son rétablissement dans ses droits se fait aussi ironiquement à travers la réminiscence de psaumes: « La maxime générale que "*tout ce qui commence d'exister doit avoir une cause de son existence*" » est « l'une de (celles) qu'on peut bien nier des lèvres, mais dont on ne peut réellement douter dans son cœur » (*Traité*, I, 139).

Et, de fait, Hume a beau mettre en cause le principe de causalité, il ne peut éviter d'y recourir dans ses explications en histoire, en économie ou en philosophie. Le problème est de savoir comment il est possible de tenir l'équilibre entre ces deux positions apparemment contradictoires: d'une part, ce par quoi la raison explique les phénomènes et ses propres actes n'est pas rationnel; et pourtant, d'autre part, il faut bien qu'elle ait recours à ce principe pour expliquer les phénomènes et s'expliquer elle-même. Comme nous l'avons déjà repéré en pareils cas, l'inflexion fait subir au principe un changement d'orientation: d'une part, la dénonciation de la transcendance ne nuit nullement à la causalité, mais ne fait qu'en raffiner le sens. D'autre part, la dénonciation de sa prétendue simplicité et la mise en évidence de sa réelle complexité, loin d'en compromettre l'application, en sont les conditions.

Sur *le premier point de la transcendance*, il faut comprendre que, de même que les mots ne renvoient aux choses que par l'interposition de leur signifié et par le rapport qu'ils entretiennent entre eux, de même, la causalité n'est-elle un rapport de phénomènes à d'autres que parce qu'elle est d'abord un rapport complexe à soi-même du psychisme qui fabrique de la constance avec des phénomènes fuyants, qui espère des stabilités à venir à partir de conjonctions passées. La cause est d'abord, pour notre esprit, un travail sur soi, une gestion de ses expériences présentes et passées ; la réalité n'est jamais posée, acceptée ou saisie, sans cette mise à distance de l'événement immédiat qu'il faut peser. En ce sens, le style de science qui est à l'œuvre chez Hume est celui que l'on trouvera, une vingtaine d'années après la parution du *Traité*, chez un auteur comme Bayes qui présentera le savoir comme une évaluation indirecte de jugements probables portant sur les phénomènes. Nous comprendrons mieux les rapports que Hume entretient avec la conception bayesienne des probabilités quand nous aurons expliqué la façon humienne de critiquer les traités de probabilité de son temps, ceux de J. Bernoulli et d'A. de Moivre.

Sur *le second point,* il n'y a nécessité authentique que parce qu'il y a volonté de ramener du différent à du simple ; A_n produit nécessairement B_n quand on a eu l'expérience que A_1 avait produit B_1 ; A_2, B_2 ; etc. et que l'on va avoir bientôt la confirmation que B_n sera produit sans qu'on puisse s'en assurer par quelque raisonnement. La nécessité actuelle ou physique implique que l'existence ne se plie nullement à la logique ; elle implique aussi que nous ne soyons jamais exactement dans les mêmes conditions et que l'on puisse hésiter sur la ressemblance des conjonctions. Il faut, de plus, contradictoirement, qu'une activité d'annihilation des différences se déclenche pour que le sentiment de nécessité agisse ; il n'agirait nullement si les phénomènes considérés étaient scrupuleusement identiques ou, à l'opposé, si les phénomènes étaient considérés par des actes de souvenir si déterminés qu'ils empêcheraient toute commune mesure entre eux. La nécessité n'existe que dans le mouvement de supprimer des différences dont le souvenir nous convainc pourtant qu'elles sont réelles ; la nécessité suppose le souvenir dont elle nie, à la fois, les effets dispersants.

Lorsque Hume se livre à un « examen plus poussé », il découvre que « la répétition (des conjonctions de phénomènes) n'est pas identique en tout point, qu'elle produit une nouvelle impression (distincte des impressions qui ont existé précédemment et qui sont devenues des idées relativement semblables) et, par ce moyen, l'idée (de nécessité). Car, après une fréquente répétition, je trouve qu'à l'apparition de l'un des objets, l'esprit est déterminé par l'accoutumance à considérer l'autre objet qui l'accompagne habituellement et à le considérer sous un jour plus vif en raison de son rapport au premier objet. C'est donc cette impression, cette détermination qui m'apporte l'idée de nécessité» (*Traité*, I, 231).

Mais ce qui réalise particulièrement la nécessité, c'est l'intégration des expériences passées à un élan qui les dépasse et les porte vers l'avenir qui sera tout autre. Et c'est bien de ce «tout autre» dont il s'agit lorsque Hume demande que l'on «persuade une bonne fois les hommes» de ce principe que, «même après l'observation d'une fréquente ou constante conjonction d'objets, nous n'avons aucune raison de tirer aucune inférence au sujet d'aucun objet autre que ceux dont nous avons eu l'expérience» (I, 211). Principe ironique, car y aurait-il le moindre usage d'une règle qui ne serait pas tendue vers l'avenir? Sans doute ne risquerait-on pas de faire d'erreurs dans ces conditions, mais on ne ferait pas non plus de science, car on ne saurait faire d'un principe mort une règle d'action.

On aura noté que Hume ne présente pas son principe comme une loi, qu'elle soit celle de phénomènes, voire celle des actes psychiques qui traitent ces phénomènes, mais comme une règle dont il s'agit de persuader les hommes et qui les prive d'une raison de poser des inférences au-delà des expériences passées. Ainsi la démontration de son principe est-elle étrangement indirecte: tous les systèmes concernant la causalité se caractérisent par l'excès de leurs affirmations par rapport à ce qu'il est possible de savoir. Hume ne nie pas l'apparence d'extravagance de son système; elle n'est pourtant due qu'à la modestie de n'affirmer rien de plus que ce que l'on peut savoir.

Ce «bayesianisme» n'empêche pourtant pas la science de concerner les choses et ne doit pas laisser craindre que la philosophie de Hume ne glisse par là vers un idéalisme retiré du monde. Comme chez Bayes, la réalité se déplace d'un monde de choses dont on pourrait dire les lois indépendamment des actions que nous y insérons, à un monde qui ne prend son sens que par l'action que nous décidons à propos des choses. Ce qui est recherché par Hume comme par Bayes, c'est une commensurabilité entre le discours que l'on tient sur les choses et l'évaluation que l'on peut faire de ce discours.

On lit ce renversement étonnant et paradoxal dans un paragraphe du *Traité* (I, 241). Hume commence par montrer que la nécessité n'est pas une qualité des objets, mais qu'elle n'est pensable que dans un rapport de l'esprit avec lui-même, «*l'observation* de la ressemblance (de conjonctions constantes) produisant *dans l'esprit*, une nouvelle impression qui est le modèle effectif de l'idée». Ainsi la nécessité, «effet de cette observation», n'est rien d'autre «qu'une impression intérieure de l'esprit, une détermination à porter nos pensées d'un objet à l'autre». Mais cette détermination est extrêmement active et la nécessité, qui paraissait se dissoudre dans les sphères contemplatives d'une philosophie réfléchissante, se révèle opérante. Hume défend ce caractère opératoire sur le mode apagogique: «Si nous ne la considérons pas sous ce jour, nous serons incapables de l'attribuer aux objets extérieurs ou intérieurs, à l'esprit ou aux corps, aux causes ou aux effets». C'est parce que nous donnons ce sens d'impression intérieure à la nécessité qu'elle peut s'appliquer aux objets et non parce que nous la considérons comme dérivant directement d'objets. L'inversion est radicale : il faut reconnaître le caractère indirect de la nécessité pour en poser l'applicabilité. La détermination n'est possible comme acte de notre esprit que parce que la nécessité n'existe pas en soi ; c'est précisément parce qu'il est possible que, dans une suite de conjonctions AB, un événement ne se produise pas alors qu'un événement de type A s'est produit, que l'on peut parler de cause (*Traité*, I, 248).

Le renversement d'une attitude critique en une attitude positive, qui accepte, à de nouvelles conditions, ce qui a d'abord été contesté est caractéristique d'un geste qui sera celui de la théorie des fictions. C'est sous le signe de l'autorité du principe de causalité que nous recueillerons le caractère fictif quoique positif de la causalité et réaliserons l'alliance de ses aspects les plus divers et les plus contradictoires.

IV. Nous synthétisons, sous l'expression d'*autorité de la cause*, les distensions de la notion au moins selon deux axes, comme c'était déjà le cas pour la ressemblance : l'axe de la représentation et de la force, qui livre en quelque sorte le destin de la causalité qui est de transformer les représentations en forces ; l'axe du fait (ou de la description) et de la règle, du droit ou du jugement, car il y a une normativité de la cause, c'est-à-dire des règles pour en user correctement.

Sur le premier axe, il y a relativement peu à dire. Il faut, pour que la causalité jaillisse dans le présent, que les souvenirs perdent leur forme individualisée, se fassent force en s'effaçant. Tant que les souvenirs gardent leur forme représentative, ils ne sauraient entrer dans la structure dynamique indispensable à la cause. « Chaque acte de l'esprit, de ce qu'il est séparé et indépendant, a une influence séparée et ne joint pas sa force à celle des autres actes semblables. Comme ces actes ne sont pas unis par un objet commun qui les produit, ils n'ont pas de relation les uns avec les autres ; par suite, ils n'engendrent ni transition ni union de forces » (*Traité*, I, 213). De plus, ils sont mal orientés, car il faut que l'esprit aille les chercher à contre-courant ; ils ne s'effacent qu'insérés dans le fil du temps qui les ramène au présent.

En outre, s'il faut une action volontaire pour constituer les images de conjonctions passées, la causalité ne parvient pas à se nouer et à constituer ses forces. « En général, nous pouvons affirmer qu'un homme qui répéterait *volontairement* une idée dans son esprit, même si l'idée était soutenue par une expérience passée, n'aurait pas plus d'inclination à croire à l'existence de son objet que s'il s'était contenté de la considérer une seule fois » (I, 213). L'« action du dessein » brouille la causalité et l'empêche de se constituer. Il faut, pour que la causalité se mette en place, à l'occasion d'un choc présent, que des souvenirs soient suscités *involontairement*, sans qu'ils soient *figurés* ; mais aussi que ce qui est suscité involontairement vaille pour ce qui pourrait être volontairement figuré. Un certain oubli de la représentation est nécessaire à la cause pour que la conviction puisse se mettre en place (I, 145).

Mieux encore que l'axe de transformation des représentations en accoutumance, celui qui oppose le fait au droit exprime l'autorité de la cause. L'autorité est force et fait ; l'autorité est droit. Comment passe-t-on d'une considération à l'autre ? Hume ne se contente pas de décrire le processus de la cause ; il légifère sur la cause, ce qui implique des règles de décision. Nous en connaissons déjà deux : la première demande de persuader les hommes de ne tirer de l'objet que l'on tient pour cause aucune conclusion qui le dépasse ; la seconde demande de persuader les hommes de ne tirer aucune inférence au-delà des expériences déjà faites.

L'étrangeté de ces règles tient à leur contradiction avec la remarque humienne selon laquelle la considération du passé ne permet pas à elle seule de mettre en place la cause entre un événement et un autre. L'audace assimilatrice fait partie de la cause. Dès lors, les principes qu'il énonce en règles (I, 211) sont directement destructeurs de la cause, car ils en brisent l'élan vers le futur et en étouffent l'actualité. Cette tension est indispensable, même si elle doit être limitée et maîtrisée. Ces règles, qui traitent la causalité comme l'abstraction morte des subséquences des mathématiciens, ratent leur objet.

En revanche, le deuxième jeu de règles que l'on peut lire dans la section XV de la IIIe partie du *Traité* tient compte du présent et du futur. Ainsi la quatrième des huit règles qui « nous permettent de savoir quand les objets sont réellement causes ou effets » énonce-t-elle que, « quand une expérience claire nous a découvert les causes ou les effets d'un phénomène, nous étendons immédiatement notre observation à tout phénomène du même genre, sans attendre la constante répétition, d'où est tirée la première idée de cette relation » (I, 251). On notera au passage que ces règles ne s'énoncent pas à l'impératif, mais à l'indicatif et que, en dépit de son fameux conseil au lecteur de ne pas laisser passer les glissements de l'*être* au *devoir être*, Hume n'en écrit pas moins, comme les auteurs qu'il conteste, les prescriptions sur le mode des descriptions. La règle implicite est que l'on ne peut étendre à l'avenir le rapport de cause à effet entre les phénomènes que si l'expérience passée a été claire et si les phénomènes présents et futurs sont de « *même genre* ».

Il n'est pas étonnant que nous retrouvions ici toutes les difficultés repérées par notre critique de la ressemblance, puisque la cause implique une ressemblance d'événements et de conjonctions d'événements. Pour trouver des règles qui caractérisent exclusivement la causalité, il faut s'arrêter sur la *sixième* qui stipule que « la différence entre les effets de deux objets semblables doit procéder de la circonstance par laquelle ils diffèrent » ; et sur la *septième* qui constate l'admission que « l'absence ou la présence d'une partie de la cause s'accompagne toujours de l'absence ou de la présence d'une partie proportionnée de l'effet ».

Sans doute peut-on interpréter ces règles comme comparant des composantes de représentations les unes avec les autres, la septième introduisant une idée de proportionalité qui se révélera particulièrement meurtrière sur le terrain religieux pour critiquer la Providence. Toutefois l'essentiel est ailleurs : la circonstance dont il est question dans la sixième règle affecte moins fondamentalement la représentation que la différence de modalité du passé au présent. Le présent de l'effet (ou de la cause) se distingue inévitablement du passé des effets (ou des causes) semblables. L'affirmation de la causalité met donc inévitablement en jeu ses forces propres d'assimilation de ce qui est fatalement différent.

Loin de se contenter de constater le jeu du présent et du passé dans les causes, Hume essaie de le régler. Il aperçoit bien que le présent est toujours et nécessairement survalorisé par rapport au passé, qu'il n'y a pas de causalité sans cette survalorisation, que la vivacité du présent se transmet à la suite des souvenirs (*Traité*, I, 217), mais aussi qu'il faut limiter les effets de cette survalorisation; ce à quoi les règles mathématiques peuvent aider, en dépit de leur prodigieuse insuffisance existentielle. Sans doute est-ce sous la forme d'une description que Hume livre le processus de l'association d'idées à une impression présente: «Elle doit arriver par degrés à son point de perfection et elle doit acquérir une nouvelle force à chaque cas qui tombe sous notre observation. Le premier cas n'a que peu de force ou pas du tout; le second y fait quelque addition; le troisième devient encore plus sensible; c'est ainsi, par de lents progrès, que notre jugement parvient à l'entière certitude»(I, 201). Mais on reconnaît, sous la description, l'affirmation bernoullienne selon laquelle il existe un point de perfection que l'on peut atteindre dans la certitude d'une probabilité d'un événement ou d'une conjonction d'événements, et le sous-entendu qu'il ne serait pas utile d'aller plus loin dans la multiplication des expériences pour affiner encore le degré de probabilité. La règle bernoullienne introduit donc un certain contrepoids à l'inévitable surévaluation du présent, sans laquelle en effet il n'y aurait pas de causalité. Toutefois sa régulation n'est-elle pas dissimulée par la loi de fonctionnement du psychisme, naturellement «bernoullienne»?

La situation est donc la suivante: il faut surévaluer le présent pour que *vive* la causalité; mais, conformément à la règle, le fonctionnement naturel de l'esprit tend à minimiser la singularité de l'événement au bout d'un certain nombre d'expériences. Nous retrouvons par un autre tour ce que Hume dit de la rationalité en général: qu'elle ne s'effectue que par des détours irrationnels, mais qu'elle peut néanmoins dénoncer ces détours comme irrationnels.

Il faut désormais regarder de plus près comment l'auteur du *Traité* et de l'*Enquête* lit les traités de probabilité de son temps, car nous avons affaire chez Hume à une démarche que l'on peut bien qualifier de critique, quoiqu'elle soit très éloignée de celle que Kant poursuivra sous ce mot.

V. A la différence de Kant, Hume présente un authentique travail critique sur la notion de la probabilité qu'il envisage sous l'angle mathématique et sous l'angle philosophique, c'est-à-dire en intégrant le point de vue de la sensation, que le mathématicien évacue par principe. Le travail critique consiste à se demander à quelles conditions le calcul des probabilités est possible, à tenter d'énoncer et de définir les concepts majeurs dont il se sert; enfin, à repérer les grandes distinctions du sujet.

Ces grandes distinctions sont celles de la connaissance, des preuves et de la probabilité, des probabilités subjectives et des probabilités objectives, des probabilités des chances et des probabilités des causes. Pour éviter d'avoir à classer les phénomènes les plus réguliers du côté des probabilités et de se trouver ainsi en porte-à-faux par rapport au langage le plus ordinaire, Hume distingue entre la connaissance, les preuves et la probabilité : « Par connaissance [*knowledge*], j'entends la certitude qui naît d'une comparaison d'idées. Par preuves [*proofs*], les arguments tirés de la relation de la cause à l'effet, complètement délivrés du doute et de l'incertitude. Par probabilité [*probability*], la preuve [*evidence*] qui s'accompagne encore d'incertitude » (*Traité*, I, 194). Ce qui n'empêche nullement l'auteur de cette distinction de montrer, au bout du compte, que « toute connaissance dégénère en probabilité » (I, 261), signifiant par là que toute connaissance est produite dans un milieu social et culturel dont elle dépend et dont elle doit assumer la critique plus ou moins experte. Toutefois, en sens inverse, de la probabilité, il y a au moins des tentatives de savoir, il y a une mathématique, laquelle procède par relations d'idées qui la tiennent à l'écart, sinon tout à fait protégée, des aléas des sensations. Le calcul des probabilités pose néanmoins un problème particulier, dans la mesure où son lien à la sensation ne peut jamais être rompu et doit au moins toujours être supposé.

Hume oppose les probabilités objectives aux probabilités subjectives : « quand l'objet est réellement incertain en lui-même et que c'est le hasard qui le détermine ; ou quand l'objet, bien que déjà certain, reste encore incertain pour notre jugement qui trouve en faveur de chaque côté de la question de nombreuses preuves » (II, 66). Dans ce dernier cas, la probabilité est seulement liée à l'ignorance subjective, car les choses mêmes ne sont pas probables. Il y a donc une probabilité qui paraît porter directement sur les choses, comme lorsque je dis, tenant un dé à la main, que chacune des faces a une chance sur six de se présenter, et une probabilité qui porte sur l'appréciation des choses, soit indirectement sur les choses. Ainsi l'*Essai* de Bayes *en vue de résoudre un problème de la doctrine des chances* distingue-t-il nettement la probabilité, qui s'applique aux phénomènes, de la chance d'avoir raison, lorsqu'elle caractérise telle ou telle proposition sur les choses. Car on peut encore assigner un degré rigoureux de valeur à un jugement sur les choses que l'on ignore partiellement. Je puis, ignorant la proportion de boules blanches et de boules noires contenues dans une urne, faire un tirage d'un certain nombre de boules et induire, à partir de ce tirage, avec des chances d'avoir raison ou de me tromper, la proportion de boules présentes dans l'urne. Bayes ne se prive toutefois nullement d'ajouter qu'il « entend par chance la même chose que probabilité » ; car, comme le soulignait déjà Bernoulli et comme le rappellera Hume, la probabilité n'existe nullement dans les choses (I, 194), mais dans la seule appréciation des choses. Si nous pouvions savoir directement les choses, nous n'aurions nul besoin de mesurer le degré de probabilité qui affecte les jugements que l'on porte sur elles. Hume touche donc juste par cette distinction et il est clair qu'il en joue en expert quand, par exemple dans les *Dialogues*, le jeu de Philon consiste à évaluer les chances que Cléanthe ait raison en posant trop immédiatement une analogie entre la création du monde par un Dieu et la création d'un ouvrage d'art par un ou des artisans. Le jeu des entités réelles et des entités fictives se voit clairement dans cet univers des probabilités, puisque la probabilité d'un événement, qui est déjà une fiction, peut encore donner lieu à l'évaluation d'une chance de cette probabilité ; ce qui représente une fiction de deuxième ordre.

Hume croise cette distinction par une autre : celle de la probabilité des chances et de la probabilité des causes. D'une situation donnée, je puis envisager l'ensemble des développements dont j'établis une sorte de dénombrement, voire de carte générale, en repérant ceux qui ont le plus de chances de se produire. Telle est la probabilité des chances, que l'on voit particulièrement à l'œuvre dans les problèmes de jeu traités aux XVIIe et XVIIIe siècles. En revanche, on peut, dans une situation où l'on a été témoin, direct ou indirect, d'une longue suite d'événements en conjonction plus ou moins constante, s'interroger sur le degré de probabilité qu'un effet résulte d'un événement qui s'est longuement comporté comme une cause d'effets semblables : on mesure alors une probabilité de causes.

L'intérêt de l'analyse de Hume tient toutefois moins à cette distinction abstraite qu'à sa dialectique. La chance et la cause sont en rapport de négation réciproque. Là où la probabilité des chances fait éclater un univers dans toutes les directions, la probabilité des causes « marque la route à notre pensée et, en quelque sorte, nous force à considérer tels objets déterminés dans telles relations déterminées » (I, 194). La cause ne fait que creuser un sillon dans la même direction ; la chance compromet radicalement la cause puisqu'« elle peut uniquement détruire cette détermination de la pensée et laisser l'esprit dans sa situation primitive d'indifférence où l'absence de cause la rétablit instantanément » (I, 194). Résumant son propos, Hume va jusqu'à dire : « la chance est uniquement la négation d'une cause et produit dans l'esprit une indifférence totale » (I, 196). La chance volatilise et disperse la cause, qui n'admet l'aléa que dans une trajectoire déterminée. Il ne reste rien d'une cause soumise aux chances, puisqu'elles nous permettent d'envisager toutes sortes de situations qui viennent perturber le « sillon » qui se creuse graduellement. Il faut donc, dans un calcul de probabilité de causes, éliminer un ensemble d'éventualités que « la fantaisie (*fancy*) la plus extravagante » permet d'envisager sur un pied d'égalité (I, 195). Mais Hume note subtilement que les probabilités des chances requièrent aussi une limitation par les probabilités des causes. « Ainsi si nous n'admettons pas qu'il y a certaines causes pour faire retomber le dé, lui conserver sa forme dans sa chute et le faire reposer sur l'une de ses faces, nous ne pouvons faire aucun calcul sur les lois du hasard » (I, 195). Si distinctes soient-elles, les probabilités des chances et les probabilités des causes ne vont pourtant pas les unes sans les autres ; les chances introduisent les causes dans un univers qui menace de les dissoudre; les causes bordent l'univers des chances pour les rendre calculables (I, 198). Il faut accepter un certain nombre de causes pour calculer les chances; et accepter un jeu de chances pour calculer des causes. Le conditionnement réciproque de la chance et de la cause sous-tend les traités de probabilité sans que le mathématicien ait lui-même à en rendre compte. C'est le philosophe qui problématise ce qu'il faut entendre par «événement», «chance» ou «probabilité de l'événement», et par «cause»; le mathématicien ne fait que postuler le sens, sinon la réalité, de ces entités; et il n'a pas toujours besoin d'enraciner lui-même ses principes dans des considérations philosophiques.

Ainsi Hume définit-il la probabilité à peu près de la même façon que Bernoulli comme «la preuve qui s'accompagne encore d'incertitude» ou comme «croyance hésitante pour l'avenir» (*Traité*, I, 203)[1], mais il est philosophiquement plus exigeant que l'auteur de l'*Ars conjectandi* ou que tout autre mathématicien dans le soin qu'il porte à définir l'indépendance des événements.[2] Le mathématicien ne fait que postuler la séparation des événements A et B dont il interroge la relation de subséquence; mais il n'a pas lieu d'en chercher la réalité, la possibilité ou l'origine. Non seulement Hume détermine en quel sens il faut prendre l'indépendance[3], mais il explique que les situations doivent pouvoir se présenter comme un ensemble de phénomènes ou d'événements de chances égales. «Une indifférence parfaite et totale est essentielle à la chance et une indifférence totale ne peut être en elle-même ni supérieure ni inférieure à une autre. Cette vérité n'est pas propre à mon système, mais quiconque fait des calculs sur les chances l'admet» (I, 195). La principale différence entre son système et le calcul des chances, c'est qu'il ne sépare pas la probabilité de la sensation et par conséquent de la réalité du monde (I, 152); mieux, il fait apparaître la probabilité, à la façon de la nécessité, comme une sensation (I, 168).

Toutefois Hume se livre encore à une autre activité: il montre comment l'entendement fonctionne et distribue sa croyance dans les situations qu'il explore. Ainsi décrit-il, dans le *Traité*, comment, après avoir reçu «une première impulsion» d'une situation, celle-ci «se répand sur toutes les images dont chacune reçoit en partage une quantité égale de la force et de la vivacité dérivées de l'impulsion» (I, 205). L'impulsion met en branle toute une série d'événements passés «de natures contraires» dont la force vient se diviser dans chaque prolongement de la situation présente. Notons que le jugement est ici envisagé comme le résultat d'un jeu de forces invo-

1. De manière voisine, Bernoulli parlait de la «*probabilité*» comme d'«un degré de certitude, qui en diffère comme la partie diffère du tout».

2. Bayes définit une fois pour toutes l'indépendance des événements par le fait que l'un se produit sans accroître ni diminuer la probabilité des autres (déf. 7 de la Ire sec.).

3. «On accordera aisément que [...] la communication de mouvement que je vois résulter actuellement du choc de deux billes de billard est totalement distincte de celle que j'ai vu résulter d'une telle impulsion il y a un an. Ces impulsions [...] sont entièrement séparées par le temps et par le lieu; l'une aurait pu exister et communiquer le mouvement même si l'autre n'avait jamais existé» (TNH, I, 240).

lontaires. Si je sollicitais volontairement des souvenirs et leur force, ils ne me feraient jamais croire à telle ou telle situation probable : pour que j'aie un sentiment de réalité, il faut que de l'involontaire soit mêlé. Ou plutôt, il convient de trouver un équilibre entre le volontaire et l'involontaire, car il faut bien assimiler du différent, oublier qu'on l'a fait et croire que c'est la réalité même qui advient alors que des forces paraissent venir à nous sans que nous les ayons sollicitées pour nous faire croire. Si nous les avions sollicitées pour cela, elles ne seraient pas crédibles.

Il est désormais clair que la lecture critique de Hume s'est modifiée ; il ne s'agit plus de savoir comment doivent être la raison, l'entendement et la sensibilité pour que l'on puisse écrire un traité de probabilité. Il s'agit de considérer le jeu de forces qui sous-tend une telle appréciation de probabilité. Le paradoxe de cette recherche, c'est que Hume a pris soin de critiquer, voire de contester, le statut de rationalité de notions comme celles de pouvoir, de force, d'énergie, d'efficace, de nécessité, de principe actif, de connexion, de qualité productive, qu'il tient pour sensiblement équivalents (I, 232) ; or, on le voit tenir un discours dynamique sur les probabilités. En vérité, ce que Hume conteste dans ces notions, c'est l'expérience prétendue d'une réalité de ces forces, pouvoirs, etc., lesquels doivent simplement être postulés symboliquement, si l'on veut qu'ils gardent un sens et permettent de rendre compte des changements de situations.

La dynamique introduit deux dimensions dans la compréhension de la cause. Sans doute permet-elle d'établir, en premier lieu, le relatif anonymat (ou la désindividualisation) des représentations qui les rend commensurables dans une sommation[1]. La deuxième dimension est celle de l'erreur. Hume énumère toute une série de situations dans lesquelles « l'évidence diminue par la diminution de la force et de l'intensité de l'idée » (I, 228), mettant en relation simple et directe les critères de vérité avec les degrés de force. Toutefois la dynamique qui sous-tend le jeu représentatif n'est pas nécessairement un bon critère de vérité. Si, dans les cas simples, comme celui de l'esprit qui inspecte un dé à six faces, la dynamique psychique suit la vérité même des probabilités, dans les cas plus complexes, un désaccord peut très vite se faire jour ; il serait miraculeux que le jeu des forces s'accompagnât d'un sentir toujours juste. En réalité, nous ne sommes guère poussés en quelque direction que ce soit la plupart du temps et, quand nous le sommes, ce peut être faussement. Hume a pu penser que la dynamique se corrigeait elle-même dans certains cas, puisque, par transfert, un sentiment peut se communiquer à partir d'une situation immédiatement perceptible

1. « Ces images concordantes s'unissent et rendent l'idée plus vive et plus forte, non seulement qu'une simple fiction de l'imagination, mais encore qu'une idée soutenue par un nombre moindre d'expériences » (TNH, I, 206 ; SB, 135). « Il reste donc, comme seule opinion raisonnable, que ces vues semblables se fondent les unes dans les autres et unissent leurs forces (run into each other and unite their forces) ; au point de produire une vue plus forte et plus claire que celle qui naît de chacune des vues isolément. Telle est la manière selon laquelle s'accordent les expériences passées quand on les transfère à un événement futur » (TNH, I, 210 ; SB, 138).

jusqu'à une situation qui l'est moins directement. Ainsi « l'esprit peut(-il) percevoir par son sentiment immédiat que trois guinées produisent une plus grande passion que deux guinées ; cette remarque, il la transporte aux nombres plus grands, par similitude ; et, par une règle générale, il attribue à mille guinées une passion plus forte qu'à neuf cent quatre-vingt-dix-neuf » (I, 214). Mais, la plupart du temps, la dynamique ne remplace aucunement la régulation qui, seule, peut contester l'illusion des forces ; quand bien même la vérité recherchée dans l'usage des causes est celle d'une expérience restructurée par la dynamique. Le psychisme transforme le cours de l'expérience en ordre de l'expérience que l'esprit construit par lui-même : la vérité recherchée par les traités de probabilité n'a de sens que par cet ordre de l'expérience, qui est moins le choc ponctuel que nous recevons au présent que l'intégration de ce choc dans un ensemble plus ou moins structuré d'événements.

La valeur de vérité ne se sépare décidément jamais d'autres valeurs, lesquelles peuvent parfois être fort contestables du point de vue de la vérité. Les forces qui donnent l'élan vers les causes et vers les chances ne nous en livrent pourtant pas la vérité. La dynamique est condition de vérité, mais elle ne l'effectue pas pour autant.

VI. La théorie bayesienne des probabilités ne consiste pas seulement dans le résultat mathématique d'un problème de la doctrine des chances ; elle est un style méthodique, une façon logique de présenter le savoir, très comparables à ceux que l'on trouve dans le *Traité* et dans l'*Enquête*.

D'abord, parce que Hume cherche la probabilité d'*un* événement, moyennant une suite d'observations d'événements semblables dans le passé (*Traité*, I, 206). Ensuite, parce que, contrairement à l'usage qu'en fera Price, la règle de Bayes ne prouve ni ne garantit l'existence de lois ; du moins proscrit-elle par principe l'existence de lois régissant idéalement les phénomènes de l'univers ; ce qu'on appelle loi ne peut jamais atteindre qu'un degré de certitude, non pas une certitude entière. La règle de Bayes peut accorder de grandes chances à l'existence de lois ; pas davantage.

Il y a plus ; et nous atteignons ce qu'il y a de plus « bayesien » chez Hume : c'est exactement la probabilité d'une proposition concernant un événement qui se trouve évaluée par des chances. La science consiste moins à déterminer directement les phénomènes qu'à savoir indirectement si j'ai raison en assignant au jugement qui les détermine telle ou telle valeur. Dès le *Traité*, Hume met souvent en scène ce style d'argumentation propre à l'essai de probabilité (I, 248, 266). Mais c'est surtout dans l'*Enquête* que nous le voyons à l'œuvre lorsqu'il s'agit de réduire la croyance que nous accordons aux miracles. On aurait pu s'imaginer que Hume serait spontanément accueillant à l'égard des miracles. Si a priori n'importe quoi peut résulter de n'importe quoi, pourquoi une résurrection ne pourrait-elle pas affecter de temps en temps tel ou tel parmi les milliards d'hommes qui peuplent, ont peuplé et peupleront la planète ? Et pourquoi, en de rares occasions et en des lieux choisis, le pain ne pourrait-il pas se transformer en chair et le vin en sang ? Ce n'est toutefois pas ce chemin que suit Hume.

L'affinité avec Bayes touche la structure même de l'argumentation. Ce qui est évalué par Hume, c'est la force d'un jugement qui relate un événement hautement improbable. Plutôt que de croire à l'existence d'un événement très improbable (une transsubstantiation, une résurrection, etc.), ne convient-il pas de rechercher si le narrateur ne ment pas, s'il n'a pas été abusé, s'il n'avait pas intérêt à mentir? Le seul élément qui permettrait d'accorder quelque valeur à l'existence d'un miracle, laquelle est infiniment peu probable, c'est le caractère plus miraculeux encore du mensonge de celui qui rapporte l'exception à la loi. Ainsi l'infiniment peu probable du mensonge compenserait l'infiniment peu probable du phénomène [1]. On juge aussitôt qu'il faut qu'opère le miracle de la foi pour que l'on juge miraculeux plutôt que fort probable qu'un homme mente dans ces conditions (*Enquête*, 207). Il est étrange de voir comment la structure d'un argument que Pascal avait conçu pour disposer à la foi religieuse se tourne ici au profit de l'incrédulité. Il n'aura échappé à personne que c'est le miracle d'un mensonge qui fonde le peu de valeur qu'il est possible au miracle de revendiquer.

C'est par cette appréciation indirecte des jugements sur les choses que Hume est «bayesien». Mais alors qu'en est-il du rapport à la réalité dans une telle philosophie? La réalité ne se décide-t-elle pas très loin de la sensation, dans une structure plus réfléchissante et autonome que déterminante? La réalité n'existe que dans une stratégie psychique – individuelle ou collective – qui remanie complètement ce qui est donné au présent pour en déplacer la valeur et la signification.

VII. Hume décrit à maintes reprises le principe que nous constituons graduellement et qui nous apprend, expérience après expérience, à nous défier des étrangetés et des fictions que nous pourrions fantasmer à la place d'une ferme et sérieuse prévision des choses. Tout se passe comme s'il se constituait, sans effort conscient, quoique plus profondément que tous les caprices qu'il ne peut s'empêcher de former (*Traité*, I, 176-177; SB, 109-110). Le principe de réalité est donc règle. S'il est règle, il est d'une certaine façon jugement. C'est ainsi que l'entendement redresse la taille d'un objet qui, parce qu'il est éloigné de nous, paraît plus petit que s'il était près de nous (I, 381). Spontanément je grandis l'objet que je devrais voir plus petit; et je le vois à vingt pieds de distance aussi grand que s'il était à dix pieds de moi. Il existe donc entre la réalité et la vérité un jeu dialectique qui n'est rendu possible que parce que l'une et l'autre sont principes: si je ne puis voir l'objet qui est au loin autrement que plus petit que celui qui est proche, je puis aussi «corriger» cette impression et poser l'objet comme aussi grand, quoique je sois séparé de lui. Mais ce passage ne concerne pas seulement la vérité de l'entendement; je puis encore *voir* l'objet aussi

1. EEH, p. 189-190. On notera au passage que Hume traite comme homogènes la probabilité d'un témoignage et la probabilité d'un phénomène. Ce traitement revient à l'équivalence posée par Bayes entre la *chance* (d'avoir raison en affirmant telle ou telle chose) et la *probability* (de tel ou tel événement).

grand, ce qui est pourtant physiquement impossible. Les besoins de la réalité impliquent une erreur sensible.

Si la réalité est principe, je puis aussi me servir de sa force contre le vrai. Ainsi puis-je, pour ne pas avoir à regarder en face une souffrance à venir dont la probabilité est très forte, feindre d'amenuiser le degré de probabilité de l'événement de cette souffrance. Le prisonnier, pourtant sous la garde de ses geôliers et vivant enserré entre les murs de sa cellule, fantasme qu'il échappera aux interrogatoires et à un châtiment qui sont presque aussi sûrs que la réalité de sa vie présente. La probabilité, fût-elle de haut degré, a cette fonction de diluer le réel dans la simple possibilité, dès qu'il nous embarrasse. Elle peut faire apparaître comme possible une réalité presque impossible, pourvu que cette possibilité soit compatible avec ce que nous souhaitons voir exister (*Dissertation*, I, 6).

Que le principe de réalité se constitue en liaison avec un système de défense, on le voit encore dans la discussion que Hume instaure dans les pages 243-4 du livre I du *Traité*. Après avoir expliqué que les relations sont produites par le psychisme humain, Hume ajoute quelques remarques sur l'économie affective de la doctrine dont il vient d'établir la vérité. C'est alors qu'il avoue craindre beaucoup que, pour « la généralité des lecteurs », un « préjugé contre sa doctrine prévaudra » ; et il en donne aussitôt la raison : « C'est une observation courante que l'esprit a beaucoup de penchant à se répandre sur les objets extérieurs et à unir à ces objets les impressions intérieures qu'ils provoquent et qui apparaissent toujours au moment où ces objets se découvrent aux sens ».

L'explication est claire : l'esprit a tendance à projeter ses désirs et ses exigences dans les choses mêmes ; il fantasme les causes, les ressemblances, la continuité des objets dans le temps et toutes les relations qu'il produit lui-même comme s'il s'agissait des constituants mêmes des choses. Il veut que les choses mêmes lui soient conformes et il espère se duper lui-même en voulant qu'elles lui apparaissent spontanément reliées de telle sorte qu'il n'ait plus qu'à découvrir ces relations. Le travail de ses relations est destiné à ce qu'il se fasse un réel accueillant. Le procédé ne fonctionne qu'à condition de n'être pas trop dévoilé. Sans le voile d'ignorance, le plaisir, sinon l'efficacité, est gâté. Si une philosophie fait prendre conscience que le réel n'est accueillant qu'en raison de la constitution par l'esprit de ses défenses, il en résulte qu'elle sera d'abord désagréable et qu'on cherchera ensuite à s'en détourner[1]. La dénonciation de l'extériorité des liaisons qui existeraient en soi au-delà de l'esprit équivaut à dévoiler un mécanisme de défense.

Toutefois la vie psychique se constitue indépendamment des intérêts cognitifs. Sans doute, ces intérêts sont-ils absolument dépendants de la vie psychique dont ils font partie, quand ils se retourneraient contre elle pour

1. On préfère évidemment des philosophies qui, complices de nos passions, s'émerveillent ou feignent de s'émerveiller d'une harmonie entre les choses du monde et notre vie. Voir EEH, 118.

contester la «vérité» de ses procédés; mais l'inverse n'est pas vrai et l'intelligence que nous développons sur les choses, ou plutôt sur notre constitution des choses, les affecte peu. Le ciment du monde tient les choses par d'autres principes que ceux de la philosophie; et la philosophie est plus dépendante de ces actes primaires par lesquels l'esprit se constitue que ces actes ne doivent leur existence à la philosophie.

C'est le sens qu'il faut accorder aux propos qui terminent le Ier livre du *Traité*. L'effroi, le désespoir et la «mélancolie philosophique» qui saisissent le philosophe ne sont pas des passions telles qu'elles l'empêchent de dîner, jouer au tric-trac, parler et se réjouir avec ses amis. Tout se passe comme s'il y avait deux systèmes relativement étanches, encore qu'ils s'accompagnassent l'un et l'autre de passions vives: celui des actes qui conditionnent réellement le psychisme dans le sérieux même des actes qui entraînent un danger réel s'ils sont déréglés ou mal adaptés; celui des opérations scientifiques et philosophiques qui ne sont qu'un usage, un affinement, une possibilisation des systèmes de défense par lesquels nous constituons notre rapport au réel. Ce n'est pas la vie qui est tragique; c'est son spectacle, sa pensée. Sans doute cette pensée s'enracine-t-elle dans la vie même et s'accompagne-t-elle des mêmes passions qu'elle, mais elle doit être suffisamment intelligente et se préserver assez du délire pour ne pas confondre ses exigences de vérité avec celles de réalité de la vie même.

La vie est donc fort peu affectée par les jugements que l'on porte sur elle. En revanche, le savoir est modifié par la conscience que les opérations intellectuelles sont implantées dans la vie. Ainsi, la causalité n'est jamais simple et n'existe qu'insérée dans des circonstances (*Traité*, I, 252-3). Il ne faut pas penser les circonstances comme perturbatrices d'une causalité pure; c'est plutôt la causalité pure qui n'a de sens que comme limite et épure simplifiée d'une suite de phénomènes nécessairement liée à un écheveau d'autres séries causales qu'on aurait tort de concevoir comme parasitant la première. La cause n'existe pas en soi; elle est une façon de repérer des constantes, de les orienter et de les ordonner. Comme historien, économiste, penseur de la société, philosophe des passions, Hume est plus attaché à poser des systèmes[1] ouverts que des épures simplifiées, quand bien même elles ne seraient pas sans intérêt localement. Une cause ne doit se comprendre que dans un faisceau de causes. Il ne faut jamais perdre de vue quand on explique un phénomène quelconque que la ligne causale n'existe qu'idéalement et que, si on l'imagine perturbée par d'autres lignes, c'est le réel lui-même, dans son ensemble, que l'on tient pour perturbateur de l'explication; ce qui est un singulier retournement du problème.

Il ne faut décidément pas que, selon la forte expression des *Dialogues*, la chétive agitation du cerveau que nous appelons pensée se prenne pour le modèle de tout l'univers!

1. Le terme de *système* se trouve d'ailleurs assez souvent sous la plume de Hume pour désigner le psychisme et des ensembles matériels, tout particulièrement l'univers (ex: TNH, I, 185-6, 353: «La véritable idée de l'esprit humain, c'est de le considérer comme un système de différentes perceptions»; DRN, 75, 90).

VIII. La théorie humienne de la causalité est une théorie génétique et dynamique. On aurait tort de la tenir pour psychologique, car les limites du « psychisme » et leur stabilité sont problématiques chez cet auteur.

D'une certaine façon, elle n'empêche pas une conception transcendantale de la causalité ; mais le concept méthodique de cause met en jeu des actes qui ne relèvent pas des mêmes règles que celles qui constituent le principe de réalité et qui n'affectent pas cette réalité, quand bien même elles en seraient dérivées. La conception transcendantale n'est illusoire que si elle oublie son origine dans un principe de réalité qu'elle imagine constituer ; mais elle est rendue possible par la légèreté de ses opérations qui, précisément, n'atteignent pas les grands équilibres psychiques et ne les remettent nullement en question. Le déploiement imaginaire de la méthode est d'autant mieux rendu possible qu'il est sans conséquence directe sur la vie ordinaire et pratique. La chimère, charmante et un peu folle, est de croire que c'est la philosophie qui constitue le monde des choses. En réalité, le système psychique constitue par sa propre activité une zone de stabilité sur laquelle s'étayent les actes intellectuels qui peuvent bien faire un retour critique sur elle, sans toutefois parvenir à la remettre en question ; tout au plus peuvent-ils affiner cette activité, la rendre plus régulière et plus méthodique, selon le mot de Philon dans les *Dialogues* (p. 60). Comment d'ailleurs attaquer comme hétérogène et composite une notion avec un organe qui peut être qualifié de même et se qualifier lui-même ainsi ?

Il semble que Hume oscille entre deux discours : l'un qui fait de la raison un mouvement relativement inconscient de lui-même, ou du moins incapable de se justifier lui-même ; l'autre, qui pose la raison comme s'auto-détruisant dans la prise de conscience de sa propre constitution (*Traité*, I, 269). Par le premier mouvement, la raison s'abuse elle-même, constitue des objets transcendants et croit en sa propre transcendance ; par le second, telle Pénélope, elle détruit ce qu'elle a tissé. Elle est à la fois la constitution des points de vue, toujours plus complexes, qui lui fait épouser le jeu réflexif, qui est celui-là même des passions ; et la conscience décevante de ce chétif édifice dans lequel il est impossible d'avoir confiance.

Il nous reste à savoir si le mouvement vital qu'est la raison, par lequel la vie complexifie ses moyens mais aussi entre en contradiction avec elle-même sur toutes sortes de modes, trouve son apaisement et peut-être sa solution ; ce qui implique une réflexion sur trois registres qui paraissent jouer un rôle stabilisateur dans la philosophie de Hume : le traitement de la fiction ; la dynamique mentale ; le matérialisme, enfin, beaucoup plus assimilable dans cette philosophie qu'on pourrait le croire au premier abord.

DEUXIÈME PARTIE

PROBLÈMES HUMIENS
FICTIONS, DYNAMIQUE ET MATÉRIALISME

CHAPITRE PREMIER

HUME, PHILOSOPHE DES FICTIONS

1. Il est difficile de lire les textes de Hume sans être frappé par l'ampleur et la cohérence des conceptions de l'auteur sur la question des fictions, quand bien même les affirmations essentielles se trouvent dispersées dans l'œuvre. Hume s'est posté à tous les points stratégiques de la notion de *fiction* : il conteste, par son moyen, un certain nombre de notions fondamentales de la métaphysique, de la religion, du droit, de la politique et de l'économie ; il sait opérer le retournement de cette contestation en relative acceptation théorique et pratique. Il envisage enfin la modification apportée à la valeur de vérité par cette double attitude à l'égard des fictions.

Mais on pourrait se demander si, loin d'apparaître comme une première esquisse imparfaite de la philosophie de Bentham, la philosophie humienne des fictions n'emprunte pas des voies spécifiquement différentes. L'approche humienne tient son originalité de ce qu'elle ne dissout pas comme autant de fictions les passions, la croyance, la nature et un certain nombre de valeurs comme la vérité, mais plutôt qu'elle les considère comme des limites de la notion de *fiction*. Le paradoxe serait alors que la théorie des fictions, forgée pour vaincre les difficultés du scepticisme, se verrait elle-même limitée par un scepticisme philosophique qui en dénoncerait l'auto-dissolution. En d'autres termes, une philosophie des fictions est-elle compatible avec une philosophie de la croyance, des passions, de la nature, ou sa logique la conduit-elle inévitablement à réduire sans reste ces notions ? Si la philosophie de Bentham permet de détecter l'ébauche d'une philosophie des fictions chez Hume, ne peut-on pas, à l'opposé, comprendre la théorie humienne des fictions comme révélatrice des limites, peut-être des impasses, de celle de l'utilitariste. Du moins le débat vaut-il la peine d'être esquissé en raison de ses résonances jusqu'à notre époque.

II. Quand un philosophe cherche, comme Hume, du côté de la dynamique, la réalité des processus psychiques, il tend alors à traiter les représentations, qu'elles soient sensibles ou intellectuelles, et les passions, dans la mesure où elles sont senties, comme des fictions. Toutefois cette notion de *fiction*, que Hume ne prend jamais soin de définir, ne désigne jamais que quelques objets.

Il faut dresser la liste des objets ainsi désignés, lesquels ont comme point commun de relever d'un terme qui dénonce le mauvais fondement de leur notion.

Sont prioritairement traitées comme des fictions, quoiqu'elles ne soient pas les seules, les notions d'*identité personnelle*, de *substantialité* et de *permanence du moi dans le temps*, avec leurs conséquences religieuses: l'immortalité de l'âme, sa séparation réelle d'avec le corps. « L'identité que nous attribuons à l'esprit humain est seulement une identité fictive, du même genre que celle que nous attribuons au corps des végétaux et animaux » (*Traité*, I, 351). Hume, faisant d'une pierre deux coups, attaque du même mouvement l'identité du moi et l'identité du vivant que l'on imaginerait sous la forme d'une espèce de principe vital. L'argumentation humienne est bien connue : nous pouvons sentir nos idées, nos impressions, voire les relations entre ces entités psychiques, nous n'avons pas pour autant le sentiment du moi, comme identité sous-jacente à cette diversité ; et si l'on se figurait pouvoir réunir ces matériaux sous un concept, il ne serait pas celui d'un moi. Ainsi l'identité personnelle est-elle une production verbale : nous «*prononçons*» l'identité personnelle (I, 352) et Hume dit explicitement qu'il faut traiter « toutes les questions raffinées et subtiles sur l'identité personnelle... comme des difficultés grammaticales plutôt que comme des difficultés philosophiques » (I, 355). Il est à la recherche de ce qui donne « le droit au nom d'identité » (idem, 355), tant des sujets que des objets. On ne saurait mieux énoncer le caractère verbal de la fiction ; pourtant, on aurait grand tort de s'y tenir, car, dans la même page, Hume paraît opposer ce qui est purement verbal à ce qui est fictif: « Toutes les discussions sur l'identité des objets reliés sont purement verbales, sauf dans la mesure où la relation entre les parties engendre une fiction et un principe imaginaire d'union ». Hume se contredit-il gravement ?

Non pas : il s'agit plutôt de l'équivoque qui est nécessairement logée au cœur de la notion de *fiction*. Le langage, qui donne une cohérence à la fiction d'*identité personnelle* ne fait qu'accomplir un processus commencé sans lui dans l'imagination et la mémoire. « Ainsi la controverse sur l'identité n'est pas une discussion purement verbale. Car, quand nous attribuons l'identité en un sens impropre, aux objets variables ou interrompus, notre méprise ne se limite pas à la manière de dire, elle s'accompagne communément de la fiction soit d'un quelque chose d'invariable et d'ininterrompu, soit d'un quelque chose de mystérieux et d'inexplicable, soit du moins d'une tendance à de pareilles fictions» (I, 346-347). En d'autres termes, la fiction de l'identité personnelle repose, comme celle de l'identité d'un objet d'ailleurs, sur la confusion entre l'identité et les autres relations. Nous extrapolons une continuité que nous n'éprouvons pas entre des éléments que nous éprouvons et qui sont pris dans toutes sortes de relations (ressemblance, contiguïté, causalité); nous feignons la continuité de ces éléments, feignons de la ressentir et appelons le résultat de cette feinte: le moi, ou l'identité du moi dont le langage parachève la fiction, sans proprement la constituer; du moins pas exclusivement.

Hume parle d'un penchant de notre imagination, non seulement à associer, même indûment, toute relation à d'autres relations (I, 302), mais encore à poser comme identique ce qui est relié par d'autres moyens. Nous préférons feindre la position d'un objet identique et considérer nos sensations et souvenirs comme des informations dispersées sur ce même objet, plutôt qu'affirmer cette dispersion de nos informations et poser un système de relations plus conforme à ce qu'on sait de notre travail psychique; de même, nous préférons nous poser comme identiques plutôt que rester fidèles aux seules expériences que nous faisons: celles de nos impressions d'idées, celles de leurs relations. L'indéfinie complexité de ce système fait que nous préférons lui substituer un fantasme d'unité. La continuité unie et facile d'un passage de perceptions à d'autres conduit à poser une identité tant du côté du sujet que du côté de l'objet (I, 347-8).

La mémoire est également productrice de cette illusion d'identité. Sans doute se donne-t-elle à l'origine de la découverte de cette identité; mais, comme aucun souvenir ne peut garantir sa propre vérité, sinon par l'impression très douteuse que nous nous référons à la même chose lorsque nous en produisons le souvenir, par le préjugé qu'une image ressemble nécessairement à son objet, «la mémoire ne découvre pas seulement l'identité, elle contribue, [tout comme l'imagination] à la produire en produisant une relation de ressemblance entre les perceptions» (I, 353).

Parachevée par le langage, qui la transforme en «*difficulté grammaticale*», l'identité personnelle est donc une fiction. Si les formules de Hume sont parfois équivoques, c'est que le sont les fonctions qu'il prête à la fiction. Mais qu'on la prenne comme un être linguistique, comme un produit de l'imagination ou comme une découverte de la mémoire, la fiction se caractérise par la position transcendante et indue d'un être.

Indépendamment de la position du moi comme *substance*, c'est peut-être la *permanence du moi dans le temps* qui montre le mieux le travail de la fiction. En effet, le temps n'existe que comme une idée abstraite formée à partir de l'expérience du changement. Comme le psychisme présente des séquences qui se suivent, on peut, par abstraction, poser le temps. Seules

les séquences existent, non pas le temps. Or, pour transformer le moi en un être permanent dans le temps, il faut opérer un renversement : au lieu de repérer des relations entre les diverses séquences, on fait comme si ces relations n'avaient de sens que dans un temps stable qui assurerait leur continuité. On fait comme si séquences et relations étaient *dans* le temps et non pas comme si le temps était une abstraction à partir d'elles. Un tel renversement est une fiction : la réalité devenant l'abstraction et l'abstraction se substituant à la réalité. Pour qu'un sujet ou qu'un objet paraissent identiques à eux-mêmes, il faut, paradoxalement, les faire apparaître dans un temps qui n'aurait jamais pu exister dans des conditions d'identité parfaite : il faut qu'il y ait du changement pour qu'il y ait du temps ; mais une fois posé, ce temps peut abriter des réalités stables et identiques qui n'auraient jamais pu, par elles-mêmes, le susciter. Du moins acceptons-nous l'instabilité de certains objets à condition qu'elle se détache sur fond d'une stabilité parfois aberrante. Hume admet les aberrations auxquelles donne lieu la notion de durée, prélevée sur les objets variables pour être ensuite attribuée à des objets plus stables, sur fond desquels se détache la variabilité des autres. L'esprit lui-même s'inscrit dans ses propres schémas de construction qu'il croit ou impose comme plus réels que l'existence même ; il se donne par là le confort et la certitude d'exister, sans avoir besoin de saisir l'écheveau complexe des relations qui seul existe véritablement, rendant précaires sa stabilité et ses contenus. La fiction n'est pas l'abstraction, mais le mauvais contrôle, théorique sinon pratique, par la pensée, de ses abstractions.

De cette attaque contre les paralogismes, qui établissent l'*identité personnelle*, la *substantialité* et la *permanence dans le temps du moi*, résultent des conséquences théologiques importantes. Ainsi, plus rien ne garantit l'*immortalité personnelle*. Si l'on soupçonne quelque feinte dans la remarque humienne selon laquelle « il n'y a pas de sujet de plus grand étonnement pour le chercheur, ni de regret pour l'homme pieux, que d'observer la négligence de la masse humaine pour sa condition prochaine » (I, 181-2), si on voit l'auteur du *Traité* affirmer que « mises à part quelques personnes qui, à réfléchir froidement à l'importance du sujet, ont pris soin d'imprimer dans leurs esprits, par des méditations répetées, les arguments en faveur d'une vie future, il n'y a peut-être pas un homme qui croie à l'immortalité de l'âme d'un jugement sincère et ferme, comparable à celui qui suit le témoignage des voyageurs et des historiens » (*idem*, 182), on découvre, quelque cent cinquante pages plus loin, que Hume se classe parmi les hommes ordinaires, tant est nettement affirmée la mortalité de l'âme, conséquence inévitable de sa doctrine du moi (*Traité*, I, 343-4). Non seulement Hume présente l'immortalité de l'âme comme une simple fiction, injustifiée par le raisonnement, mais il montre encore ce qui sera l'un de ses thèmes de prédilection : la résistance que le psychisme offre aux fictions religieuses en dépit de l'intérêt qui paraît s'attacher à la vie éternelle. Il faut que « nous sentions la matérialité du sujet » (I, 182) pour que nous nous y intéressions; « une vie future est si éloignée de notre compréhension et nous avons une idée si confuse de la manière dont nous existerons après la dissolution du corps que toutes les raisons que nous pouvons inventer, si fortes soient-elles en elles-mêmes et si puissamment secondées qu'elles soient par l'éducation, ne sont jamais capables de surmonter cette difficulté pour les imaginations lentes, ni de conférer une autorité et une force (*authority and force*) suffisantes à l'idée » (181). Nous sommes en quelque sorte naturellement protégés contre les fictions les plus extravagantes [1].

Si le temps est une fiction, c'est moins parce qu'il est une idée abstraite du mouvement que parce qu'on lui prête une causalité, comme s'il était une chose réelle, par exemple en droit ou en politique. Ainsi la durée passe-t-elle pour un titre qui valorise le pouvoir politique et autres institutions juridiques (comme la possession et la propriété [III, 106, 112]). Elle exerce cette autorité par une médiation affective qu'on n'aperçoit pas toujours, ce qui explique l'illusion que le temps exerce directement un effet. En ce sens, le temps est une fiction. Hume montre plus directement encore comment l'unité que nous attribuons facilement à l'espace dans lequel nous distribuons la diversité de nos sensations est fantasmatique. Nul ne doute que la saveur de la figue appartient à cette tache colorée que nous appelons la figue; mais, dès qu'il s'agit de situer cette saveur dans l'espace, on s'aperçoit aussitôt qu'elle ne saurait s'y distribuer comme la masse, la figure ou le granulé de la figue. L'espace des saveurs ne coïncide pas immédiatement avec l'espace des figures, des masses, des points colorés etc. quoique nous nous figurions facilement cette coïncidence. Le besoin d'unité se fantasme et feint de se vivre, contre toute raison; le fantasme masquant les déchirures que découvre la réflexion (I, 327).

L'ensemble des usages de la notion de *fiction* que nous venons de parcourir est de teneur plutôt critique et dénigrante; il paraît cautionner la remarque générale de Hegel selon laquelle l'*Aufklärung* tend à constituer tout concept et toute valeur – y compris la foi – en création de fiction [2], le socle réel de l'échafaudage étant constitué par l'utilité. Avant de voir l'usage positif et « constructif » que Hume a essayé de faire de la fiction, il nous faut aller au bout du dénigrement. Nous pourrions constater cette critique ravageuse à l'encontre de la religion, tout particulièrement de la religion naturelle; mais c'est plutôt sur quelques faussetés politiques que nous allons nous pencher. Curieusement, quoiqu'elle soit venue par une voie méprisée par l'Idéalisme allemand en raison de son empirisme, cette

1. Par là, Hume fait nettement ressortir une contradiction de l'apologétique classique. Le thème humien du moi comme collection de représentations ou de qualités est affectionné des théologiens, soucieux d'humilier l'esprit humain et de manifester la boursouflure de l'orgueil. Mais ce trop beau succès devient une entrave lorsqu'il s'agit d'intéresser le moi à la vie éternelle, c'est-à-dire à sa propre survie après la mort. Hume a placé ces contradictions chez son personnage des *Dialogues*, Déméa.

2. *Phénoménologie de l'Esprit*, trad. J. Hyppolite, Paris, Aubier-Montaigne, 1939, II, 117.

critique sera souvent retenue par Hegel contre le droit naturel.

III. Bentham a tenu ce chapitre humien pour définitif et il déplorait, à la fin du XVIIIe siècle et, à plus forte raison, au début du XIXe siècle, que le débat politique ait pu si longtemps graviter autour de notions complètement réfutées cinq ou six décennies auparavant. Selon un terme que Bentham élèvera au concept, Hume considère comme « fallacieux et sophistiques » les raisonnements qui, en politique, supposent la notion d'« *état de nature* » et qui attendent de celle de « *contrat social* » (*Traité*, III, 163) qu'elle fonde l'État dans sa légitimité.

« Cet état de nature, dit Hume (III, 94), doit être regardé comme une pure fiction, très semblable à celle de l'âge d'or, inventée par les poètes ; avec cette seule différence qu'on décrit le premier comme rempli de guerres, de violences et d'injustices ; et qu'on nous peint au contraire le second comme l'état le plus charmant et le plus paisible qui puisse jamais s'imaginer ». L'allusion à l'état de nature chez Hobbes est évidente, mais Hume sait que « cette fiction philosophique, qui n'a jamais eu de réalité et n'aurait jamais pu en avoir », est ployable à tout vent et qu'on lui fait dire ce qu'on veut en fonction de la doctrine politique que l'on entend défendre. Hume est bien proche d'en goûter lui-même les avantages lorsqu'il reconnaît que « cette pure fiction mérite notre attention parce que rien ne peut montrer plus évidemment l'origine des vertus, objets de notre présente enquête » (I, 95). Mais l'idée dont il saisit l'expression poétique à travers l'état de nature est que le travail de l'égoïsme, joint à la rareté des richesses, est à l'origine des constitutions politiques et de l'institution de règles de justice (idem). Dès lors, la conclusion ne se fait pas attendre : « Nous n'avons nul besoin de recourir aux fictions poétiques pour apprendre qu'il en est ainsi ; mais, outre la raison de la chose, nous pouvons découvrir la même vérité par l'expérience courante et l'observation » (III, 96). L'état de nature est la projection, dans un passé fictif, de la justification, plus ou moins masquée, de positions juridiques et politiques présentes.

C'est surtout à la *fallacy* du « contrat social » que Hume s'en prend avec vigueur, car il a sous les yeux les dangers bien réels que cette idéologie peut faire courir à l'État ; elle est du moins « à la base de notre système politique en vogue » et « la croyance d'un parti de notre époque » (III, 153). Il s'agit du parti whig. Comme à l'ordinaire, il faut se méfier des apparents compliments de Hume et chercher plutôt à les prendre par antiphrase. La formulation du « contrat social », tel que le critique Hume, est très voisine de celle qu'on trouve dans le *Second traité du gouvernement civil* de Locke (chap. VIII) : « Tous les hommes, disent-ils, sont nés libres et égaux ; le gouvernement et la supériorité ne peuvent s'établir que par consentement ; le consentement des hommes, par l'institution du gouvernement, leur impose une nouvelle obligation inconnue des lois de la nature. Les hommes sont donc liés à l'obéissance envers leurs magistrats, uniquement parce qu'ils l'ont promise ; et s'ils n'avaient pas donné leur parole, expressément ou tacitement, de maintenir leur loyalisme, ce loyalisme ne serait jamais devenu une partie de leur devoir moral» (*Traité*, III, 153).

Sans doute convient-il de rappeler qu'il n'y a aucun fondement historique à un tel contrat; mais l'objection principale de Hume contre la théorie contractualiste est la suivante: il y a une autorité spécifique du gouvernement, qui ne tient pas à un contrat (III, 154). Sans doute est-ce l'intérêt qui nous pousse à obéir à un gouvernement, d'une part, et à respecter nos promesses, d'autre part; mais ce point commun ne suffit pas à établir que l'obéissance à un gouvernement est le produit d'une promesse faite par chaque individu de s'y soumettre. L'obéissance à un gouvernement n'est pas un effet de l'obligation à respecter ses engagements; c'est plutôt l'observation des promesses qui suppose l'institution du gouvernement (*idem*, 155). Il faut qu'un État soit déjà en place pour que les promesses puissent engager ceux qui les font; l'État, lui-même, ne saurait se fonder sur des promesses (*idem*, 155). Suivent toutes sortes d'arguments de fait pour renforcer cette idée: «les magistrats sont si loin de dériver leur autorité, et l'obligation d'obéir, pour leurs sujets, d'une promesse ou d'un contrat originel comme base, qu'ils cachent, dans la mesure du possible, à leur peuple et spécialement aux gens du commun, qu'ils en tirent leur origine [quand c'est le cas]» (*idem*, 159-160). Quant au peuple, non seulement il ne demande pas d'être lié par contrat au gouvernement (*idem*, 160), mais encore il compte «peu d'hommes en vie [qui aient] jamais pu donner [pareille] promesse d'obéissance» (*ibid.*); et quand bien même ils l'auraient donnée, comment pourraient-ils engager leur descendance? Comment un homme pourrait-il donner une promesse qui vaille à son insu (*idem*, 162)? Il faudrait que le pacte soit constamment renoué, faute de quoi il perdrait toute valeur de son propre point de vue et selon sa propre logique. Le recours à l'argument du pacte dissimule une pétition de principe: «Si vous dites, qu'en habitant sur son territoire, on donne en fait son consentement au gouvernement établi, je réponds qu'il en peut être ainsi seulement lorsqu'on pense que l'affaire dépend de son propre choix, ce que peu d'hommes ou même aucun homme, autre que ces philosophes, n'a jamais imaginé» (*idem*, 160-161). L'argument du châtiment est également intéressant et sera pleinement assumé par Fichte par exemple: comment pourrait-on punir, si l'idée de contrat était bien fondée, celui qui dirait qu'il n'a pas passé de contrat avec l'État qui voudrait le châtier conformément à des lois auxquelles il n'a pas consenti? Jamais rebelle n'a invoqué pareille excuse (*idem*, 161).

Reste un argument de fait que Hume n'avance pas sans malice, car il ne peut ignorer que la théorie contractualiste est invoquée par Locke et par les Whigs essentiellement contre l'absolutisme, pour en mesurer et dénoncer la tyrannie: si le contractualisme était vrai, «on ne devrait, lorsqu'on vit sous un gouvernement absolu, aucun loyalisme: car ce gouvernement, par sa nature même, ne dépend pas de notre consentement. Mais c'est là un gouvernement aussi naturel et aussi commun qu'aucun autre, il doit certainement entraîner quelque obligation; et l'expérience montre clairement que les hommes, qui y sont soumis, pensent toujours qu'il en est ainsi» (*idem*, 161) ... sauf quand se déclenche une révolution, dont Hume ne dit mot dans le chapitre.

Quand bien même Hume ne s'illustra pas par son pronostic sur le devenir de la monarchie française[1], sa critique du contrat n'en a pas moins été décisive et fut reprise, tant par les adversaires de la Révolution française par conviction absolutiste que par ses adversaires radicaux et utilitaristes. Bentham reprendra à son compte les reproches que Hume adresse au contrat, de faire reposer le loyalisme sur la promesse et de masquer les intérêts. Or une politique n'a pas d'autre justification que d'en comprendre le jeu (*idem*, 163-164). Et s'il fallait trouver d'autres titres que le «*contrat*», on pourrait invoquer concurremment la longue possession du pouvoir – «titre le mieux établi du monde» –, sa possession présente, le droit de conquête, les lois positives qui définissent éventuellement d'autres règles d'occupation du gouvernement; sans compter tous les mélanges possibles qui peuvent s'effectuer entre ces divers titres. Le «contrat social» n'est pas tellement mieux fondé que les autres titres et il ne peut revendiquer, à lui seul, au nom d'une rationalité supérieure, le privilège de la justice. S'il est à peine plus avouable que les autres titres du pouvoir politique, pour d'autres raisons, il est sans doute le plus fictif de tous, précisément parce qu'il revêt plus que les autres les allures de la rationalité.

IV. Nous venons de voir que l'*identité*, la *substantialité* et la *permanence* personnelles sont fictives, que rien, sinon des fantasmes, permet de leur donner consistance; et pourtant, pour satisfaire aux intérêts du «maintien de l'ordre et de la concorde dans la société», il faut bien que nous traitions ces valeurs comme si elles existaient. Ainsi, le livre II du *Traité* réhabilite-t-il les notions de *personne* et d'*inhérence à la personne,* qui avaient été préalablement mises en pièces par le livre I. On lit, de même, p. 195 du livre II: «Si une qualité qui plaît ou déplaît en autrui est constante et inhérente à sa personne et à son caractère, elle causera de l'amour ou de la haine indépendamment de l'intention»; le texte se poursuit, raisonnant sur la permanence de la personne, comme si la notion avait quelque sens bien établi. Sans doute pourrait-on péniblement traduire ces notions dans le langage plus exigeant du livre I; le livre II ne rappelle-t-il pas d'ailleurs souvent que «notre moi n'est rien en réalité» (p. 186), que les limites du moi sont incertaines (II, 285)? Mais la fiction n'est pas un simple raccourci théorique: elle sanctionne l'écart entre la vie et la philosophie: on doit philosopher autrement que l'on vit; et l'on doit souvent déroger aux exigences de l'ontologie pour remplir les exigences sociales.

Il ne faudrait toutefois pas croire que Hume néglige tout intérêt théorique du recours aux fictions, pourvu qu'elles se distinguent de *fallacies*. On peut substituer aux contes sur un état de nature qui aurait précédé l'état

1. Hume «croit apercevoir dans les gouvernements monarchiques une source d'amélioration» et il prend aussitôt l'exemple de la France, «qui est le plus parfait modèle d'une pure monarchie» (EP, p. 190-191).

civil l'établissement de la nécessité de la justice par une discussion plus conceptuelle, quoiqu'elle fasse elle-même appel à des hypothèses fictives. Plutôt que de recourir à une histoire à laquelle personne ne croit, pas même celui qui l'écrit puisqu'il prend ordinairement soin de dire que ce dont il parle n'a pas d'existence, n'en a jamais eu et n'en aura jamais, Hume démontre, apagogiquement et avec une rigueur archimédienne, c'est-à-dire par une méthode d'exhaustion, que s'il y avait pléthore de biens, il n'y aurait pas de justice et qu'il n'y en aurait pas davantage si aucun travail ne parvenait à en produire une quantité suffisante; que si la bienveillance régnait naturellement entre les hommes, elle rendrait inutile la justice, tandis que la rendrait tout aussi impossible une malveillance incurable. On peut, par ces réflexions mieux en prise sur la réalité des choses, sinon faire une économie radicale de fictions, du moins obtenir une proposition plus puissante: « c'est uniquement de l'égoïsme de l'homme et de sa générosité limitée, ajoutés à la parcimonie de la nature que la justice tire son origine » (*Traité*, III, 96).

Le sens méthodique de la fiction pousse Hume, comme il conduisait déjà les savants du XVIIe siècle et tout particulièrement ceux qui réfléchissent sur les sciences, comme Leibniz, vers la reconnaissance d'un lien intime des fictions avec l'utilité. La fiction n'est pas vraie; elle n'est pas fausse non plus, quoiqu'elle contribue à l'effectuation du vrai par des moyens frauduleux. Sans elle, pas de vérité, pas de justesse, pas de justice. En ce sens, elle est utile, si bien que, jouant un rôle d'entremetteuse parmi les valeurs traditionnelles, officielles et bien établies, elle va finir par être la valeur essentielle, précisément en raison de son entregent, de sa souplesse et de sa force médiatrice. Ce mouvement, finement détecté par Hegel[1], est celui-là même de l'utilitarisme benthamien.

La promotion de l'utilité a une telle nécessité qu'on trouve, chez Hume même, un mode de discussion qui est exactement celui qui aboutira chez Bentham à la distinction des entités fictives, recevables et utiles, et des faussetés qu'il faut rejeter. Prenons par exemple le début de la IVe section de la IVe partie du livre I du *Traité*. Hume vient d'établir que les philosophes de l'Antiquité, les Péripatéticiens en particulier, ont recours, dans leurs explications de la nature, aux « fictions de la sympathie et de l'antipathie » (p. 311). Il voit aussitôt le danger de cette critique puisque, de son « propre aveu, le juge dernier de tous les systèmes philosophiques », c'est l'imagination. N'est-il donc pas « injuste de blâmer les philosophes anciens de ce qu'ils emploient cette faculté et de ce qu'ils se laissent entièrement guider par elle dans leurs raisonnements » (I, 312)? Il faut donc trouver, dans l'imagination même, un critère qui distingue ses usages recevables de ceux qui ne le sont pas: c'est l'utilité qui fait le partage. « [Les uns], permanents, irrésistibles et universels [...] servent de base à toutes nos

1. *Phénoménologie de l'Esprit*, *op. cit.*, II, 296. Le même thème sera repris à la fin *de Leçons sur l'histoire de la philosophie*, sous le titre « *Idée d'une histoire universelle concrète* ».

pensées au point que leur disparition doit entraîner immédiatement la perte et la ruine de la nature humaine. Les [autres], variables, faibles et irréguliers, [...] ne sont pas inévitables pour les hommes, ils ne sont pas nécessaires, ni aussi utiles [*useful*] pour la conduite de la vie : au contraire, ils prennent place seulement, observe-t-on, dans les esprits faibles et, comme ils s'opposent aux autres principes de l'accoutumance et du raisonnement, on peut aisément les détruire par un contraste et une opposition convenables. Pour cette raison, le philosophe accepte les premiers et rejette les seconds » (p. 312). Bien sûr, il y a loin de ce qui est *useful*, voire de l'*usefulness* à l'*utility* benthamienne ; cependant, on aura noté l'importance considérable de cette *usefulness* aux yeux de Hume, puisqu'il fait dépendre du non-respect des principes de la vraie philosophie « la perte et la ruine de la nature humaine ». Si la nature humaine fonde le savoir, comme toutes les autres entreprises humaines, elle dépend aussi de ces entreprises, tout particulièrement des sciences. On ne saurait mieux dire qu'elle est historique et que sa permanence même est problématique.

Mais quelle que soit la valeur que Hume accorde à l'*utilité*, il n'est pas question qu'il lui cède la totale domination sur les autres valeurs. Nous verrons en particulier comment l'amour du vrai échappe à l'autorité exclusive de l'utilité. Maintenant, il faut considérer de plus près le point de rebroussement que Hume introduit dans les notions qu'il tient pour fictives ; non pas, encore une fois, parce qu'il serait le premier à repérer une fonction positive des fictions, mais parce qu'il est l'un des philosophes qui portent le plus d'intérêt à l'inversion d'une thèse en celle qui paraît la plus directement contraire. Quand on attend du scepticisme philosophique de Hume des leçons sur les façons de régler les contradictions, on ne peut qu'être attentif à une théorie des fictions, au moins implicite chez l'auteur du *Traité*.

V. Commençons par le renversement le plus patent. Hume a récusé les notions liées au *moi* : ce que nous prenons pour le sentiment du moi est un sentiment-du-moi et ne nous met nullement en rapport avec un prétendu moi. Or cette leçon du livre I paraît constamment démentie par de nombreuses affirmations convergentes du livre II qui font état du sentiment et de la conscience intime et parfois vive que nous avons de nous-mêmes (p. 157, 160, 173, 184, 185, 201). Est-ce une contradiction de Hume ? Non pas. *D'abord* parce qu'on voit à suffisamment de signes qu'il n'oublie pas les analyses du Ier livre (II, p. 186, 190) ; *ensuite*, parce que le sens général de la thèse humienne est le suivant : sans doute le sentiment que je crois être sentiment de moi ne désigne-t-il pas réellement le moi ; il n'empêche que ce sentiment et cette croyance, fussent-ils des fictions, ne laissent pas d'avoir une influence sur notre comportement. Il faut en dire de même du *temps*. La notion de *tendance* a été récusée (I, 311) comme celles de *force*, de *pouvoir* et autres constituants de la dynamique. Il n'en demeure pas moins que ces notions, rétablies dans leur droit (II, 232), pourvu qu'on les prenne comme des constructions conceptuelles de valeur symbolique, peuvent être parfaitement utilisées. La tendance est même la seule chose qui compte sur le terrain affectif où les passions sont relativement mal individualisées et où presque n'importe quelle affection peut prêter son concours à un mouvement d'ensemble (III, 212-3) ; il en va de même en morale où l'acte ponctuel compte moins que l'inclination générale, alors que cette inclination n'est qu'une recomposition après coup, acte par acte, ou point par point comme on dirait d'une courbe. Il en est, pour apprécier la valeur en morale, comme pour apprécier la loi en physique : on transforme les phénomènes en indices de mouvements plus profonds (*idem*, p. 196).

Il faut comprendre ce retournement de la négativité en positivité. Quand on dit d'une notion qu'elle n'est qu'une fiction, c'est évidemment pour la discréditer. Mais si contestable que la fasse apparaître la critique, la fiction n'en est pas moins, par un autre tour, une force de réunion que le philosophe dynamicien peut observer, indépendamment de la vérité ou de la fausseté de l'idée qu'elle présente, et dont il peut chercher, en technicien, à tirer profit. Cette force est constitutive, fût-elle contestable. Nous avons vu (partie I, fin du chap. VI) Hume, à propos des *Dialogues*, faire ressortir l'opposition entre le triomphe intellectuel de Philon, qui vient de réfuter les dogmes de la religion naturelle, et la force que conservent les idées de Cléanthe en dépit de leur défaite. La force synthétique d'une fiction n'est pas sans valeur ; Hume la restaure dans ses droits au nom d'autres valeurs que la valeur de vérité. Car la vérité n'est ni la seule valeur, ni la mesure des autres valeurs.

Or la restauration des fictions dans leur droit pose un redoutable problème philosophique pour quiconque ne se contente pas de constater les rebroussements en chaque point critique. Toutes les philosophies peuvent s'entendre sur la partie critique d'une théorie des fictions : on est même saisi par la grande ressemblance de l'argumentation développée par la critique du *moi* de Hobbes à Kant, voire à Husserl. Mais c'est le mouvement inverse qui fait problème et qui divise à nouveau les philosophies. Comment réinstaller le moi dans de nouveaux droits ? Où faut-il placer les points de rebroussement ? Y a-t-il une nécessité ou une logique de ces inversions ?

Sans doute Hume fait-il l'expérience que, pour sauver une fiction, il faut en créer une autre, puis encore une autre[1] en un processus sans fin qui ne saurait clore le scepticisme contre lequel la production des fictions s'est pourtant instaurée. Mais les philosophes ne situent pas la nécessité du retournement exactement au même point.

Chez Hume, le partage entre la réalité et la fiction est parfois présenté

1. Par ex., dans le TNH, I, 299-300 : nos perceptions sont discontinues ; rien ne nous permet de poser, en dehors d'elles des objets continus. Et pourtant, nous masquons cette inférence indue en posant avec assurance la continuité des objets en dehors de nous et en transformant nos perceptions en informations discontinues que nous recevons de ces objets. Même idée, I, p. 295, p. 346 (sur l'identité du moi et sur celle des objets extérieurs).

comme linguistique. Par exemple, « les poètes, bien que menteurs par profession, tentent toujours de donner un air de vérité à leurs fictions » (*Traité*, I, 189) ; ils le font par toutes sortes d'astuces linguistiques : d'abord en formant « ce qu'ils appellent un système poétique des choses ». Un certain nombre de noms auxquels on nous accoutume depuis l'enfance sert de base « réelle » à leurs fictions ; ensuite, et c'est surtout vrai dans les tragédies, « les auteurs empruntent toujours leur thème ou du moins les noms de leurs principaux personnages à quelque passage connu de l'histoire ». Il s'agit là d'un simple effet de langage, puisque « les auteurs avoueront franchement que la vérité n'est inviolablement respectée sur aucun point » (I, 190). L'impression de réalité, fût-elle modeste, que nous pouvons avoir en lisant un poème vient donc d'un certain usage du langage. Se pose alors un redoutable problème : comment distinguer fiction et réalité si, par des fictions, on peut donner l'illusion du réel ?

La réponse humienne est que la croyance et les passions permettent de reconnaître la réalité et de la distinguer des fictions, auxquelles on se *prête* sans se *donner*. Le langage est certes un acte créateur de fictions, qui a sa réalité parmi d'autres actes, mais il ne doit pas être privilégié dans la tâche très diversifiée de distinguer la réalité des fictions. La fiction n'est pas une simple manière de dire (I, p. 346-7). On comprend pourquoi : l'activité fictive, à supposer même qu'elle soit le propre du langage, est soumise au freinage de la croyance, de la conviction, de l'affectivité. On n'adhère pas à n'importe quelle fiction et, s'il n'est d'ineptie qui n'ait été soutenue par quelque philosophe, le principe de réalité, défendu avec « sérieux » par la croyance, ne permet pas n'importe quoi. Chez Hume, comme plus tard chez Freud, la dynamique psychique n'est pas seulement celle des processus cogitatifs : elle est beaucoup plus générale et elle fait apparaître celle des processus cogitatifs comme répondant à un usage et à des lois particuliers de cette dynamique générale.

La théorie humienne est plus intéressante par les « limitations » qu'elle oppose aux élucubrations proliférantes des fictions que par l'analyse, que se réservera Bentham, de la logique de cette prolifération. Il nous faut désormais procéder à l'étude de quatre types de limitations.

VI. Passons vite sur la limitation naturaliste car, encore que Hume ne cesse d'invoquer la nature dans le *Traité*, cette référence n'est guère convaincante, du point de vue même de sa philosophie.

Certaines invocations de la nature prennent en effet des allures de *deus ex machina*. Elles ont lieu pour faire contrepoids à l'action dissolvante du scepticisme. Hume montre comment toute certitude finit par se décomposer en très petit degré de probabilité dès qu'on inspecte, avec toute la rigueur possible, la proposition scientifique la mieux fondée. Il semble qu'il y ait, en toute proposition et en tout raisonnement correct, un élan que l'on brise ou enraie, dès qu'on inspecte le détail de ses preuves. C'est à cet élan que Hume donne le nom de *nature*.

On trouve, confiée à la nature, cette même fonction de dissoudre le scepticisme rationnel lorsque Hume remarque, au début du *Traité*, que « rien n'est plus exigé du véritable philosophe que de *restreindre le désir frénétique de rechercher des causes*, et, ayant établi quelque doctrine sur un nombre suffisant d'expériences, de s'en tenir là quand il voit qu'un examen plus poussé le conduirait vers des spéculations obscures et incertaines. Dans ce cas, son enquête serait mieux employée à examiner les effets plutôt que les causes de son principe» (I, 56). Cette abstinence volontaire dans la recherche des causes se justifie par l'auto-destruction dans laquelle entrerait la recherche rationnelle si on ne la limitait : elle a un revers. Hume invoque la nature pour faire cesser les analyses ou les sauver du scepticisme : « puisque la raison est incapable de se limiter, la Nature suffit à y parvenir» (I, 362). La nature est une sorte d'exigence qui s'impose à moi contre toute raison qui voudrait pousser trop loin la recherche des causes : « Il faut que je cède au courant de la nature en me soumettant à mes sens et à mon entendement» (I, 363). Et lorsque Hume dit que « l'habitude [qui est une composante majeure du principe de causalité] n'est rien qu'un des principes de la nature », on est aux antipodes du soupçon pascalien que la nature ne soit qu'une première habitude[1] !

Et pourtant ce n'est pas toujours sur ce registre naturaliste que l'auteur du *Traité* parle de l'habitude puisque l'analyse de la fréquente répétition du mensonge aboutit à la remarque que « l'accoutumance et l'habitude ont, dans ce cas comme dans beaucoup d'autres, la même influence sur l'esprit que la nature et [qu'] elles y impriment l'idée avec une force et une vigueur égales» (I, 148). On peut donc produire des effets équivalents à ce qu'on appellerait la nature, d'autant que l'habitude a cette propriété de s'oublier elle-même. Il y a plus : puisque Hume ne dit pas exactement le point où il convient d'arrêter la recherche des causes, la nature, sur laquelle viennent buter ses analyses, est une notion variable, qui n'est jamais fixée de la même façon. Parfois la nature est invoquée pour justifier un ordre de choses dont on ne peut saisir autrement la nécessité ; ainsi invoque-t-on la nature pour expliquer ultimement pourquoi l'amour s'accompagne du désir de bonheur de l'être aimé, plutôt que de son malheur (II, 217). Il n'y a *a priori* aucune raison à donner d'un tel phénomène. Parfois, tout au contraire, la nature est cet ensemble de phénomènes qui, se manifestant dans les domaines les plus variés de la politique, du droit, de l'esthétique et de la religion, relèvent d'un jeu de forces dont le philosophe doit patiemment rechercher les lois.

La fin du livre I invoque, elle aussi, Nature et sans doute vaudrait-il mieux laisser là le terme sans son article ; on attend, cette fois, d'elle qu'elle dissipe la mélancolie philosohique qui s'empare de celui qui pousse très loin le scepticisme. La philosophie ne peut pas elle-même soigner les blessures psychiques qu'elle occasionne. Il est vrai que la philosophie peut résoudre les contradictions qu'elle déclenche, mais ce qu'elle appelle *résolution* n'est souvent que la conservation, sur le mode des fictions, de ce

1. PASCAL, *Pensées*, Br., frag.93.

qu'elle a d'abord attaqué. C'est en renonçant partiellement à elle-même et en se faisant comptable de fictions que la philosophie peut échapper à l'auto-destruction.

Mais la désignation, par le même mot de « nature », du mouvement qui compense la réflexion corrosive de la rigueur et de celui qui nous sauve de la mélancolie du scepticisme est source de confusion et fait très exactement tomber dans le travers des poètes de tout personnaliser (I, 311). Si Hume le pardonne aux poètes, il ne trouve aucune excuse aux philosophes qui se livrent à ce genre de rhétorique. Mais n'y cède-t-il pas lui-même? On trouve, chez Hume, indépendamment de l'invocation précédente, des gestes critiques, qui vont si loin à l'égard de la notion de « nature » qu'on peut se demander si elle reste même un ensemble de règles. Certes nous savons avec Newton qu'un système peut être naturel, c'est-à-dire régulier, sans cesser d'être historique, mais, comme chez Pascal, dont Hume était lecteur, on trouve, chez l'auteur du *Traité*, l'idée que, par ses actions mêmes, l'homme peut dérégler la nature: preuve que la nature humaine dépend autant de nos actions que nos actions de ses lois. Sans doute y a-t-il des lois stables qui définissent la nature, mais on peut en dérégler le système; il nous appartient de la maintenir en règle.

Il y a plus; Hume paraît avoir parfaitement compris le caractère fictif de l'idée de « nature » puisqu'il lui fait jouer, dans certaines circonstances, le rôle de cause finale, qu'il récuse, de façon générale. Le recours à la finalité naturelle a évidemment pour fonction d'abréger et de simplifier un discours dont il convient d'esquisser rapidement le sens.

Envers de nos choix, de nos décisions, de notre conscience, la nature semble un pôle de stabilité; tout simplement parce qu'on la prend aisément pour le vis-à-vis de nos activités. Il y a une différence entre faire office de stabilité et être stable. Apparaissant comme une limite à l'activité fictionnelle, la nature n'en est sûrement pas une, comme Hume le fait suffisamment remarquer à tous les points décisifs de son œuvre. Les limites les plus certaines s'appellent la croyance, les passions, et, parmi elles, singulièrement, la passion du vrai.

VII. Ce que Hume dit de la croyance n'est pas d'une grande clarté et ne peut pas l'être; l'auteur parle même d'un « *mystère* » de la croyance (I, 189). Il est toutefois une constante de cette analyse: la croyance est notre sens de la réalité et elle s'oppose à la fiction comme à ce qui est simplement imaginaire. La seule définition, partielle de l'aveu de son propre auteur, qui nous en soit donnée dans le *Traité* est qu'« elle est une idée liée ou associée à une impression présente » (I, 177).

Hume tentera, par la suite, d'expliquer en quoi consiste cette liaison ou cette association. A coup sûr, elle n'est pas de nature logique ou « linguistique » (I, 377); et c'est l'une des grandes différences avec le système d'entités benthamien, qui ne s'intéresse guère qu'au sens (*meaning, import*) des entités. Or le *meaning* n'équivaut pas au *belief*. Le *belief* n'est pas un signifié; il n'est pas de l'ordre de la représentation, qu'elle soit idée

(I, 162, 378) ou image[1]. Hume fait néanmoins un discours sur la croyance; mais c'est pour *faire sentir* ce qui la distingue; il s'adresse toujours à l'impression même ou à son image et il n'hésite pas à écrire qu'il n'est pas satisfait du choix des mots qu'il cherche ou feint de chercher. La réalité sur laquelle le discours humien fait fond n'est pas linguistique; elle est beaucoup plus sentie, fût-ce par une sorte de sympathie. La conséquence du caractère non-logique de la croyance, c'est que la raison n'a pas de prise sur elle et qu'elle reste invulnérable à tout argument.

Quelle est-elle, si elle n'est pas d'ordre logique? Hume le répète de toutes les façons: elle est un mode du sentir (I, 377-8). Elle effectue une synthèse complexe d'impressions sensibles, d'idées, d'impressions de réflexion et de jugements. Ainsi, la réalité, même celle des objets extérieurs, se joue, non pas au niveau des seules impressions de sensation, mais à l'intérieur de nous. Hume va beaucoup plus loin encore puisqu'il considère le psychisme, non pas comme un seul système qui établirait des relations ou des frayages entre les perceptions sensibles et les souvenirs, mais comme un feuilletage de systèmes, puisque ce premier système se double d'un autre qu'il appelle le jugement et qui consiste en un profond remaniement de ce qui se donne par les sens et la mémoire au moyen du principe de causalité, lequel établit des liaisons qui n'ont guère de sens qu'au niveau intra-psychique. La réalité est une estimation de l'autorité que doivent avoir les choses sur un esprit qui constitue des ordres en lui-même.

Mais si intimes que soient la conviction et le sérieux de la croyance par laquelle nous nous livrons à l'existence tout en cherchant à avoir prise sur elle, cette croyance ne se décide pas et ne laisse place à aucun caprice (*Traité*, I, 176-7). Cette croyance, qui ne se marchande pas, encore qu'elle paraisse se jouer au fond de nous, qui se sent, encore que nous n'ayons rien à faire pour reconnaître son vis-à-vis de réalité, met en jeu des forces dont nous ne saurions aisément prendre le contrôle[2] à la façon dont l'imagination garde le sien sur ses productions. La vivacité de l'idée, à laquelle on donne son assentiment et qui fait toute la croyance (I, 184), ne saurait être contrefaite; il y a en elle une force qui emporte la conviction et que n'aura jamais la fiction. Aucun menteur ne peut nous abuser durablement. « Sa conversation, même pour des choses sans importance, ne nous donne aucune satisfaction; en effet, les idées que nous proposent ces gens ne s'accompagnent d'aucune croyance et, par suite, elles ne font aucune impression sur l'esprit» (I, 189). L'existence entière des hommes se déroule moins dans une interminable lutte contre la fausseté, qu'elle n'est, dans une certaine mesure, naturellement prémunie contre le mensonge;

1. TNH, I, 292. Tout particulièrement, l'acte de «*to feign*» (feindre, se figurer) est opposé à celui de «*to believe*».

2. L'esprit «éprouve qu'il est en quelque sorte déterminé à envisager ces idées particulières et que la coutume ou la relation qui l'y détermine n'admet pas le moindre changement; aussi en forme-t-il un nouveau système qu'il honore également du titre de réalité» (TNH, I, 174-5).

d'abord parce qu'il nous faut comprendre ce qui nous est proposé ; ensuite parce que ne produit pas qui veut la *vividness* qui force l'adhésion. Les fictions ne se fraient pas si facilement le chemin de notre adhésion. Nous mesurerons l'importance politique de cette remarque.

Il faut auparavant corriger l'impression fausse que nous aurions pu donner d'une contradiction abstraite entre croyance et fiction. En vérité, il n'y a pas de position de réalité sans mise en jeu de fictions.

Hume note que, quoique nous soyons directement soumis aux impressions de sensation, les idées nous permettent de les prévoir et de les situer relativement à distance. De même les idées ne sauraient avoir seules la possibilité d'agir sur notre volonté, car notre esprit ne jouirait jamais d'un moment de paix et de tranquillité. La réalité met en jeu, pour être conçue et pratiquée, un système complexe de fictions et de sensations. « Bien qu'une fiction inconsistante soit sans effet, l'expérience nous découvre pourtant que les idées des objets dont nous croyons qu'ils existent ou qu'ils existeront, produisent, à un moindre degré le même effet que les impressions immédiatement présentes aux sens et à la perception » (I, 187). Si nous ne pouvons nous-mêmes agir sur les grands mécanismes de notre croyance, ce qui nous mettrait en danger et compromettrait radicalement notre vie, il n'en reste pas moins que la croyance est un travail d'ajustement, puisqu'elle consiste à « monter une simple idée à égalité avec nos impressions et à lui conférer une influence analogue sur les passions » (I, 187). Cet ajustement n'est pas un jugement[1] à proprement parler, puisqu'il s'effectue sans une proposition et n'est pas de l'ordre de la décision consciente ; il n'en requiert pas moins une finesse et une rigueur, faute desquelles toute erreur se paie des plus graves déplaisirs.

On retrouve la même fonction d'équilibrage de la croyance, un peu plus loin, lorsque Hume rend la fiction homogène avec la conviction de la croyance, ce que réalise le mathématicien par la notion d'*espérance*, par exemple. Il compare ce travail à celui auquel nous nous livrons en toute perception lorsque nous concevons la taille d'un objet qui nous paraît plus petit du fait de son éloignement (I, 381). Ainsi, Hume est trop « probabiliste » pour s'en tenir à la première esquisse, qui oppose la réalité à la fiction. La réalité et la fiction semblent pouvoir se rejoindre par degrés insensibles. Le travail de la croyance monte certaines fictions à la hauteur d'impressions ; il peut saper aussi les croyances les mieux fondées – surtout dans le domaine théorique – et les réduire au statut de simples fictions. Il était inévitable que la probabilité, fiction par excellence, quoiqu'elle fût bien fondée, disposât de la fonction de permettre l'inversion modale de la réalité en fiction et de la fiction en réalité. Il faut toutefois préciser, dans un langage bernoullien, que la réalité, surtout quand elle n'est pas celle des idées théoriques, est *asymptotique* pour les fictions. En d'autres termes, la fiction ne peut jamais parvenir à la pleine conviction, même si « fiction et

1. Encore que le terme soit souvent accepté comme un bon équivalent de *belief* (I, 378 ; I, 174 ; II, 284).

conviction sont quelque peu du même genre» : «Quand une opinion n'admet aucun doute ni aucune probabilité contraire, nous lui attribuons une entière conviction ; et pourtant le défaut de ressemblance ou de contiguïté peut en diminuer la force [force] en dessous de celle d'autres opinions» (*idem*, 381).

Si Hume dit en principe que nous nous *donnons* à la réalité et «ne faisons que nous prêter aux fictions» (*idem*, 380), il faut ajouter, dans la mesure où aucune réalité ne se passe de fictions, par lesquelles on fait entrer dans les considérations présentes les expériences passées et les supputations de l'avenir, qu'aucun don ne se fait sans réserve. Nous nous donnons au réel en raison d'une force vive que nous ne saurions imiter, mais aussi d'une gamme infinie de degrés qui dépend de ce que nous avons à faire. Il est toutefois une composante de la croyance qui dérègle inévitablement le jeu du prêt et du don, ainsi que le travail dont nous avons parlé : la *crédulité* dont nous faisons preuve à l'égard des autres hommes.

Certes le partage de ce qui est mien et de ce qui est autre ou à l'autre ne peut être très clair et à jamais fixé, dès lors que le moi est si problématique dans ses limites et dans sa permanence. Mais, quand l'esprit des hommes ne serait jamais qu'un amas de perceptions, il faudrait encore convenir que certaines d'entre elles se rapportent à nous par un sentiment plus intense d'intimité. Sans doute ne s'agit-il pas là de connaissance : nous ne nous connaissons ni ne connaissons l'autre, quand bien même nous aurions parfois le vif sentiment d'une séparation. Mais ce vif sentiment, lui-même de l'ordre de la croyance, suffit à changer le principe d'équilibre précédemment décrit. Le point obscur, représenté par l'autre et qui paraît nous échapper plus encore que notre propre moi, est en même temps un point d'attirance. Nous agissons souvent de telle sorte que nous nous conformions à ce que nous croyons attendu par autrui ; la sympathie à l'égard d'autrui explique en partie la crédulité qui abaisse les défenses par lesquelles nous définissons notre contrat avec la réalité. En d'autres termes, la crédulité fait que «nous nous réglons» moins «sur l'expérience», qui est pourtant «le véritable critère des jugements» qui nous adapte à la réalité, qu'à ce qu'on nous rapporte d'elle, «quelle que soit l'opposition de ce rapport à l'expérience quotidienne et à l'observation» (I, 180). «Les mots et les conversations d'autrui ont une connexion intime avec certaines idées dans son esprit ; et ces idées sont aussi en connexion avec les faits ou les objets qu'elles représentent. Cette dernière connexion est généralement très surestimée et commande notre assentiment au-delà de ce que justifiera l'expérience, ce qui ne peut provenir de rien d'autre que d'une ressemblance entre les idées et les faits» (*Ibid.*). Dans le complexe très composite que constitue l'équilibre de la réalité, autrui est donc l'une des sources principales de fiction et son expérience pose des difficultés plus aiguës encore que toute autre, car autrui fonctionne pour nous comme un pôle d'une exigence plus impérieuse et plus indéfinie que celle des autres sphères du réel, s'il est vrai que nous gagnons tous nos sentiments par sympathie.

La surestimation de l'importance d'autrui est naturelle, parce que c'est d'autrui que nous sont venus nos sentiments et que, chez Hume comme chez Freud, le meilleur critère que nous puissions donner de la réalité, c'est que nous lui adressions nos passions et que nous agissions volontiers à son égard. « De même que la croyance est presque absolument nécessaire pour éveiller nos passions », faute de quoi nous ne pourrions jouir de la *fictitious joy* du spectateur de tragédie (II, 218), « de même, les passions, à leur tour, favorisent grandement la croyance » (*Traité*, I, 188). Le réel est ce que j'accueille passionnément, ce que je veux et ce qui paraît venir au-devant de ma volonté ; il est cette force que je laisse solliciter ma volonté et mes passions.

VIII. La philosophie humienne des fictions est originale en ce qu'elle coexiste avec une philosophie des passions. Sans doute y a-t-il, dans le traitement humien des passions de quoi inspirer une théorie des fictions de telle sorte que celle-ci remplace celui-là. La distinction des entités réelles et des entités fictives rappelle fort l'opposition que l'on trouve dans le livre II du *Traité* entre les impressions originales ou premières et les impressions secondaires, réflexions des précédentes. On trouve chez Hume, à propos des passions, une discussion à laquelle n'échappent pas les théories des fictions quand elles détectent l'orientation fondamentale des entités fictives vers les entités réelles : « Comment l'esprit pourrait-il avoir quelques qualités secondaires si la nature ne lui avait fait don de certaines qualités originelles ? Car, à cette dernière condition, son action serait sans fondement et il ne pourrait pas même commencer à se mettre en œuvre. Or on doit tenir pour originelles les qualités qu'on ne peut ni séparer de l'âme ni résoudre en quelque autre » (II, 115).

Il y a plus : la distinction humienne des inclinations premières et des inclinations secondaires est aussi relative dans son application à la critique de certaines passions, tel l'amour, que, dans la théorie benthamienne des fictions, la distinction entre ce qu'il convient de tenir comme premier et ce qu'on peut tenir comme second. En effet, l'amour a au moins trois composantes : la saisie de la beauté de l'autre, un appétit physique, et une bienveillance ; mais chacune de ces trois composantes peut servir d'inclination première aux deux autres (II, 247).

Et pourtant, le désaccord est patent entre Hume et ceux qui, comme Bentham, classent les passions parmi les entités fictives et presque parmi les « *fallacies* » masquant la réalité des processus psychiques : Hume établit un lien nécessaire entre la réalité, ou la vivacité qui suscite la croyance, et les passions (II, 284). Les passions sont en liaison constante avec le principe de réalité, pour le meilleur et pour le pire, car elles peuvent infléchir ce principe dans le sens d'un complet dérèglement, comme on le voit chez le peureux ou le mélancolique (*Traité*, I, 188). Comme les passions sont des indices de réalité et comme la réalité ne peut être sans être appréciée, on conçoit que les passions peuvent être source d'égarement.

Il ne faudrait toutefois pas faire une analyse trop abstraite : puisque la fiction entre dans la réalité comme un de ses indispensables constituants, on peut attendre que la passion promeuve des fictions. C'est même la passion qui entretient l'élément fictif de la composition du réel. L'analyse est on ne peut plus claire sur ce point, lorsque Hume montre comment le désir d'un monde perceptif stable nous pousse à maintenir victorieusement contre la raison une contradiction entre l'affirmation de la continuité des objets et celle, à laquelle il faut bien nous rendre, de la discontinuité de nos perceptions (I, 300). Hume parle d'une « tendance à de pareilles fictions » (I, 347). Les passions sont moins gênées par la contradiction des fictions que la raison. Il est des erreurs que les passions soutiennent de toute leur force.

Ce qui n'empêche nullement que, parmi les diverses passions envisagées par Hume, la passion du savoir, l'amour du vrai, jouisse d'un statut particulier du point de vue des fictions. Les passions faisant frein à une multiplication des fictions et à une croyance abusée en elles, la passion du vrai est une limite à un double titre : parce qu'elle est passion et parce qu'elle s'attache à une valeur qui semble permettre de dépasser le scepticisme, quand bien même les théories postérieures des fictions la traiteraient-elles comme une fiction, renouant, par là, peut-être, avec un scepticisme qu'elles avaient cru pouvoir dépasser.

IX. Hume ne confond nullement la réalité et la vérité. La réalité est ce qu'on croit ; la vérité est très distincte de la croyance, quand l'une et l'autre s'exprimeraient également par des jugements (*Traité*, I, 298-9). Nous l'avons remarqué : la vie a besoin de la fausseté des fictions qu'elle cherche à se dissimuler[1] ; or, par définition, on ne peut chercher la vérité qu'en se débarrassant des fictions ou qu'en les signalant comme fictions quand on ne peut se débarrasser d'elles. De ce point de vue, Hume se situe le plus souvent dans la lignée de la dénonciation berkeleyenne à l'égard des fictions ; certaines d'entre elles ne sont pas sans vertu puisqu'elles sont utiles pour vivre (I, 294), mais leur utilité n'a rien à voir avec leur vérité. Ainsi croyons-nous spontanément et contre toute raison que nos perceptions ressemblent aux objets extérieurs qu'elles paraissent figurer. Hume reconnaît toutefois, avec moins d'intransigeance que Berkeley, les avantages du recours aux fictions, même sur le plan épistémique. Mais il faut alors savoir que la logique des fictions requiert que nous passions constamment à une autre pour sauver la précédente ; et que nous dérivions ainsi de fiction en fiction (I, 295, 310).

Si Bentham a reconnu, non sans quelques réticences légitimes, en

1. Si aberrantes soient-elles, les fictions de l'imagination ne contreviennent pas à notre adaptation à la réalité, qu'elles tendent même à favoriser. Dans de nombreux textes, Hume montre que nous fabriquons de l'identité ou de la ressemblance pour que nos passages d'une idée à l'autre devienne plus facile, soit plus lisse et plus doux, de telle sorte que nos pensées puissent aisément « glisser le long » de nos associations (TNH, I, 202, 293).

Hume un devancier et un penseur de l'utilité[1], la philosophie humienne n'est toutefois pas un utilitarisme : l'utilité n'annexe pas toutes les valeurs. Si elle le faisait, pourrait-elle jouer son rôle ? N'est-ce pas souvent en prenant le contrepied de ce qui paraît être utile que l'on parvient à poser une nouvelle utilité ? Quand on voudrait complètement annexer le vrai et les autres valeurs au nom de l'utile, il faudrait alors placer dans l'utilité même une force de négativité, par laquelle elle se contredirait et qui équivaudrait à poser le vrai en face de l'utile. Cette difficulté n'est pas celle de Hume, qui n'est pas utilitariste[2].

Sans doute, Hume ne pose-t-il aucune indépendance du vrai à l'égard des autres valeurs. Sans doute ses critères du vrai sont-ils des plus fluctuants ; ils ne sauraient être posés *in abstracto*, avant la résolution de tel ou tel problème dans des circonstances données. Sans doute les relations sur lesquelles repose le vrai sont-elles aussi, au moins partiellement, celles qui constituent la réalité. Sans doute Hume envisage-t-il tranquillement, contre l'universalisme abstrait des philosophes, que la force du vrai varie en fonction des degrés de proximité de temps et de lieu (*Traité*, I, 216, 218). Mais il existe, à ses yeux, une relative spécificité de la recherche du vrai par rapport à la position d'autres valeurs.

On pourrait, non sans raison, considérer l'affirmation de cette relative indépendance de la vérité et de sa recherche comme un *deus ex machina* par lequel Hume se donne les facilités que ne semblaient plus lui permettre les premiers pas audacieux qu'il fit dans la théorie des fictions. Toutefois, même si Hume parle parfois d'évidence, les vérités sont, dans son système comme dans l'utilitarisme benthamien, plutôt symboliques[3], obtenues apagogiquement[4] et au terme de pesées ou de processus dynamiques[1]. En

1. Toutefois, dans l'EPM, Hume se livre à un véritable dithyrambe sur l'utilité : « Il apparaît comme un fait que la circonstance d'utilité, dans tous les domaines, est une source de louange et d'approbation ; qu'on y fait constamment appel dans toutes les décisions morales sur le mérite et le démérite des actions ; qu'elle est l'unique source de cette haute considération accordée à la justice, à la fidélité, à l'honneur, à l'obéissance et à la chasteté ; qu'elle est inséparable de toutes les autres vertus sociales, l'humanité, la générosité, la charité, l'affabilité, l'indulgence, la pitié et la modération ; et, en un mot, qu'elle est le fondement de la partie principale de la morale, qui a trait à l'humanité et à nos semblables » (p. 141).

2. La vérité n'est pas telle parce qu'elle est importante (II, 309). « Si [son] importance est requise pour que le plaisir [de l'étude] soit parfait, c'est dans la mesure où elle est nécessaire pour fixer notre attention » (II, 310).

3. On voit par exemple Hume interrompre sa longue discussion contre la continuité des objets sensibles par la remarque suivante : « Je crois qu'un lecteur intelligent trouvera moins de difficulté à donner son assentiment à [*assent*] ce système qu'à l'embrasser [*comprehend*] totalement et distinctement » (TNH, I, 294).

4. Hume ne pense pas que l'on puisse atteindre, à proprement parler, la vérité. Il parle seulement, à la fin du livre I d'« espérer établir un système ou un ensemble d'opinions sinon vraies (car c'est peut-être trop espérer), du moins qui satisferaient l'esprit humain et pourraient supporter l'épreuve de l'examen le plus critique » (TNH, I, 366). N'oublions pas que la physique de Newton est vraie parce que « les étrangers ont fait subir à sa théorie l'épreuve la plus rigoureuse » (EP, 245).

revanche, ce conflit de principes se solde par des positions politiques très différentes : Bentham accepte, dans l'inconfort intellectuel, que les positions de l'utilitarisme soient idéologiques ; il reconnaît donc par là que la politique est un interminable combat qui se déroule au mieux, quand les choses ne s'aggravent pas, dans une perpétuelle guerre des mots, même lorsqu'elle se déroule sur le théâtre de la démocratie indirecte.

X. La critique du contrat social, présente d'un bout à l'autre de l'œuvre, n'a jamais permis d'infléchir les idées politiques de Hume vers la démocratie. Non que la politique ne doive compter sur des fictions, mais elle doit se faire plus fondamentalement en les limitant ou en limitant certaines d'entre elles. Quitte à exercer cette contrainte de la façon la moins symbolique possible. Ainsi l'un des arguments retenus par Hume contre l'idée de contrat social est que, « dans la plupart des contrées de la terre, si vous alliez prêcher que les relations publiques ne sont fondées que sur un consentement volontaire, ou sur une promesse réciproque, le magistrat vous ferait aussitôt emprisonner comme un séditieux » !

Il y a une résistance des positions acquises par l'histoire qui les a sélectionnées, par un jeu de hasard et de nécessité exercé sur les intérêts, les actions, les passions, et qui a permis de les stabiliser. Vraies ou fausses, ces habitudes acquises individuellement et collectivement sont difficiles à défaire. Il reste au philosophe et à l'historien à expliquer comment elles se forment et pourquoi, en certains moments de crise ou de révolution, cette protection censée être « naturelle » se défait.

La politique et l'histoire sont des sciences de fictions. Lorsque l'un des *Essais* pose que « la politique peut être réduite en forme de science », il faut entendre par là non seulement qu'elle permet d'établir des vérités générales et invariables[2], mais qu'elle interroge aussi la façon dont les hommes se figurent le fonctionnement de la politique et de l'histoire. En d'autres termes, l'histoire et la politique établissent des lois de l'imagination. Le droit lui-même peut se lire comme une expression de ces lois. Ainsi, venant de montrer que l'estimation générale est que « les fruits de notre jardin, la progéniture de notre troupeau et le travail de nos esclaves sont tous notre propriété, avant même que nous les possédions », Hume en tire le principe que : « quand des objets sont en connexion les uns avec les autres dans l'imagination, on a tendance à les mettre sur le même pied et on les suppose communément doués des mêmes qualités » (III, 112). Ainsi est-ce par « les propriétés les plus frivoles de notre pensée et de notre puissance de concevoir » que se justifie le droit de propriété.

1. « Après le plus soigneux et le plus précis de mes raisonnements, je ne peux donner d'autre raison de l'assentiment que je lui accorde, je ne sens rien d'autre qu'une forte tendance à considérer fortement les objets sous le jour où ils m'apparaissent » (TNH, I, 358).

2. Hume en donne quelques exemples : « La meilleure monarchie est celle où la souveraineté est héréditaire ; la meilleure aristocratie exige une noblesse sans vassaux ; et un peuple qui opine par des représentants fait la meilleure démocratie » (*op. cit.*, p. 46).

Suit une importante note dans laquelle Hume montre une façon de déchiffrer le droit, la politique, l'histoire et de préciser ce qui est compris sous l'expression de « nature humaine ». Sans doute y a-t-il une façon dogmatique d'articuler ces disciplines avec la recherche que Hume a effectuée, qui lui a permis d'établir un certain nombre de lois de l'imagination et des passions, qui se trouvent par là confirmées. Mais la valeur du travail de Hume est dans la position du problème inverse : elle consiste à étudier les règles de droit, les constantes et les apparentes anomalies des comportements des hommes dans l'histoire, les habitudes et les déréglements politiques de telle sorte que, réflexivement et sans préjugé, on en tire des lois de fonctionnement de l'imagination, des passions, de l'entendement..., lesquels ne sont pas des facultés préexistantes qui attendraient seulement l'éveil de l'expérience pour se mettre en branle, mais sont plutôt des reconstructions qui permettent d'articuler les informations que nous recevons des documents, institutions, règles juridiques, etc. et de les rendre cohérentes. La nature humaine n'est pas une chose ; Hume, qui pèse ses mots, dit d'elle, non pas qu'elle est objet de science, mais qu'elle est une science, et même « la seule science de l'homme » (I, 366)[1], autrement dit l'élaboration conceptuelle, toujours à refaire, d'une cohérence obtenue à partir d'un ensemble de méthodes et de leurs résultats. La fameuse « course directe sur la capitale » n'a pas d'autre sens.

Voilà pourquoi il ne faut pas être pressé de donner des formes *a priori* et des contenus nets à la mémoire, à l'imagination, aux passions... Les façons de disposer les matériaux que nous apportent les diverses sciences donnent des formes et des contenus variés à ce qu'il est convenu d'appeler des facultés. Nous trouvons, d'autre part, la confirmation que les lois de fonctionnement de l'imagination, de la mémoire, des passions, etc. ne doivent pas être artificiellement enfermées dans les limites de ce que l'on croirait dogmatiquement pouvoir saisir comme individu : il est aussi vain de préciser à l'avance le théâtre de ces lois que de « prétendre révéler » », sans aucun détour par les sciences, « les qualités originales dernières de la nature humaine » (I, 35). D'ailleurs, tout est-il prédéterminé dans ces qualités dernières et n'est-ce pas précisément « l'office propre des lois civiles de déterminer ce que les principes de la nature humaine ont laissé indéterminé » (III, 116) ? Sans doute l'interrogation des diverses sciences permet-elle de transformer en problèmes ce qui existe en savoir tacite et variable, car il est sûr qu'un historien et économiste anglais du début du XVIIIe siècle n'articule pas spontanément individu et société comme le fait aujourd'hui quelqu'un qui a reçu une éducation dans telle ou telle science humaine.

L'interrogation des fictions est donc l'une des clés d'un savoir que

1. L'expression fait évidemment écho à la formule de l'introduction : « Quand nous prétendons expliquer les principes de la nature humaine, nous proposons en fait un système complet des sciences, construit sur une base presque entièrement nouvelle » (TNH, I, 34).

Hume a désigné comme étant celui de la nature humaine et qui ne signifie rien de plus qu'un ensemble de problèmes inverses avec l'esquisse de leur solution. Le savoir humien est une idée obtenue en établissant comment sont possibles les règles de droit, les comportements moraux, politiques, etc. ; son ambition est globale, si sa réalisation reste plus ponctuelle. Ce que les sciences humaines, si frustes soient-elles au début du XVIIIe siècle, apportent au philosophe qui veut faire la science de la nature humaine, c'est la réalité et le fonctionnement de ce que son esprit critique a d'abord dénoncé comme fiction. Si fragiles soient-elles philosophiquement parlant, les fictions sont d'une extrême solidité sociale, politique, économique et elles s'offrent alors à un autre style de critique.

C'est peut-être dans le domaine politique que l'on trouve les plus beaux exemples de la fiction temporelle. L'origine du gouvernement d'abord doit beaucoup à la pesée d'un avenir fictif; le gouvernement est la solution d'un problème posé par l'incapacité dans laquelle se trouvent les hommes de guérir, soit en eux-mêmes, soit en autrui, l'étroitesse d'âme qui leur fait préférer le présent au lointain. Ils ont inventé un petit groupe d'hommes (rois, ministres, gouvernants, législateurs) dont l'intérêt se confond avec celui de l'État et qui, pour cette raison, n'auraient aucun avantage à commettre un acte d'injustice (III, 145-6). La section sur les «objets du loyalisme» est presque entièrement consacrée à la pesée de la fiction du temps. «Le temps donne seul de la solidité aux droits» des gouvernements, presque tous issus d'une usurpation; «par son action graduelle sur les esprits des hommes, il les réconcilie avec toute autorité, qu'il fait paraître juste et raisonnable» (III, 171). Les *Essais politiques* raffineront cette question de la temporalité et reconnaîtront, contre cette loi générale, que le temps peut jouer aussi contre l'usurpateur[1] ; ce qui prouve que le poids du temps n'est pas seul en cause dans la légitimité d'un gouvernement. Il y a des événements qui restent vifs et d'autres qui s'estompent : la mémoire des peuples ne suit pas des lois simples. Elle a ses rancunes ; elle a aussi ses justifications à rebours, par lesquelles elle se remodèle un passé fictif. «Le temps et l'accoutumance donnent de l'autorité à toutes les formes de gouvernement et à toutes les dynasties de princes» ; toutefois «l'esprit n'en reste pas là» : «revenant sur ses pas» et créant ainsi une fiction de deuxième ou de troisième ordre, «il transfère aux prédécesseurs et aux ancêtres le droit qu'il attribue naturellement à la postérité, parce qu'ils sont reliés les uns aux autres et unis dans l'imagination. L'actuel roi de France fait d'Hugues Capet un prince plus légitime que Cromwell» (III, 182-3).

1. Hume fait allusion au cas de Cromwell. *Essais politiques*, p. 337 : «Supposons un usurpateur qui, ayant détrôné son souverain légitime, et banni la famille royale, gouvernerait le pays pendant dix ou douze années, et saurait si bien maintenir la discipline militaire, si bien garnir les places fortes qu'il n'y eût jamais de soulèvement, et que son administration n'excitât pas le moindre murmure. Peut-on dire que le peuple qui, dans le fond du cœur abhorre cette trahison, ait tacitement souscrit à son autorité, et lui ait rendu hommage, uniquement parce qu'une nécessité inévitable le retient sous sa domination ?».

Sur tous ces points, il ne s'agit que d'ébauches, mais elles sont suffisamment indicatives pour donner l'idée d'un travail qui pourrait être beaucoup plus précis de nos jours où nous possédons des méthodes plus efficaces, que nous avons multiplié le nombre de ces points particuliers dont parle Hume, sur lesquels nous avons dépassé le scepticisme et que nous sommes en mesure de constituer en réseau un peu plus serré qu'au XVIIIe siècle.

XI. A la question: «*y a-t-il chez Hume une philosophie des fictions?*», il faut répondre positivement, à condition de montrer l'originalité de la position humienne: elle ne détruit ni la croyance, ni les passions, ni un certain désir du vrai. Hume laisse des valeurs différentes dans un rapport de coexistence les unes avec les autres et de confrontation avec la réalité, sans annexion au profit de l'une d'elles; ce qui fut l'aboutissement de la théorie des fictions chez Bentham.

La lecture de la philosophie de Hume comme une théorie des fictions n'a pas échappé à Husserl, qui lui oppose le caractère transcendantal de la phénoménologie, avec des arguments constamment repris à l'encontre du psychologisme, de l'historicisme, du biologisme, du naturalisme etc. Comment la psychologie peut-elle prétendre elle-même à quelque vérité si elle entend poser comme des faits les conditions mêmes de sa validité? et ainsi de suite. Mais le dogmatisme de cet argument prétendument réfutatif n'échappe à personne et le principal mérite de la thèse humienne est précisément d'avoir mis en doute qu'il faille poser comme des existences transcendantes les sensations, les habitudes, la nature humaine, «pendant qu'elle a pour but de dégrader en fiction tout ce par où la connaissance transcende les «impressions» et les «idées» actuelles»[1]. Les entités réelles sont tout aussi fictives que les entités fictives, même si leur illusion est nécessaire. Il semble que l'auteur de *L'idée de la phénoménologie* en ait conscience car, avant de dénoncer, comme à l'ordinaire, l'«absurdité» du psychologisme et de pousser assez facilement la perspective de Hume de ce côté, il envisage la position humienne comme «une dure perspective». Ne serait-il pas absurde de traiter ainsi une simple absurdité?

Une dernière originalité apparaît chez Hume dans sa façon de considérer l'histoire de la philosophie. Elle est, chez Hume, un éveil qui se débarrasse graduellement des songes. Il ne s'agit pas de traiter, à la façon de Bentham, la philosophie comme une multiplication de fictions, les unes nous permettant de nous sauver des autres; Hume croit qu'il y a un éveil distinct du sommeil, quand bien même la raison ne parviendrait pas complètement à rendre raison de la différence. «Les opinions des anciens philosophes, leurs fictions de la substance et de l'accident et leurs raisonnements sur les formes substantielles et les qualités occultes ressemblent aux spectres de l'obscurité; ils sont tirés de principes qui, malgré leur fréquence, ne sont ni universels, ni inévitables dans la nature humaine. La philosophie moderne prétend être entièrement libre de ce défaut; elle

1. HUSSERL, *L'idée de la phénoménologie. Cinq leçons*, Paris, PUF, 1970, p. 42.

naîtrait seulement des principes solides, permanents et indubitables de l'imagination» (*Traité*, I, 313). Comparant les fictions de l'ancienne philosophie aux songes, Hume recommande de les analyser comme on analyse les rêves, lesquels apprennent autant sur nous-mêmes et sur la nature humaine, si on sait se les rappeler, que les actions les plus sérieuses et les plus délibérées (I, 305-6).

CHAPITRE II

LA DYNAMIQUE HUMIENNE

I. Parmi les fictions dont nous venons d'esquisser généralement la philosophie, la *force* doit faire l'objet d'un intérêt particulier, par le destin qu'elle connaît chez Hume. Pour évaluer la rigueur du travail de l'auteur dans ce que nous appelons ici sa « dynamique psychique », c'est-à-dire son usage des termes de « force »(*force*, *strength*), de « vitesse » (*vivacity*, *vividness*, *celerity*), de « tendance » (*tendency*, *propensity*), d'« orientation », de « sens », d'« intensité » (*intensity*), de « grandeur » (*greatness*), il n'est pas inopportun de repartir de la critique qu'en fera Bentham, près d'un siècle plus tard. L'utilitariste adresse deux reproches à Hume : le *premier* est de n'avoir pas suffisamment distingué entre les entités réelles et les entités fictives, de n'avoir pas saisi que les concepts de « mouvement », de « force », et ceux qui les accompagnent, étaient des entités fictives, qui ne devaient pas être traitées de la même façon que les sensations, le plaisir et la douleur.

Le *second*, très lié au précédent, est de n'avoir pas tenu assez compte que cette dynamique s'exprimait dans la langue vernaculaire. Dans ce discours de la *transfusion* de sentiments dans d'autres, de la *diffusion*, de l'*avalement*, de l'*absorption*..., on est d'abord tenté de ne voir que des métaphores. Or il faut constamment nous souvenir que, dans le domaine des entités psychiques, les concepts sont fictifs et ne peuvent guère se donner autrement que sous la forme de métaphores. Notre projet est donc d'essayer de démêler ce qui, dans cette double association de concepts et de désignations ordinaires, prend une valeur authentiquement opératoire, et de l'isoler. Peut-être aurons-nous fait par là quelques pas pour établir que la dynamique passionnelle chez Hume n'est pas simplement métaphorique.

Qu'il soit d'emblée bien clair que l'approche proposée ici n'épuise pas la philosophie humienne du psychisme ; Hume a lui-même souligné, sans prétendre être exhaustif, la multiplicité des modèles qu'il utilise pour venir à bout de ses explications de la production et de la transmission des affections : phoronomique, optique, hydrostatique ou tout autre modèle dépendant de la philosophie naturelle (*Traité*, II, 99). Certes, il n'évoque pas directement la dynamique. Mais le recours constant, tant dans le *Traité* que dans la *Dissertation sur les passions*, à la notion de *force*, à la fois déterminant et réfléchissant, opérant et critique, nous semble assez omniprésent dans le travail humien sur le psychisme pour que nous le suivions de près et tentions d'en mesurer la portée.

II. Pris à la lettre, les reproches précédents sont extrêmement injustes parce que l'usage constant que fait Hume de la notion de *«force»* ou de *«strength»* s'accompagne d'une critique qui, pour être assez diffuse dans l'ensemble de l'œuvre, n'en va pas moins constamment dans le même sens, peut-être en s'accusant au fil du temps[1]. Hume se livre, sur ce dernier thème, à toute une série d'inversions et pose une affirmation fondamentale. Commençons par les *inversions*.

Ce n'est pas parce qu'une passion est ressentie comme forte qu'elle l'est. Je puis ressentir fortement une colère et pourtant mon existence, comme l'avenir le montrera assez souvent, se trouvera moins engagée par elle que par des passions plus calmes. Les passions ont leur philosophie, comme dit Hume (II, 150), et, au moment où je la vis, une passion implique une vue du monde qui s'avérera bientôt relative quand je serai passé à une autre. Les passions calmes ne sont pas moins fortes que les passions violentes (II, 110)[2]; elles le seraient même parfois plutôt davantage en ce qu'elles accèdent plus facilement qu'elles à la motilité et à l'action (II, 275). Ainsi ce qui est ressenti fortement peut agir faiblement.

Et réciproquement: ce qui agit fortement peut très bien être senti faiblement, voire ne pas être senti. Ainsi les relations peuvent-elles agir fortement, sans qu'on en soit toujours conscient[3]. De même l'habitude peut-elle graduellement effacer la conscience d'une sensation que l'on éprouvait auparavant, jusqu'à lui faire perdre toute acuité (II, 222). La conscience que l'on prend d'un phénomène mental, comme, par exemple, une relation, le

1. Les notes de *l'Enquête sur l'entendement humain* portent fondamentalement sur la question de la force et critiquent la prétendue possibilité de son expérience. Voir en particulier les notes ajoutées à la section VII; la note de la seconde partie de cette section est singulièrement explicite à cet égard.

2. Hume distingue la *«force»* d'une passion de sa *«violence»* (TNH, II, 275); mais «ce qui rend toute cette affaire plus incertaine, c'est qu'une passion calme peut facilement se transformer en une passion violente» (II, 296).

3. «L'idée de nécessité semble impliquer quelque force, quelque violence ou quelque contrainte dont nous ne sommes pas conscients» (II, 262). «Il est évident que l'association des idées agit d'une façon tellement silencieuse et imperceptible que nous en sommes à peine conscients et que nous la découvrons plus par ses effets que par une sensation ou une perception immédiate» (II, p. 142-3). P. 179, il s'agit aussi de l'action secrète et calme de la relation des idées sur notre esprit. Ailleurs, Hume montre bien que, grâce à l'action clandestine d'une transition, une impression peut se confondre avec une autre «au point d'en devenir, en quelque façon, indiscernable» (II, 175). De manière générale, «il est naturel, pour quiconque n'examine pas les objets d'un œil rigoureusement philosophique, d'imaginer comme tout à fait identiques des actions de l'esprit qui ne produisent pas une sensation différente et ne sont pas immédiatement discernables au sentir et à la perception» (II, 273; 274).

change ou en transforme la force (I, 267). Il arrive à Hume de distinguer l'effet d'une relation inconsciente et celui de la relation homonyme dont on a pris conscience (II, 201).

Donc, ce qui est senti comme fort et paraît changer l'équilibre de nos idées et de nos sensations ne l'est pas nécessairement; d'autre part, ce qui modifie réellement notre vie et constitue réellement notre monde n'est pas nécessairement ressenti comme fort. Hume en tire une conséquence décisive: l'expérience, qui offre la seule possibilité de tirer des informations concernant l'esprit des hommes et son fonctionnement, ne permet jamais d'accéder directement à des forces. La force n'est qu'une reconstruction idéale ou fictive par laquelle nous cherchons à expliquer ce que nous ressentons [1]. Telle est *l'affirmation fondamentale*.

Je ne puis pas m'appuyer sur l'expérience que j'ai de ma propre vie, de mon propre corps, de mon propre psychisme pour prétendre faire l'expérience intime ou directe d'une cause, envisagée comme une force qui sous-tendrait les changements. Je puis bien sentir divers états de ces changements, mais l'expérience ici peut me tromper: je ne sens aucunement la force que je suppose à leur fondement. L'expérience de la volonté n'a, de ce point de vue, aucune espèce de privilège et rien ne la distingue, à ce titre, des autres passions (*Enquête*, 134-5). La prétendue expérience des forces doit être scrupuleusement critiquée; d'autant que la «philosophie de nos passions» nous abuse sur ce point.

Si, en effet, la vraie philosophie, en accord avec Spinoza, sait que «la distinction entre un pouvoir et son exercice est entièrement frivole» (II, 150, 207), si nous ne pouvons jamais avoir d'idée du pouvoir (I, 237), la philosophie des passions, au contraire, ne cesse de me faire croire à de telles potentialités. L'avare s'imagine possesseur de biens immenses, alors même que, détenteur d'une somme d'argent peut-être considérable, il a structuré sa vie de telle sorte qu'il ne la dépensera jamais (II, 208). L'avare sent, en réalité, tout autre chose que la possibilité du pouvoir et de la richesse qu'il croit sentir (II, 153). Dans un autre registre, nous accordons aussi aux règles abstraites un poids considérable sur nos façons de sentir, comme si elles enfermaient en elles une sorte d'énergie potentielle (II, 210, 223); ainsi, «bien des choses agissent sur nos passions au moyen de l'idée d'un pouvoir supposé indépendant de son exercice actuel» (II, 150).

Mais si fictive soit-elle, si fallacieuse que soit la prétendue expérience que l'on en fait, la force n'en est pas moins régulièrement appliquée par Hume à la représentation conceptuelle des passions. Comment lever cette apparente contradiction?

III. Hume n'en reste pas à une approche critique de la notion de *force*. Même traitée comme une fiction, la force n'en est pas pour autant toujours

1. Voir p. 43, 102, 117, 132 ci-dessus. De même, en philosophie morale, «il est sûr qu'il existe certains désirs et tendances calmes qui, tout en étant des passions bien réelles, produisent peu d'émotion dans l'esprit et sont mieux connus par leurs effets que par la sensation ou le sentiment immédiats» (TNH, II, 273).

fallacieuse. Comment donc la force, introduite sur le terrain psychique, peut-elle échapper à un usage fallacieux ? Comment faut-il entendre, par exemple, que « la vivacité de l'idée est toujours proportionnelle aux degrés de l'impulsion ou de la tendance à la transition » (I, 211) ?

La notion de *force* n'est pas tellement plus claire et moins symbolique sur le terrain physique que sur le terrain mental[1]. On parle de *force* pour rendre compte du passage d'un certain état d'un système à un autre état du « même » système, dès lors que son repos ou que son inertie ont été perturbés. La *première difficulté* soulevée par cette proposition est celle de savoir s'il existe un système qui permettrait de décrire, dans sa vérité absolue, cette transformation ou le mouvement des autres systèmes. C'est le problème qui a opposé Newton et Leibniz sur l'espace absolu, le premier acceptant son existence, le second la refusant. Mais on sait aussi que Newton est suffisamment relativiste pour que sa phoronomie ne puisse indiquer seule un lieu absolu, un espace absolu, un mouvement absolu. Il faut introduire le point de vue de la force pour les poser. La force ne ment pas. Elle dit la vérité sur le mouvement. Leibniz acceptera finalement ce point de vue, peut-être très dangereusement pour la cohérence de sa philosophie relativiste de l'espace. La *seconde difficulté* tient, comme on sait (voir ci-dessus, p. 28-29), dans l'inexistence d'un concept homogène de la force. Une force de percussion, une force d'attraction, une force d'inertie, une force de cohésion sont distinctes et on ne peut les traiter de la même façon.

Si l'on s'en tient aux considérations précédentes, les difficultés d'une dynamique mentale ne sont pas tellement plus grandes que celles que l'on rencontre sur le terrain physique. Ce résultat, que nous nous apprêtons à confirmer, n'a rien de surprenant dans la mesure où Hume ne distingue guère entre l'esprit et le corps, qu'il traite selon des lois comparables, refusant de les séparer comme deux substances distinctes, et où il ne se soucie pas davantage que Berkeley d'une réalité en soi des choses matérielles.

Hume envisage l'état du psychisme des hommes, à un moment donné, comme un système d'entités psychiques mobiles, changeantes (*Enquête*, p. 150). Il est possible de rendre compte de ces changements en mettant en jeu la fiction des *forces*.

Le problème qui se pose dès lors est de savoir si l'esprit peut atteindre une vérité de ses propres mouvements ; on connaît la métaphore du théâtre par laquelle Hume désigne l'« esprit des hommes ». On sait que l'esprit n'est pas autre chose qu'un ensemble d'entités psychiques ; qu'il ne doit pas être pris pour le lieu de cet ensemble, faute de quoi l'image du théâtre serait fallacieuse (I, 344). Le théâtre qu'il constitue à un certain moment a-t-il sa vérité dans un théâtre au repos qu'il n'occupe pas nécessairement, encore qu'il ne soit pas absurde de parler d'un esprit au repos[2] ? Si Hume

1. EEH, p. 141. L'obscurité et l'incertitude des notions de *pouvoir*, de *force*, d'*énergie* est généralement affirmée dans l'EEH, p. 129.

2. La recherche du repos et sa difficulté est un thème presque aussi constant chez

est newtonien, il semblerait que ce soit en ce sens. Toutefois on trouve, chez lui, l'idée que l'esprit n'existe qu'à condition de s'ouvrir à l'extérieur, donc dans une essentielle instabilité ou dans une indéfinie relativité sans havre ni trêve (II, 186, 199, 278)[1]. L'emboîtement des théâtres est sans fin : la stabilité est alors vécue soit comme un fantasme[2], à la façon dont l'imagination se projette sans fin en des points où elle n'est pas (II, 263), soit sur le mode du devoir[3]. Nous verrons que la seule façon d'accorder le relativisme galiléen avec le newtonisme, c'est d'attribuer à la force la vérité du psychisme ; ce qui, dans le système de Hume, revient à dire que « l'affect a toujours raison »[4] ; il a raison contre la représentation en cas de conflit[5].

Quant à la grande diversité des forces que nous avons repérées en physique, Hume la retrouve symétriquement dans le domaine psychique où il distingue les forces d'attaque[6] ou de percussion, d'impulsion (*impulse*) (I, 211 ; II, 71, 261, 270, 271, 298, 305)[7], les forces d'attraction (I, 77 ; II, 119, 125, 183) ou d'association, la force d'inertie, l'agitation[8], la vibration

Hume que chez Pascal. « [L'esprit] cherche autant que possible sa tranquillité » (II, 229). Voir aussi II, p. 65, 68, 113, 118, 298, 299, 302, 304, 306 (pour qu'une recherche soit possible, il faut fixer l'attention sur un objet important), 313 (la croyance fixe l'idée dans l'imagination). Il y a plus : la question du repos se résout à peu près de la même façon, soit en déployant des oxymores, ou, ce qui est leur équivalent mathématique, par un jeu de différences dont il est possible de prendre le milieu.

1. En particulier, étant voué aux probabilités dans presque toutes les situations, « il [nous] est impossible de dominer d'une vue stable les chances opposées et les événements qui en dépendent » (II, 301).

2. « Il n'y a proprement en l'esprit ni simplicité à un moment, ni identité dans les différents moments, quelque tendance naturelle que nous puissions avoir à imaginer cette simplicité et cette identité » (id.).

3. « Les passions se diversifient souvent selon des principes fort subtils qui ne fonctionnent pas toujours avec une régularité parfaite, en particulier lors d'une première épreuve. Mais dès que l'habitude ou la pratique ont mis en lumière tous ces principes et fixé chaque chose à sa juste valeur, il en résulte certainement une production aisée des passions et, par l'établissement de règles générales, un repère dans les proportions que nous *devrions* respecter quand nous préférons un objet à un autre » (II, 84).

4. Pour reprendre une expression au psychanalyste André Green.

5. Ce point de vue se trouve confirmé en II, 191 lorsque Hume analyse les cas d'opposition entre l'imagination et les passions : « Dans cette opposition, la passion finit par prévaloir sur l'imagination ; non sans composer pour l'ordinaire, avec elle... ».

6. Voir ci-dessus, p. 28-29. TNH, I, 237 ; II, 158, 184-5, 283, 299, 301.

7. Hume entend par là, comme les dynamiciens de son temps, la force qui commence une action (II, 124).

8. Hume parle de l'*« agitation des esprits »* animaux qui résulte de la perception d'un très grand nombre d'objets à la fois et qui suscite l'admiration (TNH, II, 223). Cet intérêt constant manifesté par Hume pour la vibration et l'agitation (tant de la pensée que des esprits, II, 96, 97, 278, 279, 281) pourrait provenir de Gassendi dont on connaît l'étonnante conception de l'inertie. Si simple qu'il apparaisse, le principe d'inertie serait le résultat complexe d'un mouvement inné des atomes. Cette conception a pu intéresser Hume, sur le terrain psychologique, davantage que la définition newtonienne qui convient mieux à un monde matériel artificiellement simplifié. Plus généralement, l'idée que la sommation de mouvements désordonnés peut produire des mouvements plus

(II, 67, 204, 301, 305), la tension (II, 280). Sans la distinction de ces forces, on ne comprendrait ni la différence que Hume institue entre les idées et les impressions, ni le jeu passionnel de la double association, ni l'établissement de relations complexes qui, comme la ressemblance ou la causalité, requièrent le jeu d'une vivacité explosive, de courte durée, et le relais d'effets plus durables déclenchés par cette nouvelle force qui vient s'ajouter à des forces plus anciennes [1].

Ainsi la fameuse opposition entre les images de l'instrument à cordes et de l'instrument à vent ne rend pas seulement compte de la distinction entre les passions, lentes et rétives, à la longue résonance, et les impressions ou imaginations, vives et immédiatement évanescentes (II, 65, 299, 301) ; elle illustre aussi le rythme d'une cause ou d'une ressemblance.

IV. Hume ne rencontre-t-il pas des difficultés particulières lorsque, sur le terrain psychique, il traite de *forces* pour rendre compte des passions ?

Quand on tient le discours de la *force*, il faut accorder à cette notion plusieurs ingrédients : l'*intensité*, un *point d'application*, une *direction*, un *sens* ; sans oublier des *règles de composition*, quand ces forces sont multiples et le *système* dans lequel elles ont cours. Or toutes ces entités, qui peuvent bien être tenues pour *fictives*, tant sur le registre *physique* que sur le registre *psychique*, ne deviennent-elles pas fallacieuses sur ce dernier registre ? Marchons à la rencontre des problèmes.

Sans doute n'est-il pas plus difficile, sur le terrain psychique, de repérer une force plus intense que sur le terrain physique, en considérant ses effets (par exemple : une plus grande agitation des esprits ou une plus grande perturbation dans l'entourage de telle ou telle passion). Sans doute n'est-il pas moins abstrait de rechercher, dans le système psychique, des points d'appui pour les forces, que dans les systèmes matériels. Les systèmes matériels comprennent des points matériels que le physicien s'efforce de repérer, comme c'est le cas des centres de gravité des masses dont il s'occupe pour leur appliquer des forces diverses (pesanteur, attraction, inertie, cohésion...). Ces points matériels « n'existent » pas plus dans les masses que leur équivalent psychique dans tel objet fictivement construit à partir de sensations et d'idées. Peut-être même n'est-il pas plus absurde de parler d'une masse de perceptions (I, 296), de l'étendue d'une idée [2] que de la

ordonnés, ou des lois plus stables, est une hypothèse qui intéressera Hume en de multiples domaines (DRN, 113-4). La vieille idée démocritéenne, si violemment contestée par Aristote, d'un ordre obtenu à partir du hasard, recevra, au début du XVIIIe siècle, une vivacité nouvelle, par la publication de la loi des grands nombres de Bernoulli en 1713.

1. Ce thème de la *« new force »* ou de l'*« additional force »* se trouve, par exemple, en II, 95, 96, 97, 161, 297.

2. Hume n'hésite pas à parler de *« perceptions étendues »* et de dire que *« la perception se compose de parties »* (TNH, I, 328). Les idées, vers lesquelles est convoyée la teneur terrestre de nos sensations, ne sont pas sans rapport avec l'étendue dont elles partagent, plus évidemment que les impressions, au moins l'une des qualités que les classiques attribuent à la matière : l'impénétrabilité. « On peut comparer les idées à

masse d'un être matériel, dans la mesure où la masse, même conçue comme physique, ne peut avoir d'autre réalité que celle d'une fiction, constituée à partir de nos sensations.

Mais dès qu'on cherche à distinguer, comme on le doit, entre des forces plus ou moins intenses, ne doit-on pas recourir aux notions de *vitesse*, d'*accélération*[1], lesquelles requièrent celle d'*espace*? De même, la notion de *direction* et celle, distincte, de *sens*, n'ont-elles pas une évidente teneur géométrique, qui peut sembler étrangement déplacée lorsqu'il s'agit de rendre compte du psychisme?

C'est bien le lieu de se demander si ce vocabulaire ne compose pas de vaines métaphores et ne fait pas verser le discours humien sur le psychisme dans une géométrisation fallacieuse, qui aurait pu être évitée par une symbolisation plus active ou plus adéquate. Est-ce par une sorte de maladresse conceptuelle que Hume cède à la géométrisation ou choisit-il délibérément les voies de la spatialisation?

A quelques exceptions près, la géométrisation, loin d'être une imprudence, est un choix; et ce choix est généralement judicieux.

Hume a beau donner une présentation logique à sa théorie des passions, cette théorie n'est pas d'essence logique. Ainsi, le *sens* est-il moins traité comme une notion logique que comme une notion dynamique qui le rend susceptible de s'opposer à un sens contraire, jusqu'à le détruire ou se détruire. Mais c'est peut-être au niveau de la notion de *direction* que la volonté de géométrisation est la plus évidente. Dans de multiples occurrences, le mot de *«direction»* a une connotation géométrique parfaitement visible et délibérée[2].

l'étendue et à la solidité de la matière et les impressions, en particulier les impressions de réflexion, aux couleurs, aux odeurs et autres qualités sensibles. Les idées n'admettent jamais une union totale; elles sont douées d'une espèce d'impénétrabilité par laquelle elles s'excluent les unes les autres et sont susceptibles de constituer un composé par leur conjonction plutôt que par leur mélange» (TNH, II, II, 6). Hume donne un tour nettement matérialiste à cette idée lorsqu'il parle d'une transmission de la gravité de l'objet (de sa pesanteur) à celle de la sensation, puis de l'idée qui s'y rapporte (II, 293). Bentham hésitera moins que Hume à parler de *«masse»* pour calculer la *«force persuasive»* de nos jugements, la notion de *«poids»* étant élevée à un niveau proprement conceptuel dans le *Manuel de sophismes politiques*. Hume l'avait toutefois quelque peu devancé sur ce terrain quand il compare la force des arguments (TNH, I, 105-6), s'intéresse à la conservation de la force dans un raisonnement (TNH, 217) et dit, par exemple, que quelques arguments forts valent mieux qu'un grand nombre d'arguments faibles (II, 302).

1. On trouve ces termes associés à la notion de «force», TNH, I, 210, 212, 217, 227; II, 278: «l'effort que fait la fantaisie pour compléter l'idée accélère le mouvement des esprits et apporte un degré supplémentaire de force à la passion».

2. L'intention de géométrisation est évidente dans ce texte de la *Dissertation*: «Si l'agréable perspective qui s'ouvre devant moi est contemplée du manoir de mon ami ou du mien, cette nouvelle connexion d'idées donne alors une nouvelle *direction* au sentiment de plaisir qui dérive de cette perspective» (II, 92). Dans le *Traité*, Hume ose parler du «principe de la direction parallèle» et du parallélisme de direction de certaines affections (II, 234, 235, 246, 311). Un peu plus loin, Hume remarque que l'on peut

Hume aurait sans doute pu l'éviter et on le voit parfois hésiter entre deux conceptions de la *direction* de la pensée. Par exemple, lorsqu'il analyse l'orgueil, on le voit donner *deux versions* de cette *direction* de la pensée vers cette entité idéale qu'est le moi; il dit que la passion de l'orgueil «nous incline à penser à nos propres qualités et à notre propre situation» (II, 123), ce qui est la version algébrique ou symbolique de la direction[1]. Mais il parle aussi d'orientation[2], ce qui donne à la notion de direction une connotation nettement *géométrique* et ne permet pas d'éviter de parler d'*espace*. Loin d'être sans contrôle, cette métaphore est délibérée et elle engage l'auteur très loin sur le plan conceptuel.

Le recours au paradigme géométrique, plutôt qu'au schème algébrique, était peut-être inévitable dans la mesure où ce qu'il fallait exprimer, c'était la possibilité de *séparation* entre des tendances. Pour rendre raison de certaines passions que l'on appelle *indirectes*, comme l'orgueil, l'humilité, l'amour ou la haine, il faut qu'un objet ou qu'une qualité de cet objet fassent plaisir ou déplaisir par eux-mêmes et soient rattachés, par une autre relation, à nous-mêmes (dans le cas de l'orgueil et de l'humilité) (II, 73) ou à un autre (dans le cas de l'amour ou de la haine) (II, 175). Le caractère *séparé* du plaisir ou de la peine, reliés à moi-même ou à l'autre, par une seconde opération, est essentiel à ces passions et doit pouvoir être exprimé. Or la meilleure façon d'exprimer ce caractère est de parler le langage géométrique des directions qui rend possible leur distinction tout en

passer d'un désir à un autre, quand il y a «conformité dans la tendance et la direction de ces deux désirs», fussent-ils nés «de principes différents» (II, 236). Même thème de la similitude de direction, p. 232, p. 238, pour expliquer la transition d'une passion à une autre. C'est d'une façon nettement géométrique que le terme est entendu lorsque Hume dit, dans un raisonnement apagogique, qu'«il est impossible que la raison puisse avoir cet effet d'empêcher la volition, sans donner une impulsion dans la direction contraire à notre passion» (II, 270-1). L'argumentation tout autant géométrique lorsque Hume dit que «des passions contraires ne peuvent se détruire l'une l'autre, sauf dans le cas où leurs mouvements contraires se rencontrent exactement et s'opposent tant par leur direction que par la sensation qu'elles produisent» (II, 301); et qu'il arrive que «l'incompatibilité des vues empêche les passions de se choquer en ligne directe» (*Ibid.*). Dans les deux cas, l'idée de composition des mouvements est très proche. On aura noté que, pour que la composition géométrique ait lieu, il faut un point de concours entre les directions. Voir aussi pour un sens nettement géométrique de la *«direction»*, II, 276. Enfin, la justice est la constitution d'un système artificiel qui plonge ses racines dans les passions et les intérêts qu'il satisfait «de manière oblique et indirecte» (III, 98), comme dit Hume, reprenant une vieille idée de R. Bacon.

1. Dans la *Dissertation*, II, 86, Hume donne les mots *«tendance»* et *«direction»* comme équivalents. Une des maximes fondamentales du livre II du *Traité* est rédigée comme suit: «ce n'est ni la sensation présente, ni la douleur ou le plaisir momentanés qui déterminent le caractère d'une passion, mais l'inclination de cette passion ou sa tendance générale du début à la fin» (II, 235, 232). P.246, Hume tient à propos de la faim le discours de l'*inclination*. Plus loin, Hume donne comme équivalents les termes de *«propension»* et d'*«inclination»*.

2. *Cf.*, par exemple, dans la *Dissertation* (II, 94) et II, 180.

permettant leur composition[1]. La fusion, le mélange[2] ne sont pas les seuls modes d'existence des impressions et des idées dans les passions ; les unes et les autres peuvent conserver une relative autonomie (II, 229-230), encore qu'elles puissent être vécues dans la simplicité d'une même passion – ainsi que le rappelle Hume (II, 173) -. Les nombres ne peuvent être rapprochés sans perdre aussitôt leur distinction et fusionner d'une façon ou d'une autre[3] ; les signes de l'algèbre sont d'usage si ployable qu'ils font et défont les séparations[4], différant la fusion. Seule la géométrie permet de les maintenir.[5]

Ce résultat est parfaitement confirmé par la façon dont Hume articule entre elles les deux associations (des idées et des passions) ; il ne s'agit pas de les mêler : il convient plutôt de garder leur spécificité dans l'union de leurs forces respectives (II, 143). C'est en ce sens que Hume dit, quelque peu en désaccord avec le futur calcul vectoriel, qu'une double relation produit une force et une énergie doubles (II, 127). Les relations elles-mêmes peuvent s'associer entre elles et ainsi se renforcer les unes les autres (III, 106). Selon ce schéma géométrique, Hume n'associe pas les seules passions entre elles et les seules relations, mais aussi les passions et l'imagination, dont les impulsions peuvent concourir (II, 185), ainsi que d'autres sortes de principes (II, 191).

De façon générale, on pourrait sans doute distinguer les passions géométriques, lesquelles coïncident avec celles que Hume qualifie d'*indirectes* ; et les passions algébriques ou arithmétiques, lesquelles, plus *directes*, mettent en présence des forces contraires en rapport d'entre-destruction[6].

Sur un autre terrain que celui des symboles, le schème géométrique peut être avantageux pour une autre raison encore. N'est-il pas le seul qui permette d'articuler la direction du psychisme avec celle des esprits

1. On trouve une véritable théorie de cette pratique méthodique au livre III du TNH, lorsque Hume écrit : « On peut permettre la même liberté aux philosophes moraux qu'aux philosophes de la nature ; ceux-ci ont très habituellement pour procédé de considérer un mouvement comme composé et comme consistant de deux parties distinctes l'une de l'autre et pourtant au même moment ils reconnaissent qu'il est en lui-même incomposé et indivisible » (94).

2. qu'il ne s'agit pas de nier, car Hume fait un usage réglé de ces notions, qui n'ont pas lieu dans n'importe quelles conditions (II, 68, 69, 276, 301, 302, 312). Il y a mélange de passions quand il y a « *connexion intime* » de leurs objets.

3. La probabilité donne lieu, dans certaines conditions, à une composition arithmétique des passions (II, 299).

4. Les qualités contradictoires ou simplement différentes du même objet donnent lieu à une entredestruction de caractère algébrique (II, 301).

5. Dans la *Dissertation* (sect. VI, § 1), Hume montre qu'une connexion est « souvent » plus étroite entre deux passions contraires qu'entre chacune d'elles et l'indifférence. Or cette situation semble plus difficile à exprimer par l'algèbre que par la géométrie.

6. En dépit de l'analogie optique dont se sert Hume en II, 302-3, la discussion de la crainte et de l'espoir est manifestement de nature algébrique. Voir aussi II, 299, 301.

animaux (II, 97)[1]? N'est-il pas le seul qui mette en relation la passion comme mouvement et les organes?

Mais est-il supportable que cette géométrisation engage Hume vers une spatialisation du psychisme? Sans doute; il nous faut même reconnaître que cette spatialisation est un prodigieux enrichissement de la théorie du psychisme, qu'il y a une réelle affinité entre l'esprit et l'espace, pourvu qu'on explique suffisamment les propriétés de cet espace, et que cette complicité se perd si on la symbolise trop. Ainsi des termes qui apparaissent aussi confus que *diffusion*, *infusion*, *transfusion*, *absorption*... enferment une valeur conceptuelle sur le compte de laquelle on aurait tort d'ironiser simplement et qu'il nous faut découvrir maintenant. L'esprit n'existe pas davantage en soi que la matière. Si l'origine de l'espace est empirique, son mode d'être est en définitive, chez Hume comme chez Leibniz, un ensemble d'opérations, une façon d'en user avec les opérations. Sans doute serait-il absurde d'envisager l'espace mental comme s'il était possible d'y loger une idée à droite ou à gauche d'une autre[2], ... mais tous les espaces ne sont pas équivalents dès lors qu'on les traite comme des opérations plutôt que comme des choses. C'est par là que les notions de diffusion, de transfusion, d'absorption... prennent tout leur sens. On sait que l'*analysis situs* de Leibniz, par exemple, constitue son espace à partir de la notion de *congruence* de points et d'ensembles de points; c'est-à-dire de *possibilité de coïncider*. L'espace des passions n'est pas constitué par la congruence, mais il l'est précisément par la *diffusion*, l'*infusion*, la *transfusion*, l'*absorption*, ... En effet, il est possible pour un plaisir lié à telle qualité que je possède (ou que j'imagine posséder) d'être remplacé par un plaisir lié au fait d'être celui qui possède cette qualité. *Se substituer à*, *prendre la place de*, telles sont les opérations majeures permises par cet espace psychique. Elles peuvent bien se couvrir d'autres images: qu'elles soient désignées par un terme ou par un autre, ces opérations n'échapperaient pas à l'expression métaphorique; seul l'imaginaire de leur concept différerait. Gardons en mémoire ce terme extrêmement important de *remplacement*.

Il ne faut donc pas craindre la géométrisation de l'esprit, dans la mesure où nous ne sommes contraints d'adopter ni le réalisme de sensations qui

1. Le point est particulièrement net en II, 276: «Les esprits, une fois mis en branle, reçoivent aisément un changement de direction qui provient de l'affection qui prévaut».

2. Il ne faut pas oublier les nombreux passages dans lesquels Hume ironise, *ici* sur «la pensée indivisible qui existerait à gauche ou à droite du corps étendu et divisible» (TNH, I, 323), *là* sur une passion qui aurait «un yard de long, un pied de large et un pouce d'épaisseur» (idem), *ailleurs* sur «une réflexion morale [qui pourrait] se placer à droite ou à gauche d'une passion» (TNH, I, 324). Bien entendu, si l'espace mental a un sens, il n'est pas une substance étendue; il est un ordre ou plutôt la pratique d'un ordre. C'est ainsi qu'il est réhabilité dans le livre II du *Traité*. Il faut relire ici la belle description de la spatialité des affects (II, 285 ss.). Le Ier livre du TNH admettait déjà quelques lois spatiales du psychisme, par exemple, que l'objet agit avec force quand il est proche (p. 165).

glisseraient le long de lignes coïncidant ou concourant avec des trajectoires d'idées ; ni le substantialisme de l'étendue. Après tout, l'*analysis situs* nous a appris à définir un espace par des opérations avant de le définir par des droites et des trajectoires quelconques.

Les véritables difficultés sont de deux ordres. Elles consistent *d'abord* à se demander pourquoi certains mouvements de l'esprit, sensations ou idées, se composent entre eux, fusionnent, et pourquoi certains autres ne se composent ni ne fusionnent d'aucune façon. Elles portent *ensuite* à s'interroger sur ce qui sous-tend cette fonction de remplacement ou de substitution.

Le *premier ordre de difficultés* est, pour ainsi dire, *technique* et *concerne le travail proprement explicatif de la dynamique psychique*. Pour ne nous en tenir qu'à une réponse sommaire et générale, il faut dire que la composition n'a de sens que si les passions visent le même objet ou si la même cause les détermine. Il faut qu'un dénominateur commun apparaisse, soit du côté des causes, soit du côté des objets, pour qu'un certain type de composition soit possible. Mais c'est le *second ordre de difficultés* qui pose le problème *philosophique* le plus intéressant parce qu'il fait entrer très profondément dans le *scepticisme* humien.

Nous allons l'aborder dans quelques instants, non sans avoir au préalable souligné deux autres complications de la thèse humienne.

L'une tient dans la difficulté de concilier un espace essentiellement relatif avec la force, qui indique la vérité du mouvement. Si Hume est newtonien, en ce que la force, qui n'est jamais véritablement sentie, n'en indique pas moins la vérité des processus psychiques, comment peut il être aussi relativiste pour ce qui est de l'espace psychique ? De la même façon, comment faut-il entendre la vitesse de l'imagination (II, 65, 68, 98, 298), par exemple, ou la lenteur des passions, si l'on veut échapper à un sens seulement imagé ? Sans doute, pour éviter d'avoir recours à un espace qui contiendrait des lignes mesurables, peut-on recourir au nombre de perceptions intermédiaires franchies en un laps de temps ; mais c'est encore une quantité, fût-elle mesurable par un nombre plutôt que par une longueur, et l'on peut se demander quel est le rapport de cette quantité avec un espace proche de celui de l'*analysis situs* de Leibniz (précisément construit pour éviter la quantité).

L'autre nous met déjà de plain-pied avec le scepticisme humien. En effet, nous venons de voir que, pour qu'une dynamique, qui compose les mouvements, puisse s'effectuer, il faut que les mouvements puissent viser le même *objet*[1] (II, 68-69, 71) ou être *causés* par le même objet. Or, si la dynamique semble *se fonder* sur les notions d'*objet* et de *cause*, il faut aussi comprendre qu'*elle est* pour une part *le fondement* de leur distinction. Il y a, chez Hume, un usage polémique et pour ainsi dire réflexif, de la dynamique, qui rend nécessaire la distinction de la cause et de l'objet. Nous

1. Ou des objets reliés (II, 185, 244). L'argument du caractère « constant et durable de l'objet » est pris en compte, II, 82.

l'avons déjà remarqué : si la cause et l'effet se confondaient, si le moi était en même temps la cause des affects qu'il oriente, alors se déclencheraient toujours en même temps l'orgueil et l'humilité qui s'annihileraient l'un l'autre. De même, si l'autre était à la fois l'objet et la cause de l'amour, il le serait autant de la haine, qui compenserait l'amour et l'annihilerait.

A travers ce biais polémique, qui surprend par le caractère abrupt de son résultat, nous commençons d'apercevoir ce trait majeur du scepticisme humien : *la dynamique est tour à tour fondée et fondatrice*.

V. Nous n'aurons que peu d'efforts à faire, tant le point est souligné à maintes reprises par Hume lui-même, qui compare très volontiers la dynamique du passage d'une passion à l'autre à celle du travail d'une relation, qu'il s'agisse de la causalité, de la ressemblance ou, quoique plus rarement, de la contiguïté ; ces trois types de relations se corroborant constamment l'un l'autre.

Nous savons déjà que le geste fondamental de la dynamique passionnelle est de *substitution* et de *remplacement*. Mais nous n'avons pas encore vu ce qui rendait possible ce geste désigné si diversement par les termes de *transfusion* (II, 71, 180, 183, 237, 277, 278), *infusion* (II, 156, 283), *diffusion* (II, 270, 291, 302), *conversion* (II, 96, 122, 189, 277, 279, 284), voire par le verbe *to swallow* (II, 69, 94), qui correspond à l'*absorption* (II, 276). Or ce geste est possible par les relations dont nous venons de parler. Elles trament en de multiples sens la double association des idées et des impressions : les idées s'associant par causalité, ressemblance et contiguïté ; les impressions par la seule ressemblance (II, 119). La complicité est telle entre la causalité et les idées qu'il ne peut y avoir de causalité sans idées, quand bien même les impressions joueraient dans cette relation un rôle décisif. Si la causalité ne peut s'appliquer qu'à des idées et non aux impressions, c'est parce qu'elle-même ne peut se constituer sans idées. L'opposition de l'application à la constitution n'aurait aucun sens chez Hume. Tentons de justifier cette remarque.

Les *relations* jouent un rôle complexe dans cette dynamique dont nous examinons les sous-bassements philosophiques. *D'abord*, dans la mesure où elles forment la trame de la série des idées, des impressions, et de leur double association, elles peuvent paraître la phoronomie qui correspond à cette dynamique, c'est-à-dire une géométrie des trajectoires qui permettent à tel plaisir de se transformer en telle passion, à telle peine de se transformer en telle autre. Les relations constituent, en ce premier sens, le réseau[1] ou le faisceau des voies le long desquelles sont « transportées » (*conveyed*) et glissent (I, 293, 344) les idées et les impressions. Si les voies

1. Ce réseau paraît parfois hydraulique et constitué de tuyaux (II, 237). Plus généralement, il s'agit d'un réseau de « communication » (II, 237, 238, 239, 250). Les relations permettent à une idée d'en « suivre naturellement » une autre, glissant comme le long d'un chemin (II, 71, 85, 177). Elles « conduisent » l'imagination à telle idée plutôt qu'à telle autre (II, 78, 142, 158). Le livre I utilisait le même registre des tuyaux et de la conduction pour parler de la croyance (p. 201).

sont continues, le transport est assuré; si elles sont interrompues, le transfert ne l'est plus (II, 230). Cette première façon «phoronomique» d'envisager les relations est confirmée par un mode «objectif» de leur présentation. Hume explique souvent les relations comme des relations entre objets: si les impressions s'associent, si les idées s'associent, si les unes et les autres s'associent entre elles, c'est d'abord parce que les objets s'associent entre eux (II, 70-71, 118, 185). Si les objets se ressemblent ou sont contigus, leurs idées ou leurs impressions vont tendre à s'associer.

De cette première façon de comprendre les relations, on tire que la dynamique (celle de l'assimilation, du remplacement, de l'absorption) n'est possible que par les relations qui montent les entités mentales en séries linéaires[1]. Mais il est *une deuxième façon de comprendre les relations*, plus conforme à la conception très déréalisée de l'espace dont nous avons fait précédemment l'hypothèse[2] et, surtout, plus conforme à un certain nombre de textes et au scepticisme philosophique de Hume; sans oublier que l'auteur parle aussi souvent de *strong relations* (I, 349), de *strong connexion* (II, 67, 78, 79, 144, 146)[3] que de *strong impression* ou de *strong passion*. Il distingue même les relations en fonction de l'effet différent qu'elles produisent[4].

Selon cette seconde interprétation, la relation, qu'elle soit cause,

1. On trouve ce langage des conditions de possibilité en II, 135: les relations fournissent «toutes les circonstances... pour produire une transition parfaite des impressions et des idées». Aussi, p. 142: «La relation de contiguïté ou celle de causalité entre la cause et l'objet de l'orgueil et de l'humilité sont les seules requises pour engendrer ces passions; et ces relations ne sont rien d'autre que des qualités qui conduisent l'imagination d'une idée à l'autre».

2. La philosophie des passions éclaire chez Hume une philosophie de l'espace et du temps entièrement tramée par des considérations dynamiques. Ainsi un écart dans le temps a-t-il plus d'effet qu'un écart dans l'espace. La contemporanéité a encore l'effet de réunir, quand bien même la contiguïté spatiale n'y serait plus. L'absence de contemporanéité brise tout; du moins rend-elle les chemins plus difficiles, du sujet à son objet (II, 285 *sq.*). De même, un laps de temps égal dans le passé et dans l'avenir ne peut être ressenti comme égal, dans la mesure où le temps lui-même, dans son écoulement, brise constamment cette égalité et semble toujours raccourcir le temps à venir et allonger le temps passé (II, 289). Hume établit des lois plus subtiles encore, qui représentent d'étranges entorses à ce qu'on attendrait spontanément. Ainsi, p. 295, explique-t-il par la dynamique ce qui n'apparaîtrait pas à une plate phoronomie: que «si un recul dans le passé, quand il est immense, accroît nos passions au-delà d'un éloignement semblable dans le futur, en revanche, un léger recul fait plus pour les diminuer». Le paradoxe s'explique par l'orientation de nos actes vers l'avenir, et par le jeu de la facilité (d'aller dans le sens du temps) et de la difficulté (d'aller à contre-courant). La différence vécue du «haut» et du «bas» s'explique de même par la différence entre la difficulté et la facilité qui se lient à ces notions (II, 294).

3. ou de *slight relation* (II, 126). Parfois, Hume utilise le vocabulaire plus géométrique ou phoronomique de la *small* ou de la *distant relation*.

4. TNH, I, 177: «Contiguïté et ressemblance ont un effet bien moindre que la causalité», même si «elles ont encore un certain effet et augmentent la conviction d'une opinion et la vivacité d'une conception».

ressemblance ou contiguïté, ne doit pas être comprise comme la raison statique de séries linéaires de perceptions, un peu comme on chercherait la dérivée première ou seconde de courbes jusqu'à ce que l'on trouve le principe stable de leur variation [1]. La relation doit d'emblée se comprendre elle-même comme un mouvement d'assimilation, de remplacement ; pas nécessairement violent d'ailleurs : la douceur d'une relation entre deux termes peut faire croire qu'on a affaire au même terme (I, 289). Autant qu'un fait, la ressemblance est une effectuation ou une performation [2] qui soumet des idées ou des impressions différentes à un régime tel que nous les contraignons à cette ressemblance [3]. De même que l'identité leibnizienne n'existe pas sans un mouvement d'identification, la ressemblance humienne ne va pas sans un acte d'assimilation du différent ; car il n'y a de ressemblance parfaite, ni dans l'expérience, ni même peut-être dans la sphère idéale des mathématiques (à moins qu'on ne la décide). A vrai dire, ce sont souvent moins des impressions qui se ressemblent que leur tendance ou leur inclination générale (II, 86, 232) ; ou, plus exactement, c'est une ressemblance de direction qui produit une ressemblance de sensation (II, 246). Une impression peut bien déclencher le souvenir d'une autre, mais il y a ressemblance parce qu'il y a reprise active de la première impression par la seconde, ou comme dit le texte, conservation de la première impression par la seconde (II, 230 ; 237).

De même, jamais des événements ne pourraient être en position de cause et d'effet sans que l'on réduise l'édition nouvelle d'une conjonction à d'anciennes conjonctions et sans que l'on fasse jaillir cette similitude de liaisons sensiblement constantes (qui paraît avoir accumulé une sorte d'énergie potentielle) [4] à l'occasion d'une expérience nouvelle de cette

1. Hume utilise indifféremment les termes de *« variation »* (II, 217, 270, 274, 275, 281, 307), de *« fluctuation »* (II, 67, 298, 303, 304, 306), de *« flow »* (II, 96, 278, 294). Mais on voit très bien qu'il pense plus techniquement aux dérivées secondes lorsqu'il parle de *« variation de la variation »* (II, 193).

2. II, 127 : Une relation a « une tâche à accomplir » (*a task to perform* : SB, 291).

3. II, 223 : « Quand, par expérience, on a découvert qu'un objet s'accompagne toujours d'un autre, à chaque fois que le premier objet paraît, *fût-il altéré sur des points très sensibles*, nous volons tout naturellement à la conception du second et en formons une idée d'une façon aussi vive et aussi forte que si nous en avions inféré l'existence par la conclusion la plus rigoureuse et la plus authentique de notre entendement. Rien ne peut nous détromper, pas même nos sens qui, loin de corriger ce faux jugement, se laissent souvent pervertir par celui-ci et semblent conférer une autorité à ses erreurs ». L'inférence est le moment actif où nous posons la relation. L'union constante entre les motifs et les actions peut bien nous déterminer à inférer l'existence des uns de celle des autres (II, 259), mais elle n'en remplace pas le geste. Dans la causalité, Hume distingue bien le repérage de l'union constante de l'acte d'inférer, comme on le voit dans la discussion de la nécessité (II, 265). On peut d'ailleurs esquiver cet acte d'inférence, comme le prisonnier qui refuse d'envisager son sort.

4. En ce sens, la causalité a le même fonctionnement que certaines de nos passions, qui semblent mettre sous tension des forces qui se déclenchent plus ou moins violemment en fonction des circonstances (II, 241-2). Ainsi l'orgueil jaillit-il plus facilement que l'humilité. On trouve dans le processus de banalisation progressive de la

liaison, ou d'une liaison approchante. L'esprit *forme* l'idée de cause et d'effet (II, 261); *la cause est une force* (II, 129) d'assimilation sur un certain mode.

Et sans doute faudrait-il dire de même de la contiguïté, qui n'est pas seulement un fait, mais qui doit s'exécuter pour être; car des entités psychiques peuvent bien être voisines sans transformer leur voisinage en relation productrice d'effets sensibles et passionnels (*Dissertation*, 94-95; *Traité*, II, 276). Le prétendu constat d'une contiguïté, mais aussi d'une ressemblance ou d'une causalité, pourrait bien être une ruse par laquelle se dissimulent les actes d'assimilation, de production.

Loin d'être une table rase sur laquelle viendraient s'inscrire des mouvements, loin d'être le cadre théâtral où passeraient des entités psychiques, l'esprit n'est qu'un ensemble de mouvements internes, lui-même en constante évolution, sans que – comme nous le verrons tout à l'heure – on puisse lui assigner très clairement des limites. Les relations ne sont jamais données, quoiqu'elles puissent se poser comme telles; elles sont en réalité constamment à faire et à construire[1]. Elles sont en rapport dynamique les unes avec les autres; elles peuvent se diminuer, se réduire, se corroborer, se soutenir, se renforcer les unes les autres[2]; elles sont *productrices* de transitions (II, 148, 187 etc.). Leurs gestes – nous y reviendrons – sont les mêmes que ceux des passions. De plus, elles n'agissent pas toutes les trois également dans toutes les passions[3].

L'articulation entre les deux discours précédents (celui des conditions «phoronomiques» et celui des forces) pourrait peut-être s'effectuer à travers les notions très usitées par Hume de «propension» (*propensity*) (II, 147, 241, 270, 287, 297), de «disposition» (II, 178, 189, 266, 274, 280,

passion à partir d'une vive émotion de départ, quelque chose d'analogue à la constitution d'un rapport de causalité: «Comme tout finit par céder à sa répétition insistante et à sa force propre, la passion dirige les actions et la conduite, sans rencontrer d'opposition et sans l'émotion qui accompagne naturellement toutes ses irruptions» (II, 275). De même: «Toute émotion qui précède ou accompagne une passion se convertit facilement en elle. (...) Au fur et à mesure qu'elle revient, la nouveauté s'use, les passions déclinent...» (II, 279-280). Voir aussi II, 283, où la violence de l'attaque est parfaitement décrite et p. 276 où c'est plutôt le mouvement d'assimilation qui l'est; car il est bien noté que la conversion d'une émotion en passion s'effectue même si cette émotion est de nature différente, voire contraire, à la passion. De la même façon, seule une assimilation du différent fait la ressemblance et la causalité.

Le terme «énergie» est parfois utilisé dans le sens de «force retenue», comme on le voit dans le *Traité*, I, 135. Il ne désigne toutefois rien de plus réel que l'*efficace*, l'*opération*, le *pouvoir*, la *force*, la *nécessité*, la *connexion*, la *qualité productive*, termes tenus pour équivalents dans le *Traité*, I, 232.

1. Il faut que les pensées soient «actives pour former des relations»; elles ne le sont pas assez chez les animaux, «sauf dans des circonstances où elles s'imposent» (II, 249).

2. Une relation peut «être douée d'une force et d'une énergie doubles». Elle peut en «surpasser» une autre, aller «jusqu'à la diminuer, parfois même jusqu'à la détruire» (II, 127). Elles peuvent aussi «s'entraider» (II, 125).

3. Par exemple, dans l'orgueil, la ressemblance ne joue guère de rôle; seules la contiguïté et la causalité agissent (au niveau des idées) (II, 141-2).

292, 293, 294, 296), de « facilité » (I, 194, 293 ; II, 279, 280, 287, 288, 294) enfin. De plus, elle est corroborée par le passage constant du discours « objectiviste » au discours « subjectiviste » ; loin d'être un glissement incontrôlé de la part de Hume, ce passage fait chez lui l'objet d'un véritable thème.

On peut tirer quatre conséquences du caractère *« performatif »* ou *« actif »* des relations : *la première* concerne l'interprétation même de la loi de la double association. Si les relations agissent en associant les idées et les impressions, c'est moins parce que les objets, auxquels les unes et les autres renvoient, sont ressemblants, contigus, en rapport de cause et d'effet, que parce que nous pensons, vivons, saisissons les idées et les impressions comme ressemblantes, contiguës, causalement reliées. C'est même par les mouvements – que nous nous en apercevions ou non – que les passions se ressemblent (II, 67). Pas de ressemblance sans une effectuation de cette ressemblance[1] (II, 156). Plus généralement, ce n'est pas entre les objets que se jouent les relations ; mais entre les perceptions de ces objets, entre les actes qui s'en emparent et les constituent.

La deuxième conséquence est que l'esprit, dans le jeu des relations, est moins soumis au jeu causal qu'il imagine être celui du monde matériel qu'à un jeu d'autorité[2] ; car toute relation implique chez lui une reprise active. Dès lors, si paradoxale que cette perspective puisse paraître, il ne serait pas absurde d'envisager la théorie humienne des passions comme un volontarisme[3], si bien entendu on n'oubliait pas que la volonté est elle-même traitée par Hume comme une passion. Que *la volonté soit l'équivalent d'une passion* se lit de deux façons : sans doute la volonté est-elle passive quand ses activités ne sont que des fantasmes d'activité ; mais elle est active aussi à la façon dont les passions le sont. Et les passions sont tellement actives que c'est à peine si elles se définissent par une identité de sensation (II, 307). En tout cas, Hume attribue à la volonté une fonction semblable à celle de nos passions : de même que nous aimons sentir, de même la volonté renforce-t-elle les relations les unes par les autres, y compris par des fantasmes – cela dans la crainte que le ciment du monde soit moins tenace qu'il le paraît (I, 346) -.

La troisième conséquence est qu'il n'y a pas lieu de distinguer entre des relations qui traceraient leurs voies à des connexions et une dynamique. Les relations sont d'emblée dynamiques et, si elles se déposent en séries

1. La sympathie joue un rôle décisif dans cette effectuation : « il est beaucoup plus probable que la ressemblance (des hommes d'une même nation) provienne de la sympathie plutôt que de l'influence du sol ou du climat » (II, 156).

2. Les mots de *poids* et d'*autorité* sont souvent donnés pour équivalents, lorsqu'il s'agit du monde mental : II, 164.

3. D'ailleurs, lorsqu'en II, 287, Hume veut établir « les effets supérieurs d'un intervalle de temps dans l'avenir à ceux du même intervalle dans le passé », il prend en compte le point de vue de la volonté. C'est l'action qui fait la supériorité des effets dans le sens de l'avenir plutôt que dans le sens du passé, quoiqu'on ne s'en rende pas nécessairement compte et qu'on prenne cette inégalité comme un fait.

d'objets, ce n'est que par un jeu de forces plus fondamental. La phoronomie n'est que le dépôt objectif de la dynamique.

Enfin, il y a, quand on y pense, une étonnante ambiguïté sur ce qu'il faut appeler «passion» chez Hume. Est-ce l'ensemble des relations d'idées, d'impressions, qui paraît la constituer? En ce sens, nous aurions une conception statique de la passion où chaque partie doit jouer son rôle conjointement et en quelque sorte simultanément[1]. Ou est-ce la seule impression terminale?[2] En ce dernier sens, nous aurions une conception dynamique de la passion, dont les notions fondamentales seraient celles de sympathie, d'autorité et d'identification. Ainsi, dans l'orgueil, le plaisir d'être soi s'assimile-t-il à une qualité que s'imagine porter le soi et qui procure du plaisir. Trop d'arguments militent en faveur de la conception dynamique des passions pour nous arrêter à une version structurale de chacune d'elles, encore qu'elle existe. L'un des principaux est que la dynamique permet de lever une équivoque. En effet, à prendre le problème structuralement, on est gêné par le fait que le plaisir lié au moi s'appelle à la fois orgueil et n'est qu'une partie de la structure «orgueil». La dynamique résout instantanément les problèmes que déclenche la conception structurale[3]. De plus, la conception structurale fait exister la cause à la façon d'une chose ou d'une activité que l'on pourrait saisir de l'extérieur, comme du point de vue de Dieu; ce qui représente tout ce que Hume refuse. Enfin, il est une remarque qui plaide en faveur de la dynamique: il y a un sens de passage d'une passion à une autre et ce sens est relativement irréversible (II, 89, 185, 203)[4].

1. Il y a, chez Hume, d'excellents arguments pour soutenir cette idée: la description d'une passion met en œuvre une structure (II, 256) ou un ensemble de circonstances (II, 266), voire une «disposition of affairs» (II, 181), qui relie un sujet, un objet, des qualités, des causes, matérielles et finales. «Toutes ces vues entremêlées ne font qu'une passion» (II, 216).

2. Quand on connaît le soin que Hume apporte à ses écrits, il faut être attentif au § 5 de la sect. II de la *Dissertation* (II, 72-73). La conception qui s'y développe n'est pas structurelle, mais dynamique. Le sentiment de plaisir séparé déclenche le sentiment de l'orgueil, il y introduit par une «transfusion facile». Mais il ne faut pas lire que l'orgueil est un système d'idées et d'impressions liées les unes aux autres et dont le plaisir séparé ferait partie. Même thème, II, 126.

3. Elle en déclenche d'autres, il est vrai. En particulier, dans cette conception «active» des relations, notre esprit n'est-il pas susceptible de faire se ressembler à peu près n'importe quelles impressions? Ce qui favorise l'explication, mais ne laisse pas d'être inquiétant par le laxisme qu'il ouvre. Hume ne va-t-il pas jusqu'à dire qu'«une impression faible qui est pénible se rattache à la colère et à la haine par la ressemblance des sensations» (II, 238)? La dynamique que nous repérons chez Hume ne nous met-elle pas en réalité devant une théorie de l'autorité plutôt que devant une théorie des forces (comme il pourrait y en avoir en physique): l'esprit peut très bien se faire violence pour forcer la ressemblance entre des choses qui ne se ressemblent aucunement. Après tout, «un homme qui, pour une raison ou pour une autre, a pris la résolution d'accomplir une action, entre très naturellement dans toutes les vues ou tous les motifs qui peuvent fortifier sa résolution et leur accorde autorité et influence sur son esprit» (II, 232-233). Comment en serait-il autrement?

4. Voir ci-dessus, p. 48, 50.

Mais si l'existence d'une dynamique humienne nous semble désormais une évidence, si ce que nous prenions pour une phoronomie se révèle être aussi une dynamique, ne croyons pas que ce caractère fondamental de la dynamique soit facile à préciser: il nous installe plutôt au cœur du scepticisme humien.

VI. A l'opposé de la dynamique leibnizienne, qui est l'antichambre de la métaphysique, la dynamique humienne nous plonge dans les difficultés du scepticisme. De deux façons.

D'abord, si nous constituons les passions comme autant de jeux de forces, nous le faisons à partir de relations qui sont elles-mêmes des jeux complexes de forces et qui mettent en œuvre des passions. Donc il est impossible de tenir les relations pour plus explicatives que les passions. Il n'y a pas de préséance possible dans l'ordre de l'explication qui, loin d'être linéaire, est circulaire. Ainsi, quand bien même nous serions tentés d'expliquer l'ensemble du *Traité* à partir du livre II sur les passions, il ne s'agirait nullement d'inverser l'ordre des livres I et II. En réalité, cet ordre importe peu; et les deux textes s'expliquent l'un par l'autre, sans qu'on puisse décider logiquement lequel doit précéder l'autre.

Ensuite, on voit clairement que ce sont les mêmes opérations qui président au fonctionnement de l'entendement et à celui des passions; la dynamique qui sous-tend les relations ne diffère pas de celle qui sous-tend les passions.[1] Hume le dit fréquemment[2] et il croit pouvoir faire de cette circularité un avantage méthodique par lequel un résultat corrobore l'autre.[3] *Toutefois il ouvre par là une deuxième porte au scepticisme.* C'est par l'entendement que nous découvrons le système des forces et le système de relations qui le corrobore. Mais cet entendement, qui est censé dire la vérité sur ces systèmes, en est lui-même le produit, sans qu'on puisse trouver quelque point de vue extérieur qui permette de s'extraire du jeu des forces ou de le tenir à distance. La vérité sur ces conditions n'est jamais dite qu'à ces conditions mêmes.

Le scepticisme philosophique, qui accompagne la dynamique humienne n'est pas un simple jeu de négations ou de critiques indéfinies. Nous voudrions, avant de conclure, montrer, sur deux exemples, l'apport très positif que nous permet une lecture « dynamique » du psychisme.

On aurait grand tort de croire que la dynamique humienne joue un rôle « naturalisant » pour les rapports sociaux; elle joue plutôt un rôle

1. On trouverait la même circularité en explorant la sympathie: la ressemblance fonde la sympathie qu'elle favorise (II, 157). Mais la « fabric » de l'esprit produit de la ressemblance. La sympathie recherche et fonde à la fois la ressemblance véritable.

2. Ainsi rapproche-t-il le mouvement de l'orgueil et de l'humilité de celui de la causalité, relation fondamentale de l'entendement (II, 125). Hume explique de la même façon l'influence des règles générales sur nos passions et sur l'entendement (II, 129-130). Voir aussi p. 200, 230, 236-7.

3. Ce trait est particulièrement visible en II, 126, 159.

conservateur et régulateur dans la société. Hume note finement (II, 187) que « nous sommes plus prompts à concevoir une haine contre toute une famille lorsque la brouille survient avec son chef que lorsque nous nous fâchons contre l'un de ses fils, de ses serviteurs ou l'un quelconque de ses membres de rang inférieur. Bref, ajoute-t-il, nos passions descendent plus facilement qu'elles ne montent ». Autrement dit, nous ne compromettons pas la cohérence de grands ensembles sociaux, a fortiori la société entière, pour de faibles raisons. Si l'on accepte que la haine d'un homme capital ait des conséquences qui retombent sur l'ensemble de ceux qu'il dirige, on n'accepte pas que la haine d'un membre inférieur puisse compromettre le groupe entier auquel il appartient. Est-ce à dire que la nature soit miraculeusement réglée pour apporter son secours à la société dans le cas où l'un de ses membres devient objet de haine ? Evidemment non ; ce qui semble être une constitution de nature n'en est pas fatalement une. C'est la société elle-même qui se protège contre la haine et qui fait jouer, contre les risques d'une diffusion rapide des objets de haine, la lenteur d'une passion qui ne monte pas rapidement vers les personnes importantes.

L'idée des *relations comme actions, comme opérations*, permet de rendre compte de ce phénomène. Nous ne subissons pas les ressemblances, les causalités, les contiguïtés, quand bien même nous feindrions de les retrouver passivement dans les choses. En réalité, nous en prenons l'initiative. Et par le jeu conjugué de l'autorité et de la sympathie, lesquelles, en dépit de leur apparente différence, contribuent au même résultat, nous assimilons des nuances de la gamme infiniment variée des plaisirs et des peines à des sentiments institués. Si tous nos sentiments doivent quelque chose à la sympathie (II, 211, 218), c'est parce que nous sacrifions à des idéaux sociaux qui définissent statutairement des sentiments et nous contraignent à faire que nos plaisirs et nos peines leur ressemblent. Finalement, tout cheminement affectif, tout « convoiement », consiste à rechercher un titre pour que notre plaisir ou notre douleur soit repérable sous telle ou telle appellation sociale. La sympathie nous porte à éprouver ce que nous imaginons devoir éprouver : ainsi est-elle toujours plus ou moins consciemment l'artisan de l'autorité.

En plaçant l'affectivité sous l'égide des deux grands principes de sympathie et d'autorité (II, 160), la philosophie de Hume peut difficilement s'identifier à un « naturalisme ».

Illustrons par un autre exemple l'ouverture sociale de cette théorie dynamique et sceptique des passions. Hume n'est pas sûr des limites de chaque esprit individuel et il est difficile de savoir où s'arrête un psychisme individuel et où commence un autre. De plus, nous avons vu qu'il n'était pas absurde de parler de *l'esprit comme spatial*, pourvu qu'on ne l'entende pas dans le sens substantialiste d'une *res extensa*. Est-il, dès lors, impossible d'imaginer la terre habitée par cet esprit des hommes ? N'est-il pas possible d'envisager les psychismes humains comme un gigantesque système dans lequel les plaisirs et les peines s'identifient à des affects institués, tout en les faisant évoluer d'ailleurs, car aucune institution ne reste jamais en état? On pourrait même aller jusqu'à se demander, tant les notations de Hume sont fréquentes sur ce point[1], si l'individuation ne se fait pas sur fond de cet «esprit des hommes», par un jeu dynamique qui dépasse chacun. L'individuation n'est pas donnée; et elle ne saurait s'effectuer seulement par des efforts individuels. Au moins Hume montre-t-il, par plusieurs exemples, que ce qui se passe en un point de la terre peut concerner d'autres hommes, en un autre de ses points, par le moyen du commerce; ou qu'un homme préfère souvent prendre le large plutôt que d'être humilié par ses proches au sein de la même famille.[2]

Assez étrangement, le scepticisme humien est aussi ce qui nous vaut les pages les plus suggestives en ce qui concerne l'explication sociologique, économique ou historique, qui représente, en quelque sorte, le versant positif du premier. La dynamique, qui fait cause commune avec ce scepticisme, se montre particulièrement explicative sur des points délicats. Sans doute l'auteur affirme-t-il que «le degré d'une passion dépend de la nature de son objet» (II, 190, 224), mais son idée est celle du primat de la dynamique sur la qualité phénoménologique. Ce primat est sensible partout: dans la définition de la croyance, par exemple, lorsque Hume insiste pour identifier la croyance avec la *vividness* de l'idée; mais il l'est particulièrement dans la situation suivante: lorsqu'une impression est dominante, les autres impressions plus faibles, quand bien même elles représenteraient des objets différents, lui apportent leur force. Tout se passe comme si une force pouvait être utilisée dans son abstraction, indépendamment de sa liaison avec une représentation. La représentation semble n'avoir de valeur et même de sens qu'à un certain degré de force qui la sous-tend[3]; plus exactement, car aucune représentation n'est jamais sans affect (II, 222, 224, 244), elle perd tout sens et toute valeur lorsqu'elle est mise en rapport avec des forces plus puissantes que celles avec lesquelles

1. Hume montre, par exemple (II, 225), que, par une sorte de sympathie inversée, nous ne pouvons pas nous empêcher d'esquisser des sensations contraires à celles que nous voyons chez autrui. N'est-ce pas des affects de ce genre qui nous constituent comme individus? Ne pourrait-on tirer de Hume l'idée que les individus constituent leurs limites par un jeu complexe d'identifications, d'inversions, de défenses?

2. On peut jouer sur une relation (la distance) pour limiter l'effet d'une autre (l'infériorité). Si je prends du large à l'égard d'une infériorité, j'en subis moins fortement les conséquences (II, 227). On notera ici que la relation spatiale et matérielle de distance résulterait plutôt d'une spatialité plus fondamentale de l'esprit: «une grande différence nous incline à produire une grande distance» (II, 245). Le rapport de métaphore n'est pas à sens unique: si la distance signifie la différence, la différence signifie en retour la distance.

3. «A des degrés différents, le même objet produit des passions contraires. Par conséquent, les passions doivent dépendre de principes qui agissent à certains degrés déterminés» (II, 238). «Quoique la force de l'impression produise généralement la pitié et la bienveillance, il est certain que, portée trop loin, elle cesse d'avoir cet effet» (II, 239).

elle est liée. La force a décidément raison contre la représentation[1]. Les forces s'imaginent et se «désimaginent», se représentent et se «dereprésentent» en quelque sorte, se temporalisent en des sens très divers. Hume a cherché à pénétrer ce jeu complexe par lequel toute représentation se lie à une force ou à un jeu de forces. Ainsi le sens d'écoulement de la force semble-t-il toujours donner lieu à l'illusion opposée. Si la force paraît venir de l'extérieur vers l'intérieur du psychisme, le psychisme réagit par un fantasme d'objets. Si les forces intérieures paraissent venir du passé pour donner sens au présent, comme dans la causalité, il réagit par des souvenirs. Le mécanisme représentatif est une défense, une compensation du jeu des forces, qui paraît remonté en sens inverse de son flux majeur.

VII. La dynamique psychique mise en œuvre par Hume n'est pas parfaite, mais on aurait tort d'y voir une simple application métaphorique d'une dynamique uniquement valable pour les objets physiques. La dynamique psychique est bel et bien une dynamique; et même ses aspects géométriques sont relativement bien fondés. Hume sait au moins leur donner une allure morale et politique, ou, comme nous dirions aujourd'hui, sociologique.

Les principales imperfections de cette dynamique tiennent peut-être au manque d'articulation de la *force* ou de la *strength* et de l'*authority*. Hume donne l'*autorité* comme un principe qu'il ne déduit pas; et pourtant on pourrait repérer dans sa philosophie une fine théorie de l'*autorité*, que nous tâcherons d'élaborer dans notre prochaine partie. Les systèmes psychiques, quand bien même ils constitueraient un immense système, sont constamment en lutte, du moins en friction les uns contre les autres. Des façons d'agir, des affects, surgissent de telle sorte qu'ils rendent, au moins pour un certain temps, ces divers systèmes compatibles les uns avec les autres. Ces acquis peuvent servir de normes, qui font autorité pour d'autres affects; mais la dérive des affects est tout à fait inévitable. Le lieu stable d'où se décrit le mouvement des affects n'y fait rien. Il en est des systèmes psychiques décrits par Hume comme des systèmes physiques décrits par Newton: la possibilité d'un espace absolu n'empêche pas l'historicité des systèmes.

Ainsi l'autorité n'empêche pas l'histoire, n'est pas hors de l'histoire, puisqu'elle en est issue; simplement elle en ralentit le cours, en finalisant artificiellement les processus et les systèmes.

Dans sa dynamique, Hume a utilisé presque indifféremment les termes de *force* et de *strength*. La nuance tient à ce que, chez lui, comme chez Bentham, *force* signifie plus régulièrement «force mentale» que *strength*, plutôt appliqué à la «force physique». Toutefois, la «force mentale» se dit, de temps à autre, aussi bien dans le *Traité* que dans la *Dissertation*, *strength of mind* (II, 93, 274)! A vrai dire, dans la mesure où Hume n'est pas attaché au dualisme de l'esprit et de la matière, il n'a pas lieu de distinguer entre *strength* et *force*, d'autant que les deux termes recouvrent des notions

1. Ainsi, «la passion finit-elle par prévaloir sur l'imagination» (II, 191).

également fictives.

L'idéisme par lequel Hume se rattache à Berkeley ne doit pas nous empêcher d'interroger un éventuel matérialisme de l'auteur. En effet, s'il n'y a que des perceptions, certes les choses ne peuvent qu'être des perceptions, mais les perceptions aussi peuvent être des choses ; c'est alors que l'on attribue aux idées ce qu'on assigne ordinairement aux choses : la spatialité, l'étendue, le poids, etc. La philosophie de Hume est alors si peu un idéalisme que l'on peut, sans craindre le paradoxe, se poser la question de son affinité avec le matérialisme, sinon de son appartenance à ce courant philosophique si développé au XVIIIe siècle.

CHAPITRE III

L'HYPOTHÈSE D'UN MATÉRIALISME HUMIEN

Les occurrences des mots «matérialistes» et «matérialisme» ne sont pas si fréquentes dans l'œuvre de Hume; quand l'auteur du *Traité* énonce la thèse qu'il attribue assez curieusement aux matérialistes et qui consiste à «unir toute pensée à l'étendue» (*Traité*, I, 328), c'est pour la «condamner» explicitement.

Mais, sans vouloir suggérer que la philosophie de Hume est ambiguë – ce qui rendrait sa lecture parfaitement inutile –, elle est toutefois assez finement dialectique pour que nous prenions garde à l'exacte valeur des thèses qu'elle affirme ou qu'elle nie. Le scepticisme philosophique présente chez Hume deux tendances qui, pour coexister en chaque œuvre selon des proportions diverses, n'en doivent pas moins être distinguées. L'une, sans doute la plus fondamentale, plutôt développée dans le *Traité* et dans l'*Enquête*, prévient tout débordement en dehors de ce que l'esprit peut strictement savoir[1]; l'autre tendance, tout aussi philosophique, plus créatrice que la précédente, mise en scène essentiellement, sinon exclusivement, par les *Dialogues*, généralise le relativisme galiléen en philosophie: chaque thèse n'est pas soumise à une seule inflexion, mais à un inlassable jeu de points de vue qui la fait apparaître tour à tour comme inacceptable et comme justifiée. C'est pourquoi nous trouverons Hume,

1. N'oublions pas que «le seul espoir» que Hume se propose d'atteindre à la fin du livre I du TNH, c'est de marquer «plus distinctement les sujets où [les philosophes] peuvent seulement espérer assurance et conviction» (p. 366). L'EEH note que «les frontières de l'entendement humain sont si resserrées qu'on ne peut espérer sur ce point que peu de satisfaction pour l'étendue et pour la sécurité de ses acquisitions» (50-51) *op. cit.*, p. 54: «La seule méthode pour délivrer d'un seul coup le savoir de ces questions abstruses, c'est d'enquêter sérieusement sur la nature de l'entendement humain et de montrer, par une analyse exacte de ses pouvoirs et capacités, qu'il n'est apte en aucune manière à s'engager en de tels sujets lointains et abstrus. Il faut que nous nous imposions cette peine afin de vivre aisément tout le reste du temps, et que nous cultivions la véritable métaphysique avec soin pour détruire la fausse métaphysique adultérée».

jusque dans le *Traité*, sur les positions matérialistes qu'il condamne cependant, sans qu'on puisse parler de contradiction incontrôlée. Le rapport de Hume au matérialisme n'est donc pas seulement de rejet; il est aussi très fréquemment d'adhésion.

Evidemment, des adhésions de ce genre semblent toujours un peu suspectes, tant elles sont réversibles. Mais, quand on fait le bilan des thèses stables de Hume ou restées sans répartie dans les *Dialogues*, on les trouve majoritairement campées sur des positions classiques du matérialisme du XVIIIe siècle; pourvu que l'on sorte – au moins pour un moment – le matérialisme de la référence trop exclusive à l'espace à laquelle la confine la définition du *Traité*. La négation du moi substantiel, la critique de la téléologie et celle de la religion naturelle dans sa version théiste, la contestation de la liberté et de la volonté libre comme fondements prétendus des valeurs morales, juridiques et sociales: tous ces thèmes rapprochent la philosophie de Hume de celle d'Helvétius par exemple; et, s'ils ne sont pas tous développés par l'auteur dans un sens matérialiste, ils n'en font pas moins le lit du matérialisme.

Notre problème est le suivant: en dépit de la volonté, partout affichée par Hume, d'un scepticisme philosophique qui se tiendrait à égale distance de positions qu'il est impossible de garantir par un savoir – et le matérialisme en occupe sans doute quelques-unes à ses yeux –, en dépit de la grande disponibilité que laisse au philosophe le relativisme galiléen, les thèses soutenues par l'auteur sont, pour un bon nombre d'entre elles, orientées vers le matérialisme. Cette orientation est-elle liée à des polémiques assez contingentes ou est-elle nécessaire? Si elle est nécessaire, le cas de la philosophie de Hume est alors exemplaire; car il montre l'impossibilité de se tenir à un scepticisme que son défenseur a pourtant cru équilibré. Encore nous faut-il comprendre en quoi consiste cette impossibilité; et commencer par reconnaître loyalement que Hume donne parfois lui-même une version incontestablement idéaliste de points fondamentaux de sa philosophie.

I. Il faut bien convenir en effet qu'un certain nombre de déclarations de Hume ne nous incitent guère, à première vue, à chercher en cet auteur un soutien aux thèses matérialistes.

Ainsi, résumant son propos sur la causalité, Hume note-t-il que « nous ne devons pas nous contenter de dire que l'idée de cause et d'effet provient des objets constamment unis; nous devons encore affirmer qu'elle est rigoureusement identique à l'idée de ces objets et que la connexion nécessaire, loin de se découvrir par une conclusion de l'entendement, n'est qu'une perception de l'esprit» (II, 260). Généralisant à l'ensemble des relations, soit à la ressemblance et à la contiguïté, ce qui vient d'être dit de la cause et de l'effet, l'*Abrégé* du *Traité* conclut qu'« elles sont vraiment *pour nous* le ciment de l'univers» (87; *Traité*, I, 359) Les relations de l'esprit sont donc les relations du monde même; on notera, dès à présent, toutefois, que Hume, en soulignant lui-même le *« pour nous »* assigne une portée restreinte à son affirmation : c'est l'esprit humain qui envisage les relations du monde comme étant les siennes mêmes.

Il arrive à Hume d'aller encore plus loin dans les déclarations idéalistes ; et lorsque, dans le livre II du *Traité*, il proteste par avance contre le reproche qu'on pourrait lui faire de priver les opérations humaines de liberté, comme s'il se fût agi « des actions de la matière insensible », c'est avec l'argument suivant : « Je n'attribue pas à la volonté cette nécessité inintelligible que l'on suppose résider dans la matière, mais j'attribue à la matière cette qualité intelligible, qu'on l'appelle ou non nécessité, dont la plus rigoureuse orthodoxie [chrétienne] accorde ou doit accorder qu'elle appartient à la volonté » (II, 265). Autrement dit, Hume reconnaît volontiers qu'il peut se tromper dans son analyse de la nécessité envisagée comme une sorte de sentiment intérieur, et que, peut-être, « il y a quelque chose de plus dans les actions de la matière » ; mais c'est pour ajouter aussitôt que, s'il fait erreur, c'est à l'avantage du spiritualisme religieux, car la nécessité qu'il affirme, fût-elle celle de la matière ordinairement repérée comme insensible, est une nécessité intelligible, non pas aveugle. L'auteur ne saurait, en apparence du moins, mieux prendre ses distances à l'égard de ceux que Leibniz appelait les Stratoniciens [1], visant sous ce vocable, autant Spinoza et Hobbes que Straton.

Si l'ordre du monde est fondé sur les relations de notre esprit et si la nécessité même des actions de la matière est intelligible, si donc les idées gouvernent le monde de fond en comble, on peut s'attendre, sur le plan économique, politique et social, aux répercussions idéologiques de cet idéalisme. Et il est sûr que de nombreux textes tendent à expliquer et à justifier des institutions, des comportements – autrement dit, à montrer leur conformité à la nature humaine – en les réduisant aux relations d'idées que nous avons énoncées précédemment [2]. Nous ne nous en tiendrons qu'à l'exemple important de la propriété privée, qui est traité dans la *Dissertation*, comme « une espèce de *causalité*. Elle donne à la personne la capacité de produire des altérations sur l'objet et elle suppose que sa condition s'en trouve améliorée et changée » (II, 319-320).

Il semble bien que l'analyse de la propriété doive s'arrêter, une fois atteinte la combinaison de relations qui, au sein de notre esprit, permet de la reconstituer. Ce texte est loin d'être isolé et l'on trouverait, dans l'œuvre de Hume, de nombreux exemples d'inégalités au sein de la société et de la famille prétendument justifiées par un recours fondamental aux relations psychiques, tenues pour naturelles et censées les produire ou les renforcer.

1. LEIBNIZ, *Essais de Théodicée*, (Paris, Aubier, 1962), p. 240.

2. C'est le cas de l'analyse de l'exilé (p. 198, 224), de l'état d'orphelin de père (p. 49, 79), de la constitution et du renforcement au fond des psychismes des clivages entre les classes sociales (p. 53), des processus naturels par lesquels nous aimons les gens qui sont plus riches que nous (p. 53) et tendons à nous écarter de ceux qui sont plus pauvres, même s'ils appartiennent à notre propre famille. A. Smith n'oubliera pas tous ces thèmes qu'il laissera s'épanouir en une superbe analyse du « parvenu ».

En tout cas, l'usage idéologique des notions de «nature humaine» et de *mind* (psychisme) apparaît-il clairement sur des points non négligeables du *Traité*. En outre, la critique d'un moi substantiel, la mise en question des preuves de l'existence de Dieu et la contestation de la valeur déterminante de la téléologie se retrouvent dans une philosophie aussi peu suspecte de matérialisme que celle de Kant. Il est incontestable que le fait de récuser l'existence d'un substrat des impressions et des idées et de la tenir pour strictement nominale ne permet pas d'attribuer un sens matériel à ces impressions et idées. Constatons toutefois, comme Marx le faisait pour des auteurs d'une autre époque, il est vrai, que «le nominalisme est, en général, la première expression du matérialisme»[1] ; il se pourrait que la critique humienne, si elle n'est pas elle-même d'inspiration matérialiste, remplît toutefois un ensemble de conditions du matérialisme.

Mais, sur ce dernier point, il faut s'entendre et ne pas appeler «matérialisme» un substantialisme de la matière qui, s'il s'oppose au substantialisme de l'esprit, n'en maintient pas moins une notion dont Hume souhaite par-dessus tout la destruction: celle de «substance». Il n'est pas impossible que l'attitude explicitement négative de Hume à l'égard du matérialisme s'explique parce qu'il lui semble, au moins sous quelques formes, intrinsèquement lié à la notion de «substance». Or la substance matérielle ne vaut pas mieux, sur le plan théorique, aux yeux de Hume, que la substance pensante.

II. La notion de «matière» est souvent rapprochée par Hume de celle de «substance» – entendue comme «un quelque chose capable d'exister par soi-même» (*Traité*, I, 333) – et elle est dénoncée de la même façon que celle-ci. Hume montre bien, et sur divers modes, le mécanisme de son illusion. D'abord, explique-t-il, «pour résoudre la contradiction» entre la diversité du monde sensible – seule accessible à l'expérience – et la stabilité que nous assignons malgré tout à ce même monde sensible par une sorte de besoin vital, «l'imagination a tendance à feindre quelque chose d'inconnu et d'invisible qui, admet-elle, demeure le même sous toutes ces variations; ce quelque chose d'inintelligible, elle l'appelle *substance, ou matière originelle et première*» (I, 307). De même, pour maintenir l'unité et l'identité d'un objet à travers la diversité variable de ses qualités, «l'imagination est obligée de feindre un quelque chose d'inconnu, une substance et une matière originelles comme principe d'union et de cohésion entre ces qualités, qui puisse donner à l'objet composé le droit d'être appelé chose une en dépit de sa diversité et de sa composition» (I, 308).

Ce procès de l'«étendue» est mené d'une façon très voisine de celle dont Berkeley conteste la distinction classique des «qualités secondes» – qui seraient uniquement relatives à nos sens – et des «qualités premières» – qui, comme l'étendue, la solidité et leurs dérivées, seraient supposées à tort ne pas dépendre de la sensibilité –. La position d'un au-delà de la pensée, stable, garant de l'identité des objets et de la compatibilité de leurs diverses

1. MARX, *Œuvres*, (Gallimard, 1982, III, p. 568).

qualités, est tenue pour imaginaire, fantasmatique. D'autant qu'on ne voit pas comment les oppositions entre les perceptions (dans la substance pensante) et entre les objets et qualités d'objets (censés leur correspondre dans l'étendue) pourraient éviter de déchirer l'une et l'autre qui, comme le dit Hume, « ont le même vice d'être inintelligibles » (I, 332).

Mais cet égal refus d'un idéalisme qui pose la pensée comme substance et d'un matérialisme qui considère comme substantielle la matière ou l'étendue n'apparaît légitime qu'au philosophe ; elle échappe au sens commun dont le matérialisme naïf, ou du moins le réalisme, ne décourage pas la sympathie de Hume (I, 301). Et il est sûr que, même dans la fin du livre I du *Traité* où l'établissement du scepticisme philosophique pourrait le porter à équilibrer ses coups contre la substance étendue et contre la substance pensante, Hume se sert de l'attaque contre le matérialisme comme d'un tremplin pour développer des attaques beaucoup plus violentes contre la substance pensante – dont la position est paradoxalement accusée de promouvoir l'athéisme (*Traité*, I, 328).

Il semble bien que la fin du livre I du *Traité* situe Hume sur une ligne délicate, résultat d'une sorte d'apagogie : *d'abord*, la critique de la substance matérielle éloigne l'auteur du sens commun en le portant vers des positions idéalistes qui traitent le monde comme les simples représentations que je m'en fais, et son ordre comme l'ordre de ces représentations ; sans doute, objectera-t-on que la substance pensante est condamnée, mais ne pourrait-on pas répondre que son rôle demeure, dès lors que la pensée est le fondement ultime et indépassable de la saisie de toutes choses et de leur ordre ? *Ensuite*, pour critiquer radicalement la notion de « substance pensante », il faudrait pouvoir aller jusqu'à poser au-delà de la pensée, et comme la déterminant, quelque chose d'autre ; or voilà bien ce que Hume s'interdit dans le *Traité*, car une telle position ne pourrait s'effectuer sans excéder la limite de ce que nous pouvons connaître. « La philosophie la plus banale nous informe qu'aucun objet extérieur ne peut se faire connaître immédiatement à l'esprit, sans l'interposition d'une image ou d'une perception » (I, 328).

Et pourtant Hume ne laisse pas de s'intéresser de près à ce franchissement frauduleux qu'il attribue non seulement à la pensée qui accompagne la pratique commune du monde, mais encore à « l'hypothèse philosophique de la double existence des perceptions et des objets » (I, 300). On reconnaît, dans cette hypothèse, la lecture fort curieuse que Hume propose – probablement par l'intermédiaire d'une lecture de Bayle – de la philosophie de Spinoza, dont la fameuse inhérence de l'étendue et de la pensée à la même substance est à la fois « monstrueuse » et fort « satisfaisante », car elle nous permet un retournement étrange – quoique tout à fait imaginaire – de ce que nous tenions pour extérieur et intérieur. « Tout ce que nous découvrons à l'extérieur par la sensation, tout ce que nous découvrons à l'intérieur par la réflexion, tout cela n'est rien [chez Spinoza] que modifications de cet être unique, simple et nécessairement existant » (I, 329).

Le lieu n'est pas de discuter le bien-fondé de cette interprétation de Spinoza, ni même de percer les intentions de Hume quand il se sert du spinozisme contre l'idéalisme ; il est de savoir si le matérialisme peut garder quelque sens dans la philosophie de Hume, une fois brisé le substantialisme avec lequel il semblait faire alliance. Car ce n'est pas tant le scandale d'une matérialité supposée des perceptions qui empêche l'auteur de répondre à la question : « Les perceptions sont-elles inhérentes à une substance matérielle ou à une substance immatérielle ? », que le caractère incompréhensible de la référence à l'inhérence et à la substance (I, 322).

III. Envisageons donc pendant quelque temps la question : si le matérialisme survit à la contestation de sa conception « substantialiste » et « métaphysique », alors quelle autre forme positive prend-il chez Hume ?

Ce qui nous est apparu comme un mouvement de sympathie à l'égard du matérialisme populaire, d'une part, et du matérialisme philosophique de l'autre, avec le « spinozisme », n'est-il pas simplement lié à la conjoncture historique, issue de la philosophie de Berkeley qui, dans ses *Principes de la connaissance humaine*, n'avait pas – rappelons-le avec Hume lui-même – porté ses coups seulement contre l'*athéisme* et l'*irréligion*, mais tout autant contre le *scepticisme* ? La forme adoptée par Hume, plus volontiers agressive contre l'intellectualisme et plus volontiers conciliante à l'égard du matérialisme, ne viendrait-elle pas de cette volonté conjoncturelle de réintégrer un scepticisme équilibré dans ses droits ? Nous pensons que le penchant matérialiste de Hume est plus profond et va plus loin que la nécessité de faire partiellement cause commune avec le matérialisme pour rétablir le scepticisme dans la plénitude de ses droits. Montrons-le.

Dès lors que les esprits ne sont pas substantiels, il faut les considérer comme des *systèmes* ouverts de perceptions (*Traité*, I, 353 ; II, 118-9 ; *Dialogues*, 116). Or la substitution de systèmes de relations à la substance rend très problématiques les limites entre les psychismes, celle du psychisme et du vivant, celle enfin du vivant et de la matière inerte. C'est dans ces variations subtiles sur ces limites que se découvre un matérialisme déployé par Hume, sans doute par l'intermédiaire de personnages imaginairement libérés des limites du connaissable ; mais pas seulement.

D'abord, la cause devient l'instrument privilégié du décloisonnement de domaines que le discours des substances maintenait artificiellement séparés. « Nous devons séparer, dit Hume, la question de la substance de l'esprit de la question de la cause de sa pensée » (I, 338). Rien ne nous empêche de dire, encore que nous ne connaissions essentiellement ni l'un ni l'autre, que « du mouvement puisse produire de la pensée ou qu'une position différente des parties [du corps] engendre une passion ou une réflexion différente ». Nous pouvons même certainement conclure que « le mouvement peut être, et qu'il est effectivement, la cause de la pensée et de la perception » (*ibid.*).

La recherche des causes permet d'aller plus loin et de montrer que, loin d'être un empire dans un empire, l'ensemble des psychismes fonctionne selon des lois qui ne sont pas sans analogie avec celles qui régissent le monde physique et celui des vivants[1]. Les «matériaux de la pensée» – selon l'expression de l'*Enquête* (p. 54) et des *Dialogues* (p. 84) – et les matériaux physiques ne sont pas sans rapport les uns avec les autres dans leur réglementation selon des lois. Il y a plus: même sur le terrain de phénomènes aussi évidemment psychiques que les passions, Hume répugne à une explication qui ne serait valable que pour l'intelligence humaine[2]; il exclut une explication qui ne s'étendrait pas, au-delà de l'espèce humaine, à de multiples espèces de vivants; les discussions sur la raison et les passions animales sont loin d'être anecdotiques chez lui, comme l'a bien compris Darwin, et relèvent plutôt de la volonté de montrer que, d'un bout à l'autre de la nature, les mêmes lois sont à l'œuvre (*Dialogues*, p. 116). Non seulement rien ne prouve que l'esprit fonctionne selon des lois propres, mais tout incline même à penser que ce n'est pas le cas, que les règles de fonctionnement du psychisme sont à chercher du côté du vivant et, au-delà, dans la matière inerte. L'homme n'est pas l'être qui, par son intelligence, s'excepte de la vie: c'est aux antipodes de cette conception que Hume n'hésite pas à le désigner comme «le plus vivant de tous les êtres» (II, 200).

Nous ne voulons pas dire qu'il y a matérialisme humien parce qu'il y a réduction du domaine psychique au domaine biologique, puis au domaine mécanique; autrement dit, et pour reprendre une parole très postérieure à l'époque qui nous intéresse: parce qu'il y a explication du supérieur par l'inférieur. Ces notions de «supérieur» et d'«inférieur», si on voulait en promouvoir l'usage dans la philosophie de Hume, en fausseraient radicalement le sens. Elle ne tient pas l'ordre des intelligences pour supérieur à l'ordre du vivant ou plus complexe que lui; Hume s'avoue même, à plusieurs reprises et à très peu d'exceptions près, convaincu du contraire: les productions de la vie dépassent en complexité celles de l'intelligence (*Dialogues*, 94-5). En ce sens, le travail de recherche de lois, effectué sur le seul terrain du psychisme, paraît à Hume beaucoup plus facile que celui qui s'effectue sur les autres terrains ouverts à la philosophie naturelle[3]. Cet anti-intellectualisme de Hume, s'il n'est pas encore suffisant pour qu'on puisse l'identifier au matérialisme, s'en rapproche néanmoins.

On gardera peut-être encore par devers soi un scrupule à parler de matérialisme chez Hume, en soulignant que l'universalité des lois qui

1. Voir ci-dessus, p. 48, 50, 52, etc.

2. Les chapitres sur les animaux sont ordinairement destinés à montrer qu'à trop vouloir intellectualiser les passions, on manque leurs véritables causes. Le point est clair, à la fin des Ire et IIe parties du livre II du *Traité*. Hume avait fait, dès le livre I, la théorie de cette façon de procéder (II, 255). Ailleurs, Hume attaque la conception trop métaphysique que l'on se faisait ordinairement de la pitié (I, 219).

3. TNH, II, I, 3 (in fine). L'EPM soutient une idée fort semblable: «Dans toutes les recherches sur l'origine de nos passions et des opérations de l'âme, la présomption est pour [cette] méthode: la cause la plus simple et qui se présente le plus naturellement pour expliquer un phénomène est probablement la plus vraie».

régissent tant la matière inerte que le vivant et les matériaux psychiques, ne saurait être un résultat bien étonnant dès lors que, de l'aveu même de Hume, sont déployées, pour mener à bien sa « géographie mentale » (*Enquête*, 48), la méthode expérimentale du *Novum Organum* de Bacon et celle des anatomistes[1]. L'apparence de relative pauvreté de l'ordre des phénomènes mentaux, comparé à l'organisation des phénomènes vitaux et physiques, s'expliquerait alors précisément par l'inadéquation de méthodes délibérément physiques et biologiques à l'enquête morale entreprise par Hume.

Or, si l'on se tenait exclusivement à ces réserves, on passerait à côté de l'essentiel de l'apport de Hume sur la question du matérialisme. Les relations humiennes ne sont pas des catégories de l'entendement, au sens kantien ; leur sens n'est pas ultimement méthodologique. Si, pour une part, elles permettent de constituer l'ordre du monde, pour une autre, elles en sont radicalement issues, au cours d'une genèse qui a particulièrement intéressé Darwin et dans laquelle nous verrions volontiers une dimension importante du contenu matérialiste de l'œuvre de Hume.

Lorsque, dans les *Dialogues*, Hume inspecte, par l'intermédiaire de son personnage de Philon, diverses sources de mise en ordre de phénomènes, il découvre que la pensée n'est que l'une d'elles, à côté de la génération, de la végétation et de l'instinct et sans doute d'autres encore dont il reconnaît n'avoir pas idée (*Dialogues*, 75, 106). Cette « petite agitation du cerveau que nous appelons pensée » (*Dialogues*, 74) qui se donne volontiers pour le principe de l'ordre du monde en s'hypostasiant superbement en Dieu, ne jouit même d'aucune espèce de privilège par rapport aux autres principes. Ni *a priori* car, comme le souligne Philon, il n'est pas plus difficile de penser que la matière s'organise elle-même en de multiples sens que de poser que c'est un pouvoir spirituel qui la met en ordre (*Dialogues*, 73, 89, 112). Ni *a posteriori* car, s'il est incontestable que nous faisons l'expérience en nous-mêmes d'une mise en ordre, par la pensée, de ses apparentes productions[2], il ne l'est pas moins que nous faisons celle d'une génération de la pensée à partir de la vie (*Dialogues*, 89-90, 108). Et, du point de vue de leurs rapports réciproques, il est plus probable que l'ordre de la pensée soit issu de l'ordre de la vie, plutôt que l'inverse (*Dialogues*, 108). La puissance d'ordre qu'est la pensée est peu de chose et un phénomène bien local auprès des autres puissances d'ordre qu'il lui est possible d'inventorier et dont, en outre, elle peut s'estimer issue.

On soulignera que les *Dialogues* ne sont qu'une série de spéculations dans les domaines cosmologique et théologique, où l'expérience ne joue jamais – comme elle le peut en philosophie naturelle – son rôle de frein, voire d'*experimentum crucis* (*Dialogues*, 94-95). Mais ce résultat, par

1. TNH, II, 427. Hume s'est voulu un anatomiste de la nature humaine ; il conclura le *Traité* sur ce thème.

2. DRN, 73 : « L'expérience prouve qu'il y a un principe originel d'ordre dans l'esprit ».

lequel la pensée peut dépasser l'illusion de se croire autonome et peut se poser elle-même comme étant un certain produit de la vie dans son organisation du monde, si difficile à penser soit-il en dehors d'une philosophie qui, comme celle des *Dialogues*, abolit (en tel de leurs personnages) le caractère indépassable de la perception, était déjà nettement inscrit dans l'*Enquête*, dont l'inspiration vitaliste de la genèse des relations (en particulier celle de la cause) est patente (*Enquête*, 107, 109; *Traité*, II, 118, 176-7).

Ainsi, la causalité, entièrement libérée dans son opération de toute contrainte fallacieuse venant de la substance, nous semble être la véritable cheville ouvrière d'un certain matérialisme vitaliste et historique[1], dont on peut déjà voir la trace dans le *Traité* et l'*Enquête*, même si le scepticisme philosophique les protège contre une affirmation trop métaphysique et dogmatique, mais dont les *Dialogues* fournissent les développements, délivrés – par les sujets qu'ils abordent et qui sont tous transcendants à l'expérience – de tout lien trop serré avec les exigences sceptiques.

IV. Mais au moment où nous ouvrons, devant ce matérialisme vitaliste et historique, les perspectives temporelles et génétiques que le scepticisme philosophique contrebalance toutefois si fort que, sans les facilités du dialogue, il leur eût été très difficile de se développer, il faut nous rappeler que la définition humienne réfère moins le matérialisme au temps qu'à l'espace. « Les matérialistes unissent toute pensée à l'étendue ».

Si, comme c'est possible, on dépouille l'étendue de toute substantialité, faut-il compter Hume parmi les matérialistes, non plus, comme nous venons de le faire, dans un sens différent de celui où il les caractérise lui-même, mais cette fois dans le sens même de sa caractérisation du *Traité* ?

Le chapitre précédent nous a appris à prendre avec circonspection les récusations ironiques de la spatialité de l'esprit. Hume ne dit pas que l'esprit n'a pas de lieu; il dit que ce lieu est inconnaissable. Il s'amuse des facilités explicatives qu'aurait pu lui offrir un mécanisme susceptible de fabriquer *ad hoc* toutes sortes de configurations d'esprits animaux (I, 115-6), mais, pour ironique ou humoristique qu'elle soit, la référence aux esprits animaux est constante chez Hume, au moins dans le *Traité*. Sans doute le contrepoint des esprits animaux à toute activité psychique ne suffit-il pas à fonder un matérialisme; mais lorsque, de façon plus spinoziste que cartésienne, Hume tient régulièrement l'âme pour équivalente au corps (*Traité*, I, 45, 99, 267; II, 110, 135; III, 130, etc.), il se trouve par là mieux engagé sur la voie du matérialisme au sens même où il l'entend. Il nous faut approfondir ce point essentiel.

Si Hume s'attache à la maxime – « condamnée par divers métaphysiciens », lesquels en l'occurrence sont des matérialistes – selon laquelle « un objet peut exister et pourtant n'être nulle part » (*Traité*, I, 324), s'il

1. Au sens où l'on parle d'« histoire naturelle », c'est-à-dire d'une logique des processus sociaux et culturels comprise comme l'évolution nécessaire et le résultat direct ou oblique des phénomènes psychiques (essentiellement passionnels).

insiste même pour affirmer que « la plus grande partie des êtres existent et doivent exister de cette manière » (*ibid.*), c'est pour se démarquer d'un certain type de matérialisme qui, dérivant directement toute idée des impressions sensibles, refusait d'admettre la possibilité de ce que Locke couvrait du nom de « réflexion » et qui comprend tant certaines idées dérivées indirectement des sensations que les passions. Hume entend se démarquer d'un matérialisme qui traiterait uniformément toutes les perceptions de notre esprit comme des sensations. Or si les impressions de sensation sont directement liées à l'étendue – et à une position dans l'étendue –, la réflexion de certaines impressions sur les précédentes ne saurait l'être de la même façon.

Car la remarque sur la mécanique imaginaire des esprits animaux ne signifie pas que les impressions de réflexion et que les idées n'ont aucune spatialité. S'il lui arrive de mettre en doute de façon appuyée que l'idée d'espace puisse dériver de nos impressions internes (I, 84-5), le fin penseur de l'espace qu'est Hume ne conteste pas leur spatialité, laquelle, bien entendu, ne saurait être pensée sur le modèle de celle des impressions de sensation tactiles et oculaires[1]. Il ne faudrait toutefois pas non plus comprendre la spatialité de nos passions et de nos idées en un sens trop abstrait, sous prétexte que l'espace est, chez Hume, une relation abstraite qui se tire de nos impressions sensibles et ne prend son sens qu'en les ordonnant (I, 91). Ainsi, lorsque Hume vient de parler de « perceptions étendues », précise-t-il que, loin de s'inscrire dans un espace idéal qui leur donnerait sens, c'est bien plutôt l'espace qui prend son sens à partir des perceptions dont « les parties sont situées de manière à nous apporter la notion de distance et de contiguïté, de longueur, largeur et épaisseur » (I, 328). Par conséquent, nous entendons bien, quand nous parlons de spatialité de nos impressions de réflexion et de nos idées, exprimer le poids terrestre que Schopenhauer, admirateur de Hume, a su recueillir dans ses analyses de la musique ou de l'architecture[2].

Précisons par des exemples cette spatialité de réflexions, pourtant éloignées de leur source d'impressions, qui fait que Hume pourrait se classer – peut-être plus aisément qu'il ne le croit ou ne l'avoue lui-même – parmi les matérialistes.

On a tant de fois entendu que l'idée de lourdeur n'est pas lourde et même que la sensation de lourdeur ne l'est pas, qu'il faut relire, pour contrebalancer ces abstractions, les belles pages que Hume consacre au rapport des passions et des idées à l'espace, je veux dire celles des sections VII et VIII de la IIIe partie du livre II du *Traité*. Hume y explique le travail qu'opère, jusque dans nos idées mêmes, la sensation de lourdeur que nous tirons des corps : « Il est certain que la tendance des corps, qui agit continuellement sur nos sens, doit produire, par habitude, une tendance

1. Car l'idée d'espace dérive d'abord de ces impressions seules (TNH, I, 90).

2. *Le Monde comme Volonté et comme Représentation*, Paris, PUF, 1966, § 52, p. 330-331 (sur la musique) ; § 43, p. 275 (sur l'architecture).

semblable dans la fantaisie, et que, tandis que nous considérons un corps en hauteur, l'idée de son poids nous incline à le déplacer de l'endroit qu'il occupe à celui qui est immédiatement au-dessous de lui et ainsi de suite jusqu'à ce que nous arrivions au sol qui arrête tout à la fois le corps et notre imagination». L'idée essentielle ici est celle d'un rebond de l'objet sur l'idée de cet objet. L'idée ne pose pas l'objet sans que l'objet ne vienne retentir sur elle «comme si les idées acquéraient par leurs objets une espèce de gravité» (II, 293). Le lestage des idées par leurs propres objets est partout présent; du moins s'effectue-t-il, en n'importe quel système de représentations (images ou idées) par ce qui est le plus proche de l'objet (I, 165-6; 176).

C'est cette spatialité-là, dans ce qu'elle a de plus terrestre, qui pénètre les idées avec lesquelles nous pensons le monde pour le connaître, pour agir sur lui ou pour nous le représenter esthétiquement. La transmission de ce «poids du monde», de cette «saveur terrestre», qu'ont les impressions de sensation jusque dans les idées et dans les impressions de réflexion[1], fait l'objet d'une attention permanente chez Hume (voir ci-dessus, part. II, chap. 2, note 2, p. 154-155).

D'ailleurs ces idées vers lesquelles est convoyée cette teneur terrestre, d'abord et fondamentalement détenue par la sensation, ne sont pas sans rapport avec l'étendue dont elles partagent, plus évidemment que les impressions, au moins l'une des qualités que les classiques attribuent à la matière: l'impénétrabilité (voir ci-dessus, part. II, chap. 2, note 2, p. 154).

Si les idées partagent si évidemment avec la matière étendue des caractéristiques fondamentales, on tient là les conditions qui font que s'appliquent des lois comparables (d'inertie, d'attraction) d'un bout à l'autre de la nature. C'est en effet par une loi proche de celle de l'attraction newtonienne que Hume explique que «quand je suis à quelques milles de chez moi, tout ce qui s'y rapporte me touche de plus près que lorsque j'en suis éloigné de deux cents lieues» (*Traité*, I, 165; *Enquête*, 99). La force des affects suit une loi comparable à celle qui régit l'attraction des corps; et c'est bien encore la forme terrestre de ces affects qui explique une loi, autrement incompréhensible, que Hume énonce ainsi: «tout éloignement dans le temps cause une interruption plus grande dans la pensée qu'une distance égale dans l'espace; il en résulte, par conséquent, un affaiblissement plus considérable de l'idée, donc des passions [...]». Le fondement de l'égalité de l'espace et du temps n'est évidemment pas un nombre égal d'atomes d'espace et de temps, mais la possibilité d'un parcours que l'on peut compter en termes de jours ou de mois, autant qu'en milles. Nos sentiments, au moins certains d'entre eux, mais peut-être tous, ont forme terrestre; autre aurait été la terre, autre notre affectivité. Plus exactement, comme nous l'avons déjà suggéré (p. 52): autre notre possession de la terre à un moment historique donné, autre notre affectivité.

1. Hume souligne que «nos passions, comme d'autres objets, descendent plus facilement qu'elles ne montent» (II, 187).

Concluons, dès lors, par trois remarques ce chapitre de l'espace.

En premier lieu, s'il est vrai que – comme l'a remarqué Feuerbach dans sa *Contribution à la critique de la philosophie de Hegel* (1839) – l'Idéalisme est une philosophie du temps, volontiers négligente de l'espace, force est de constater que cette négligence n'est pas le fait de Hume et, qu'à ce titre, sa philosophie ne va pas sans exprimer, sinon un matérialisme original, du moins une proximité avec le matérialisme.

En second lieu, nos considérations sur l'espace font découvrir que si Hume récuse une détermination très immédiate de l'esprit par l'étendue, il ne répugne pas, en revanche, à une spatialité plus subtile qui laisserait en apparence plus d'autonomie à l'esprit. Car l'esprit est soumis, non pas à la seule force des impressions de sensation, mais aussi à l'*autorité* des idées et impressions de réflexion qui se constituent à partir d'elles.

Enfin, ces réflexions sur l'espace ne nous ont éloignés qu'en apparence du terrain historique et politique. En commençant ce chapitre, nous donnions, pour preuve d'un possible idéalisme humien, la conception de la propriété dérivée des relations de notre esprit. Mais c'était à condition d'omettre les considérations spatiales qui accompagnent, un peu plus loin, les réflexions sur la propriété. L'orgueil du propriétaire s'accompagne d'un long regard à l'horizon sur ses terres envisagées en perspective, par la fenêtre d'un manoir. L'orgueil est un certain type d'enracinement dans l'espace social. Plus généralement, les textes du *Traité* n'oublient pas cette fonction de l'espace dans la propriété, et par conséquent accordent une portée historique et politique à l'inscription spatiale. Ainsi : si je suis riche, l'espace m'assure à la fois de ma supériorité et de sa fragilité ; me renvoyant ainsi mon inquiétude, peut-être mon destin. Car comment oublier que « la possession des biens extérieurs – fût-elle garantie par la loi – est mouvante et incertaine » (*Traité*, III, 108) ? L'égalité toute galiléenne des points de l'espace est directement ressentie comme une menace pour la hiérarchie sociale.

C'est ce même malaise que ressent le supérieur lorsque son subordonné se tient trop près de lui, sans éprouver aucune gêne ; l'inférieur manifeste par là sa mauvaise éducation et prouve qu'il n'a pas conscience de la disproportion (II, 244-5). L'étiquette est l'inscription spatiale, précaire et risquée, de l'inégalité sociale.

V. Le détour par le terrain politique et social nous ramène à la qualification d'historique du matérialisme dont nous avons décelé quelques tendances chez Hume. L'explication humienne de tel événement historique, de telle décision prise par un grand personnage, n'est pas sans valeur du point de vue d'une conception matérialiste de l'histoire ; dans la mesure où le recours à une théorie des passions permet de briser net avec une conception trop morale et trop téléologique de l'histoire. Chacun connaît l'épisode de l'histoire grecque rapporté par l'historien Rollin : le peuple athénien assemblé refuse de recourir à l'injustice d'un affreux acte de guerre – dont il ignorait la nature, mais dont il savait seulement que rien ne pouvait lui être plus avantageux. Là où Rollin s'enthousiasme ingénument, Hume considère la mise en œuvre d'un mécanisme psychologique : il est plus facile de renoncer à l'injustice *in abstracto* qu'à une injustice bien concrète et dont on sentirait dans sa chair même les avantages (*Traité*, II, 282-3). Sans compter que, comme le soulignera Bentham, plus tard, dans son *Introduction aux principes de la morale et de la législation* (1789), une injustice mal définie, quand bien même on la garantirait sans risque pour le présent, ne laisse pas de soulever des inquiétudes pour l'avenir. L'explication par la morale tend à s'évanouir quand on dispose d'une théorie des passions assez fine et assez puissante pour rendre compte des comportements humains ; il y a plus : les considérations sur le jeu des passions permettent de comprendre comment se constituent les diverses valeurs et appréciations morales.

Mais cet épisode de la vie de Thémistocle a toutes les chances d'être entièrement fabriqué : la question est de savoir si la théorie des passions peut rendre des services critiques dans le champ réel de l'histoire des hommes. Hume en apporte la preuve dans l'*Histoire de l'Angleterre* où il ne s'agit plus d'exemples mythiques, plus ou moins inventés, mais de vestiges réels ouverts à la critique et qu'il s'agit de faire parler en des récits authentiques. Pour donner une idée, sur le terrain de l'histoire, de l'efficacité critique de la théorie des passions, on peut s'en tenir à un exemple choisi entre de multiples autres : celui de Jeanne d'Arc.

Dans les vingt pages qui lui sont consacrées [1], Hume montre bien que si le premier devoir de l'historien est de rejeter tout miracle dans cet épisode, le second est d'en examiner scrupuleusement le « merveilleux » (*op. cit.*, 387). Ce qui signifie deux choses : sans doute, s'agit-il *d'abord*, de ne pas être dupe de ce merveilleux, mais il s'agit *aussi* de considérer comment se constitue son phénomène et par quelle consistance il opère sur les esprits de tous à un moment particulier de l'histoire.

Les événements qui mettent en scène Jeanne d'Arc sont liés – en ce qui concerne la phase ascendante du processus –, moins à son génie propre qu'à *un phénomène d'enthousiasme collectif*, faisant suite au marasme d'une situation politique désespérée. La conjugaison d'un désastre, de rêves de chevalerie, les schèmes religieux du salut passant par un individu, tout cela fait un étrange mélange qui trouve son sujet d'élection dans une jeune servante de Domrémy. Sans doute cette élection est-elle accidentelle ; mais quand toutes les solutions ordinaires ont été essayées avec aussi peu de résultats, la seule issue qui reste ne peut survenir que des marges extrêmes du possible ; si le salut doit se produire, c'est au moyen d'événements très improbables. Jeanne d'Arc est exactement ce « rayon d'espérance » qui se lève « au milieu du découragement où tous les esprits étaient tombés » (*op. cit.*, p. 388).

1. *Histoire de l'Angleterre depuis l'invasion de Jules César jusqu'à la Révolution de 1688*, trad. de l'anglais, nouvelle éd. corrigée, (Paris, Genet et Cotelle, 1819), T. III, 385-405.

Incapable d'analyser rationnellement la situation, elle parle de ses voix et de ses inspirations, lesquelles lui commandent exactement ce dont le pays a besoin: la levée du siège d'Orléans, le couronnement de Charles VII à Reims. Chacun parle de miracle précisément en raison de cette coïncidence; les premiers succès semblent confirmer les prophéties (*op. cit.*, 397) et ont tôt fait de devenir les preuves de la «main invisible» qui gouverne le cours des affaires. L'enthousiasme se donne comme réalité, incapable de prendre conscience de lui-même; seuls l'échec et le découragement, rencontrés quelques mois plus tard, permettront à Jeanne d'Arc de faire cette prise de conscience. Dans le camp anglais, les phénomènes de peur, de consternation, de désespoir, font commettre les fautes qui confirment que la fortune a changé de sens et aggravent la situation. Selon le camp, la main invisible est reconnue être celle du diable ou celle de Dieu. Hume note ironiquement que les Anglais avaient appris que la part du diable n'était pas inférieure à celle de Dieu dans leur histoire.

Mais, par delà ces phénomènes de crédulité populaire, Hume suggère, puis affirme avec la plus grande netteté, l'exploitation politique que les stratèges militaires et la Cour savent en faire. C'est Baudricourt d'abord qui finira par céder aux prières de Jeanne d'Arc qui veut se rendre à Chinon; et si la crédulité de ce dernier est encore soupesée par Hume, en revanche la volonté stratégique de Dunois et de la Cour de France pour transformer à leur avantage un complexe passionnel qu'ils n'ont pas inventé en «machine» de guerre ne fait aucun doute (*op. cit.*, p. 394-6).

L'explication des phénomènes historiques par la théorie des passions joue donc inséparablement un rôle *critique* (susceptible de déjouer les illusions de la représentation) et *constitutif*, car elle s'efforce de montrer le développement d'une situation.

VI. Le véritable obstacle à l'affirmation par Hume d'un matérialisme sans arrière-pensée réside évidemment dans le principe même du scepticisme philosophique qui peut bien mettre en doute que l'esprit se connaisse lui-même mieux qu'il connaît la matière (*Traité*, I, 35; *Histoire naturelle de la religion*, 106; *Enquête*, 115), mais sans parvenir à s'arracher du préjugé que l'esprit a, en tout premier lieu, conscience de ses perceptions, et que c'est par ses perceptions seules qu'il accède à tout le reste (*Traité*, I, 328; *Enquête*, 235). Le matérialisme est, de ce point de vue, rendu impossible et contradictoire; du moins quand Hume parle seul et n'a pas recours par personnages interposés au relativisme galiléen.

Mais dès que l'esprit lâche la bride et se permet de dépasser les limites qu'il juge ordinairement bon de s'assigner, dès qu'il s'octroie par le dialogue une liberté sans frein, alors le matérialisme est essayé. Il fait apparaître comme dérisoires les fantasmes de l'Idéalisme (dans le théisme); il manifeste que la vie est la raison profonde des productions de notre chétive pensée; et surtout, il laisse penser que les scrupules du scepticisme sont de pauvres timidités au prix des grandes conceptions du vitalisme métaphysique que développe le personnage de Philon. C'est à condition qu'il soit fantasque et qu'il abandonne toutes les réserves du scepticisme que le matérialisme devient une arme contre les chimères idéalistes.

Il y a toutefois, au niveau même de l'expérience, une revendication qui sonne de façon matérialiste, par l'exigence du retour de l'objet sur l'acte de pensée qui l'a posé. C'est ainsi que Hume « désire communiquer » à ceux qu'il appelle les « bâtisseurs de systèmes » « une part de ce grossier mélange terrestre : c'est un ingrédient qui leur fait couramment grand défaut et qui leur servirait à tempérer ces particules ignées dont ils sont composés » (*Traité*, I, 365-6).

Du scepticisme humien, le personnage de Philon est à la fois la mauvaise conscience et le contenu. La *mauvaise conscience*, car ce personnage occupe des positions sur lesquelles le scepticisme philosophique du *Traité* et de l'*Enquête* s'interdit ordinairement de camper. Mais le *contenu* tout de même aussi, car si le vitalisme ne parvient pas à se poser, si l'auteur n'effectue pas la philosophie naturelle dont relèvent les sensations, le « matériau » psychique n'en réfracte pas moins cette origine terrestre.

Ce n'est donc qu'à travers le prisme de nos perceptions que le matérialisme est acceptable dans le monologue du philosophe. Mais la remontée en sens inverse de l'idéalisme par le matérialisme ne se passe pas à la façon calme dont un contenu emplirait une forme ; elle déclenche au moins trois sortes de contradictions – que seul le relativisme des *Dialogues* permet de concilier – : l'esprit est tour à tour mieux connu (*Traité*, II, II, 6), aussi méconnu (*Histoire naturelle de la religion*, 106 ; *Dialogues*, 116 ; *Enquête*, 55, 139-140), voire plus méconnu (*Dialogues*, 57 ; *Enquête*, 57-8) que la matière. L'esprit est tour à tour plus simple (*Traité*, I, 255 ; *Enquête sur les principes de la morale*, 160) et plus complexe (*Traité*, I, 253 ; *Enquête*, 55) que la matière. De la conscience on dit qu'elle ne se trompe jamais (*Enquête*, 133), mais on la dit aussi presque toujours illusoire[1]. Le scepticisme de Hume est déchiré : il pense contre ses sympathies les plus profondes. Le dialogue seul est la vérité de la philosophie de Hume.

Il ne faudrait toutefois pas, pour cette raison, rejeter ses monologues dont l'intérêt tient précisément au fait que Hume, en dépit du caractère dangereux et fondamentalement inassimilable du matérialisme pour sa propre philosophie, n'a pas cru bon de s'en séparer. En ce sens, la philosophie de Hume est le symptôme de l'envahissement de la réflexion, au cœur du XVIIIe siècle, par les thèses matérialistes ; car le contenu de thèses estimées impossibles à fonder ne saurait être évité.

Peut-être n'existe-t-il pas de thèse – si ce n'est le spinozisme – qui manifeste, autant que le matérialisme, la double tendance, critique et relativiste, du scepticisme humien et qui permette aussi clairement la séparation

1. Hume insiste sur « cette nouvelle découverte d'une impression qui accompagne secrètement toute idée » (TNH, II, 224) ; il sait que l'accoutumance finit par nous rendre « insensibles à la sensation [qui accompagne l'idée] » et nous la fait confondre « avec l'objet ou l'idée même » (TNH, II, 222).

de l'une et de l'autre et leur tension réciproque. Fondamentalement, le matérialisme est irrecevable, mais il n'en fournit pas moins le contenu le plus original et le plus audacieux de la philosophie de Hume ; celui qui, en tout cas, avec la dynamique psychique, s'accommode le mieux de la théorie des fictions. La théorie des fictions est, dans le monologue humien, la conservation du relativisme galiléen de son dialogue.

TROISIÈME PARTIE

LA SCIENCE DE LA NATURE HUMAINE

INTRODUCTION

L'inventaire et l'explication des éléments ont permis de mettre à jour toute une série de contradictions dont le scepticisme philosophique de Hume s'empare pour les maîtriser et les résoudre. Le nominalisme, l'incrédulité à l'égard des notions abstraites ont rendu possible la création par l'auteur de positions susceptibles d'harmoniser ces apparentes contradictions. Mais, dans le langage traditionnel de la sensation, de la mémoire, de l'imagination, des passions, de l'entendement et de la raison, Hume opérait toutes sortes de déplacements qui ont permis de mettre en évidence une théorie des fictions. Le passage par cette théorie des fictions change radicalement la portée des notions traditionnelles telles que la nature, les passions, la cause, le moi... C'est par cette transformation que ces notions sont devenues capables de fonder le discours du philosophe sur la nature humaine, c'est-à-dire le discours qui permet de systématiser les connaissances qui concernent l'homme.

L'originalité de la science humienne tient à l'utilisation majeure, quoique fort peu thématisée, de quelques notions : la *sympathie*, plus souvent analysée par bribes que systématiquement par l'auteur ; l'*autorité* qui est, moins encore que la sympathie, prise pour objet de réflexion ; le processus d'*individuation* et celui, inverse et aussi interminable, de *socialisation* ; les notions de *normal* et de *pathologique*, enfin.

Il faut commencer par la sympathie, qui constitue, si on ne la réduit pas, comme on le fait souvent, à sa seule composante de désintéressement, l'une des notions les plus critiques, peut-être l'une des plus subversives de sa théorie des fictions. Elle permet d'inquiéter non seulement un grand nombre de valeurs et de concepts classiques, mais aussi ceux-là mêmes auxquels Hume paraît le plus attaché, comme ceux de « nature humaine », de « passions », de « plaisirs » et de « douleurs » comme sensations. Cette recherche est d'autant plus nécessaire que la notion de *sympathie* est récusée par les sciences humaines de notre temps, alors même qu'elle y joue un rôle clandestin qu'il ne serait pas inutile de débusquer. La lecture de Hume peut, dans cette perspective, se révéler nécessaire.

De l'*autorité*, nous recueillerons, en un discours plus systématique, les aspects épars de la notion dont Hume fait moins l'usage politique, moral et religieux que l'on pouvait en normalement attendre qu'une utilisation très élargie puisqu'elle s'étend à l'univers des règles dans toute leur généralité et gagne des terrains où on n'en soupçonnait guère la présence.

L'articulation de l'individu et de la société, qui n'existent pas comme deux substances, mais plutôt à la façon de deux principes de tendances opposées, fait l'objet d'une étude qui cherche à établir sous le titre *Libéralisme et individualisme*, la continuité et la logique de plusieurs positions humiennes qui auraient pu sembler antithétiques. Elle se trouve évidemment au cœur de toutes les recherches humiennes sur le commerce, la société, l'histoire ; elle en est issue et elle les guide à la fois, conformément à un mode de fondement, qui ne se tient pas à distance des connaissances, mais qui les pénètre et les pratique intimement.

Les dernières grandes notions que nous voulons inspecter sont plus discrètes encore que les deux premières et bien des commentateurs les ont oubliées, alors qu'elles sont actives – quoique peu thématisées – : le *normal* et le *pathologique*. Le jugement étant omniprésent dans cette philosophie, dans l'activité scientifique comme dans la croyance par laquelle nous sommes en rapport de toutes les façons avec la réalité, il est inévitable que les critères du *normal* et du *pathologique* soient constamment présents dans l'œuvre de Hume ; fût-ce à la manière discrète et un peu fuyante des autres concepts. Plus que les autres critères qui norment les actions, ceux du *normal* et du *pathologique* sont eux-mêmes sans repères pour être posés ou décidés.

Si l'analyse est faite pour regarder comment les concepts précédents travaillent les textes de Hume et participent à la science de la nature humaine telle qu'elle se développait au XVIIIe siècle, il ne faudrait pas non plus se priver, après les grandes tentatives de fondement des sciences humaines (hegeliennes, marxistes, phénoménologiques, structuralistes) que nous avons connues, des apports trop délaissés de la philosophie de Hume sur ce terrain, à condition, bien sûr, de garder à l'esprit les profonds changements qui affectent, par rapport à l'époque de l'auteur du *Traité*, les concepts, les méthodes et les analyses de notre temps.

CHAPITRE PREMIER

LA SYMPATHIE

I. Hume multiplie comme à l'envi les sens les plus hétérogènes sous le terme de *sympathie*. Aucun de ses textes n'est particulièrement destiné à montrer comment on passe d'un sens à l'autre. L'équivocité du sens est telle qu'il ne semble pas y avoir de porte d'entrée privilégiée dans la notion.

On peut toutefois partir de ce qui apparaît comme l'originalité humienne. Au XVIIIe siècle, la sympathie garde encore la connotation cosmologique, biologique et médicale qu'elle avait dans l'Antiquité ; c'est même encore par là que l'*Encyclopédie* lui confère un véritable sens scientifique. En ce sens, la sympathie est une harmonie entre les parties d'une totalité, qu'elle soit cosmique ou animale. Si Hume récuse nettement la notion de sympathie appliquée au cosmos, il l'accepte parfaitement en biologie, lorsqu'il s'agit d'admettre, dans le tout de l'organisme, une communauté de parties de telle sorte « qu'elles soutiennent entre elles une relation réciproque de cause à effet dans toutes leurs actions et opérations » (*Traité*, I, 349). Hume n'oubliera jamais ce sens de la sympathie, mais il en « humanisera » très fortement la notion en réservant essentiellement son usage à quelques modes particuliers de fonctionnement du psychisme des hommes. Il faut toutefois noter que c'est en raison de ses qualités cosmologiques et biologiques que la notion s'applique à la « nature humaine » : il n'est pas plus facile de savoir quels sont les confins du système du monde et où cesse le système d'un vivant que de savoir où situer les limites d'un système individuel humain. L'un des sens de la sympathie paraît même souvent de reconstituer un tout dans des circonstances où celui-ci a été amputé d'une de ses parties. Ainsi avons-nous *honte pour* ceux qui, dans certaines circonstances, n'éprouvent pas la honte que l'on attendrait d'eux. Du moins esquisse-t-on un mouvement de honte à leur égard et à leur place comme pour reconstituer une totalité perdue (II, 220).

Outre l'humanisation de la notion, le deuxième trait qui frappe le lecteur du *Traité*, c'est que la sympathie n'est pas nécessairement un sentiment agréable, lié aux affects d'amour à l'égard de l'humanité, comme l'est la bienveillance. Certes quelques sens de la sympathie la rapprochent indiscutablement de la *philia* (II, 211) : Hume note qu'il n'est pire châtiment que celui d'être exclu de la communauté des hommes par l'emprisonnement, par exemple (*ibid.*). La sympathie est aussi agréable parce qu'elle donne vivement à sentir, du moins en apparence (II, 200). Mais on aurait grand tort de supposer que la sympathie est nécessairement douce et tendre ; elle est aussi certainement l'occasion d'inconfort (II, 162), de haine (II, 300), de jalousie, de la joie cruelle ou lâche de sentir qu'on est soi-même épargné d'un malheur qui frappe autrui (II, 224-5, 231 ; III, 218). La joie d'un autre me fait souvent autant souffrir que sa tristesse me réjouit.

Le troisième caractère de la sympathie nous sort de manière décisive de toute naïveté : sans doute peut-on parler de la sympathie comme d'un sentiment ; mais dès qu'on cherche à identifier ce sentiment, on s'aperçoit alors qu'il est peut-être beaucoup plus supposé que réel. La sympathie est plus tendue vers un sentir que l'autre est censé ou que je suis censé éprouver, qu'elle n'est un sentir réel. Cet étrange statut apagogique de la sympathie, qui n'est un sentiment qu'à la condition de n'en pas être un, et qui n'est pas un sentiment en se donnant pourtant comme tel, a plusieurs conséquences.

En particulier, la sympathie est communication (II, 155, 156, 237, 238, 250, 284 ; III, 217) et, en ce sens, elle partage avec le langage de nombreux caractères ; toutefois, la sympathie est, par ailleurs, en tant qu'elle se donne à sentir, infusion (II, 156), contagion (III, 231) : ce qui n'est pas le mode privilégié de diffusion du langage. Que la sympathie soit une communication veut évidemment dire qu'elle est partage (II, 211) ; mais de quoi exactement ? La sympathie ne fait qu'exprimer une situation, éventuellement le vécu émotionnel de celui qui la vit ; mais elle n'est ni l'une ni l'autre : elle les signifie simplement. A supposer que le signifiant que l'on émet à propos du signifiant émis par l'autre puisse se transmettre, comment pourrait-on être assuré d'une quelconque coïncidence des signifiés produits par celui qui sympathise et par celui qui suscite la sympathie ? Le partage est en réalité une impression de partage. Les signifiés apparemment liés aux gestes de communication ne sauraient être mis en commun ; comment pourraient-ils l'être d'ailleurs et qui pourrait les identifier ? Pourtant, confondant le spectacle d'une passion avec sa réalité, la force de notre impression nous convainc d'une équivalence des signifiés, comme si nous ressentions ce que l'autre ressent.

La sympathie est donc un fantasme puisqu'elle s'imagine franchir des distances infinies en un instant. Comment pourrais-je pénétrer le secret de la passion d'un autre, alors que le cœur qu'elle habite ne se comprend pas lui-même et que je suis bien en peine de voir clair en moi ? Il s'en faut de beaucoup que la familiarité soit l'équivalent d'une connaissance de soi ou des autres. La conception vive du spectacle d'une passion n'en est pas la connaissance. Et comment pourrais-je comprendre cete pénétration comme un sentiment authentique que je ressens moi-même ? Mais, aussi fantasmatique soit-elle en me faisant croire que je suis réellement posté en des lieux que l'analyse me découvre imprenables, la sympathie est jugement. Hume souligne son autorité sur presque toutes mes opinions (II, 160; III, 217). De plus, les hommes tiennent compte de ce qu'ils imaginent être les sentiments des autres pour se juger eux-mêmes (II, 140). La sympathie est ce «décentrement» par rapport à soi qui ne confère de vérité ni au sentiment, ni à quelque opinion que ce soit, mais elle n'en offre pas moins, en dépit de son caractère fantastique, la condition de cette vérité. Le fantasme n'est pas la vérité; mais saurait-on atteindre la vérité sans ses constructions chimériques?

Si le jugement épanouit les fantasmes et les justifie, si le sentir recouvre ce qui ne se sent pas, si la sympathie donne l'illusion de communiquer par l'effet de quelque infusion, si elle parle et masque sa parole d'un apparent sentir, il faut qu'une activité se dissimule par la passivité et qu'une passivité se donne des fantasmes d'activité. Ainsi ne reconnaissons-nous pas volontiers que nous forçons les ressemblances et les fabriquons; nous préférons feindre de les constater et croire que ce sont les ressemblances qui sont les conditions de la sympathie[1]. Ainsi nous donnons-nous, pour nous défendre, l'illusion de faire ce que nous ne faisons pas et de ne pas faire ce que nous faisons. Sur le registre du renversement réciproque de la passivité et de l'activité, on voit deux types de discours coexister chez Hume: d'abord celui d'une irrésistible vulnérabilité au jugement d'autrui qui fait que, même lorsque je déteste une opinion d'autrui et la rejette, elle n'en produit pas moins un effet sur moi (III, 217); ensuite, celui de la nécessité où je me trouve d'avoir à adopter le point de vue d'autrui (II, 157) voire à feindre de m'y identifier (III, 217) – ce qui ne saurait se faire, même chimériquement, le temps d'un instant -. Sur ce même registre, on voit encore s'opposer l'immixtion dans le point de vue d'autrui, qui requiert une activité fine et difficile, fût-elle fantasmatique pour une part, et la submersion par les façons de juger et de sentir d'autrui.

Il n'est pas très difficile de voir que ces ambiguïtés de la sympathie sont celles de presque toutes les passions puisqu'elle se donne jamais que comme le sentir du sentir d'un autre. En épelant les sens de la notion de *sympathie*, on trouve qu'ils constituent un amas de contradictions. Sans doute la forte cohésion de la notion permet-elle d'apercevoir quelque ordonnancement entre les antonymies et antinomies précédentes et de soupçonner une circulation de sens d'une opposition à une autre; toutefois il paraît bien aussi que c'est en *dépassant l'herméneutique vers la dynamique* que nous aurons la meilleure chance de saisir cette consistance.

II. Une passion ne peut être appréciée comme *telle* passion que lorsque l'esprit prend, sur une certaine configuration d'éléments psychiques, une perspective particulière. Elle est système de forces et perspective sur ce système. Ce qui est vrai pour une passion l'est pour toutes les autres

1. Ainsi Hume note-t-il, après Aristote (*Ethique à Eudème*, VII, 2, 1237a 28-29; 5, 1239b 17-18), que «naturellement, les hommes approuvent sans réfléchir le caractère le plus semblable au leur» (TNH, III, 231). II, 201, 218.

configurations psychiques. Aucune d'entre elles ne peut s'identifier sans se projeter dans le passé ou dans l'avenir, voire dans les deux directions à la fois ; ce que ne cesse de faire la sympathie, qui ne se limite pas au temps présent (II, 236). De plus, aucune configuration ne peut s'identifier et acquérir une relative stabilité sans faire le partage entre un moi et l'autre, tel autre ou tels autres, sur une infinité de modalités.

Nous ne disons pas que ces points de vue et ces perspectives, qui stabilisent ou paraissent stabiliser les systèmes psychiques sont « vrais » ; ils sont essentiellement fantasmatiques. Aucun point de vue souverain ne permet de dire la vérité sur les configurations ; les points de vue n'existent que dans un indéfini jeu de miroirs. Ainsi convient-il de juger des autres en fonction des intérêts supposés être les leurs (III, 214) ou des intérêts supposés de ceux qui les entourent (III, 228-9) ; mais que savons-nous exactement de leurs propres intérêts ? De même, ne pouvons-nous nous juger sans faire intervenir ce qui est censé être le point de vue des autres sur nous ; mais qu'en savons-nous ? Pourtant, nous ne pouvons faire autrement que de supposer ces points de vue plus ou moins fantasmatiques, puisqu'ils sont constitutifs des nôtres ; cela en un jeu indéfiniment rebondissant (III, 227 ; SB, 602) dans lequel nos affects et autres éléments psychiques gagnent une stabilité (III, 204), à défaut de vérité. Les jeux de miroirs et les règles de ce jeu constituent proprement la sympathie (II, 213).

Apparaît alors le lien de la sympathie et des fictions : comme les entités fictives, qui peuvent se constituer en ordres de plus en plus complexes, la sympathie constitue des points de vue de plus en plus compliqués dans l'ordre de l'imagination. Et, de même que les degrés des fictions ne se démultiplient pas indéfiniment, faute de quoi les entités fictives ne seraient plus déchiffrables et ne pourraient plus être ramenés par un nombre d'actes comptés aux entités réelles, de même la complication de la sympathie n'est pas illimitée. Hume insiste sur la difficulté de ne pas s'embrouiller au-delà du troisième rebondissement (II, 214). Toutefois, s'il y avait une quelconque vérité ou une justesse de la sympathie, elle ne pourrait jamais s'acquérir qu'à travers cette multiplication de degrés, par lesquels on imagine ce que l'autre sent ou saisit, alors que lui-même, aussi peu sûr que nous de ce qu'il sent et saisit, s'y livre à travers d'autres encore. La difficulté est la suivante : il ne peut être question de justesse et de vérité dans la sympathie que parce qu'il y a des points de vue : il faut se désolidariser du flux des configurations pour pouvoir les ordonner ; mais ces points de vue sont si propres à se multiplier qu'ils empêchent la stabilité dont la vérité a besoin, à moins qu'il ne s'agisse d'une stabilité dans la variation, comme lorsque le mathématicien calcule la dérivée d'une courbe.

Hume rapproche le jeu fictif de la sympathie de la perspective en matière de perception et donne ainsi l'idée d'un perspectivisme affectif[1].

1. TNH, III, 229. Il y a des variantes au thème de la taille, en particulier celui de la permanence de la beauté, que nous la saisissions de près, par exemple, sur un visage, ou tandis qu'elle s'éloigne, jusqu'à ce que nous ne la distinguions plus, mais que nous n'en

Le moment qui intéresse Hume dans cette analogie est celui de la correction des grandeurs que nous voyons en perspective. Le jeu de forces qu'est l'esprit ne peut gagner son autorité que par un système de perspectives, qui lui donne d'autres règles : la sympathie est donc la régulation de l'autorité.

Fantasme de décentrement, fantasme de l'altérité, la sympathie n'en possède pas moins une dimension critique. Elle ne pose pas de limite au scepticisme sans être constitutive du scepticisme philosophique, qui inquiète sur tous les fronts les notions qui paraissent le border avec quelque stabilité.

A commencer par la notion de « nature », que la sympathie sauve de sa pente dogmatique. Ce n'est pas seulement parce que les hommes se ressemblent ou partagent une même nature qu'ils sympathisent entre eux ; ce sont tout autant cette ressemblance et cette commune nature qui s'expliquent par la sympathie. Parce que les hommes, consciemment ou non, veulent être semblables et agissent, pour le devenir, conformément au fantasme qu'ils se font d'une espèce d'unité ou d'identité, ils se figurent quelque peu ressemblants et croient à leur nature. Si « la sympathie est un principe très puissant de la nature humaine » (*Traité*, III, 248), c'est d'abord parce qu'elle contribue à confectionner cette nature, pour une part, et qu'elle en crée l'illusion, pour une autre ; à tel point que, si la nature humaine est un système de lois qui paraissent immuables, il ne faut pas oublier qu'une loi est un ensemble d'habitudes, que rien n'empêche ses variations, et qu'il arrive à Hume de penser ce système de lois tellement fragile et dépendant de nos actes qu'il nous rend responsables de ce qui aurait pu d'abord sembler le cadre fixe de nos actions [1]. La nature humaine est plus dans une orientation identitaire ou assimilatrice que dans quelque donnée stable à laquelle nous ne pourrions rien changer. La sympathie nous contraint à être vigilants devant toute affirmation d'identité de la nature humaine et à constamment envisager la réversion de la nature de principe en projet à l'horizon.

Il faut revenir au principe des inversions chez Hume. La sympathie en donne constamment l'occasion. Ainsi Hume paraît-il croire aux liens du sang quand il en fait la cause « de l'attache la plus forte dont l'esprit soit capable dans l'amour des parents pour leurs enfants » (II, 199) ; mais les problèmes qu'il pose à propos du sentiment de paternité, qu'un certain nombre d'hommes n'éprouveraient que par imitation, montrent assez qu'il n'y croit pas plus que son ami A. Smith. La sympathie avec une croyance

continuions pas moins de l'attribuer au même objet. « Nous ne disons pourtant pas qu'il nous paraît moins beau ; car nous savons quel effet il aurait dans une telle situation et, par cette réflexion, nous corrigeons son apparence momentanée » (TNH, III, 204). Nous obtenons là une espèce de loi de constance. Voir TNH, III, 206-8.

1. Il lui arrive aussi de dire qu'un système de règles peut être tellement stable – ce qui est le cas du système de la justice – qu'il est « aussi invariable que la nature humaine » (TNH, III, 250).

censée être celles des autres aux liens du sang nous fait construire l'équivalent d'un tel lien et nous rend éventuellement crédules à son égard. De plus, la notion de liens du sang est vraisemblablement une fiction par laquelle la société tente de fixer les pères, qui sont tout de même moins sûrs de leur progéniture que les mères (III, 189). Le lien du sang est un fantasme de la sympathie par lequel la société piège les hommes, les obligeant à vaincre leur indolence spontanée au profit d'une famille. C'est une logique des affects qui conduit la société à se défendre par une illusion biologique.

L'illusion groupale est aussi un produit de la sympathie : Hume sait très bien que la société n'existe pas plus que l'individu, mais qu'elle se constitue par des actes qui la présupposent imaginairement. Une société est peut-être moins une collection d'individus que le produit de leurs fantasmes. L'identité d'une âme singulière et celle d'une société renvoient aux mêmes difficultés. De même qu'une « personne peut varier son caractère et ses dispositions, aussi bien que ses impressions et ses idées, sans perdre son identité », de même, les individus peuvent très bien être unis par l'imagination, sans qu'ils le soient réellement (I, 353-4). Une république demeure alors qu'aucun de ses membres n'a assisté à sa lointaine fondation. Il en va de même d'une église ou de n'importe quel corps social (I, 350). L'individu et le corps social sont d'égales fictions d'unité ; la sympathie rendant cohérent ce que la réalité disperse (I, 349).

Cette illusion groupale peut passer par des préjugés communs qui cimentent les hommes d'une même culture ou d'une même nation, quand bien même l'expérience viendrait ça et là démentir les règles générales (I, 220). Par l'illusion groupale, l'individu s'imagine protégé contre les atteintes venant de l'extérieur et qu'il croit dangereuses. L'individu se figure lui-même comme un système clos ; mais son intégrité requiert encore d'autres enceintes par lesquelles il se constitue comme membre de plus vastes ensembles et pour se figurer toujours mieux protégé dans le cas, toujours à craindre, où l'une viendrait à céder.

La notion de *passion* reçoit, par le biais de la sympathie, un singulier infléchissement. Comment Hume peut-il dire, dans le même ouvrage, que la sympathie est « l'âme ou le principe animateur de toutes les passions » (II, 211) et soutenir que les passions sont « des existences originelles ou des modifications originelles d'existence » (II, 271) ? Peut-être sont-elles vécues ainsi, mais comment pourraient-elles être ainsi dès lors qu'elles sont acquises par sympathie ? Il en va de même pour l'immutabilité des passions : comment peut-on affirmer qu'on ne peut les changer davantage que les mouvements des cieux (III, 122, 127) quand on les acquiert par volonté d'identifier ses sentiments à ceux que nous nous figurons que les autres attendent de nous (III, 245) ? Comment pouvons-nous affirmer que nous les sentons comme autrui quand nous savons pertinemment qu'il nous a fallu et qu'il nous faut encore combler un manque de spontanéité, de force originelle, pour nous donner l'équivalent d'un sentir dans sa plénitude ? Parce que nous pouvons acquérir les passions par sympathie et sentir l'équivalent de celles que nous n'avons pas spontanément, la sympathie peut nous faire douter de l'« existence » des passions, comme elle nous fait douter de l'existence réelle du social, de la personne ou de la nature.

Sans doute, quand la sympathie prend la place de la nature et substitue une identification à l'identité substantielle, faut-il quand même qu'il y ait une sorte de pulsion originelle et primaire à l'identification. Quand la sympathie remplace la passion, transformant le sentir en obligation de sentir, il faut encore que cette crainte de ne pas sentir comme les autres, cette inquiétude d'être exclu d'un sentir qui paraît commun, nous poussent à remplir une exigence qui peut paraître vide. La sympathie fait la transition entre les passions que l'on cherche à avoir et celles qui poussent à les éprouver. Il y a donc bien une force originale des passions, dont la sympathie occupe le véritable lieu. Sans doute la sympathie est-elle spontanément soumise à l'illusion de croire que l'entité réelle est à l'extérieur d'elle-même, dans une nature ou dans quelque autre origine, qu'elle ne fait que copier et dédoubler, alors que c'est elle-même qui est l'entité réelle ou qui, du moins, en fait office ; c'est sa médiation qui est originaire et les notions médiées qui sont fictives.

La sympathie a donc pour effet de dédoubler la notion qu'elle remplace ; elle en brise le dogmatisme avant de se réinstaller comme sa raison profonde. L'inversion des concepts n'est pas leur destruction, mais leur passage au miroir. La thèse de la « double sympathie » est là pour nous rappeler qu'il est rare que la sympathie ne joue son rôle qu'une fois. Toute sympathie a un effet en retour, qui en inverse la portée. L'élan qui nous porte vers celui qui a réussi dans une entreprise tourne vite en rancœur et jalousie ; l'élan vers celui qui est malheureux en une joie de ne pas partager le même sort. L'inflexion de la double sympathie est liée à ce jeu indéfini de miroirs ; elle est liée aussi à la compréhension de mon premier élan dans l'horizon plus général qui est celui de ma vie. Car tout mouvement affectif fait ses unités, se donne ses théâtres et restructure constamment ce qu'il tient pour originaire et ce qu'il tient pour fictif.

Que la sympathie a éminemment partie liée à la philosophie, nous le savons par la réflexion ou la série de réflexions qu'elles pratiquent l'une et l'autre. Mais l'affinité va beaucoup plus loin. Un texte philosophique est un étrange outil qui ouvre un espace transitionnel autour de l'esprit de son lecteur et lui permet d'envisager, à l'abri de tout risque émanant du principe de réalité, ce qu'il ne se serait jamais avoué à lui-même, par crainte des conséquences de ses aveux. Ainsi n'est-il pas très facile d'admettre que l'on n'éprouve pas spontanément de sentiment paternel pour son fils : le texte humien permet d'en exprimer l'aveu et d'en conjurer l'angoisse en installant un terrain imaginaire de communication, qui nous réconcilie par la cognition avec ce qui nous faisait secrètement peur ou horreur. De ce qui pouvait apparaître comme un défaut de la sympathie, celui de nous faire prendre pour réel ce qui ne l'est pas, Hume fait une extraordinaire puissance d'irréalisation et de cognition.

III. La sympathie réussit à transformer ce qui apparaissait comme fondement en résultat et elle cherche son fondement en elle-même. Cette réussite est liée à son mouvement médiateur qui se charge de la valeur, du sentiment, du comportement qu'elle critique et qui les restitue simplement déplacés. C'est parce qu'elle est médiatrice qu'elle est fiction. La sympathie, qui n'est pas seulement logique mais qui est aussi imagination, fantasme ses liaisons de termes antithétiques que sa critique a contribué à substituer au terme mort auquel elle s'affaire. Elle crée la difficulté et la résout en fantasmant la solution. Regardons quelques exemples de ce travail « médiateur » de la sympathie.

La philosophie de Hume est une philosophie de la solitude absolue et elle est indissociablement une philosophie de la fusion et, pour ainsi dire, de l'indifférenciation avec autrui. La sympathie fait coexister ces deux points de vue qu'elle rend interchangeables à la vitesse de l'éclair. Elle est le franchissement symbolique d'insolubles contradictions. Mon psychisme n'est pas seulement constitué des sentiments qu'il m'a fallu acquérir en tout aveuglement; il l'est aussi d'affects qui ont reçu l'assentiment des autres: c'est par l'autre que les passions gagnent et gardent toute leur force (II, 211, l.25-27). Ainsi les points aveugles, symboliques et fantasmatiques, que j'imagine occupés par autrui et dont je ne saurais avoir conscience[1], sont ceux à partir desquels se constituent mon psychisme. L'altérité est donc très étrange chez Hume: autrui m'isole en me confectionnant. Autrui est mon fantasme; mais il est le fantasme que je ne peux pas m'empêcher de former. Autrui et ma solitude se constituent du même mouvement. Je constitue et vaincs ma solitude par les mêmes gestes. La sympathie me renforce dans ma solitude, puisqu'elle est constituée des gestes que je fais pour tenir compte d'autrui; mais elle est aussi la résolution de cette solitude, puisque, pour une part, je ne décide pas de faire ces gestes auxquels je suis poussé, pour une autre, je constitue, par leur moyen, une situation inédite. Le mal est en même temps ma guérison; la trace d'une limite est en même temps le signe de son dépassement. C'est l'autre qui crée ma solitude désespérante; et ce sont les actes de ma solitude désespérante qui constituent l'altérité. Elle noue et empêche, à la fois, la tragédie. Elle transforme le sentiment tragique d'isolement en pose, qui ne peut être dupe d'elle-même, comme on le voit à la fin du livre I du *Traité* et surtout elle rassure en établissant qu'il n'est pas besoin d'avoir un moi substantiel, des instincts naturels, pour que la société soit possible; la société peut se constituer à travers des fictions moins fallacieuses. On peut, avec la conscience que les valeurs sont des constructions sympathiques, constituer une société aussi stable qu'en les croyant essentielles, réelles ou substantielles. L'aggravation apparente de l'angoisse est en réalité une consolation et une cure.

On comprend ici que, si la sympathie est liée à une recherche de

1. Hume parle, en II, 173-4, de l'« autre personne, dont les pensées, les actions et les sensations échappent à [notre] conscience ».

commun dénominateur entre moi et l'autre, ces deux fonctions (d'être un moi et de l'altérité) résultant de cette recherche même, ses gestes, si fantasmatiques soient-ils, seront constitutifs de la rationalité. Il n'est donc pas surprenant que Hume insiste sur la correspondance de la sympathie et des opérations de l'entendement (II, 160). L'entendement est une construction imaginaire par laquelle les hommes tentent de produire un monde commun, symbolique ou réel d'ailleurs. On retrouve évidemment l'imagination au fondement de la sympathie (II, 284; III, 207-8), qui fait intervenir les mêmes relations que l'entendement, avec peut-être un primat accordé à la ressemblance (II, 156, 201): si toutes les relations collaborent dans la sympathie, c'est par le canal de la ressemblance (II, 157-8). L'entendement, qui est le produit de l'élaboration sympathique travaille de manière équilibrée avec l'ensemble des relations; toutefois ce travail s'est gagné sur fond de déséquilibre en faveur de la ressemblance.

La sympathie collabore essentiellement à l'élaboration de l'entendement en faisant sentir les idées abstraites obtenues par le travail de l'imagination sur elle-même, comme si elles étaient senties de même par l'autre; ce qui est incontrôlable, bien sûr, mais permet néanmoins de tenir un discours commun. Elle est le sentir qui permet de franchir et comme d'abolir, symboliquement au moins, des impossibilités. Elle me donne l'impression de penser directement avec des idées qui peuvent être celles d'autrui. Comme la sympathie franchit la limite qui me sépare d'autrui, elle franchit la limite qui sépare une impression d'une idée et s'attache non seulement à transformer les impressions en idées, ce qui est la tâche de l'imagination et de l'entendement, mais aussi les idées en impressions (II, 156, 159-160), ce qui l'apparente à la croyance. La sympathie ne saurait se laisser enfermer dans une fonction cognitive; elle est, par la plupart de ses activités, très directement constitutive de notre principe de réalité.

La sympathie est indissolublement complice et constitutive de la réalité, symbolique et imaginaire; elle ne cesse de couvrir une activité par l'autre, sans jamais, quand elle est saine, oublier l'une ou l'autre de ces activités. Il faut qu'elle se leurre et qu'elle se croie (II, 240); il faut qu'elle soit critique et qu'elle ne se croie pas. Ainsi remplit-elle fantasmatiquement des exigences contradictoires. Parmi ces exigences, figurent des exigences modales; elles sont en première ligne des systèmes de défense. La sympathie permet d'envisager sur le mode de la fiction ce qu'il serait dangereux de pratiquer réellement[1]: il vaut peut-être mieux pour la société et pour l'espèce elle-même que l'on croie qu'il existe naturellement un sentiment paternel et un sentiment maternel. Si l'on savait que les

1. Pour l'illustrer, Hume prend un bel exemple dans le *Traité*, III, p. 209: «Quand un édifice paraît à l'œil disgracieux et instable, il est laid et déplaisant; même si nous pouvons posséder la pleine assurance de la solidité de la construction. C'est une espèce de crainte qui cause ce sentiment de désapprobation; mais la passion n'est pas la même que celle que nous éprouvons lorsque nous sommes obligés de stationner sous un mur que nous pensons réellement instable et dangereux».

sentiments naissent par sympathie, on serait peut-être moins enclins à les croire et à les respecter. D'une certaine façon, il font office de devoirs. On peut concevoir ainsi qu'il n'y a pas de devoir qui ne soit cautionné par quelque sentiment naturel. Mais, réciproquement, la sympathie, par sa volonté d'identification et de ressemblance, peut me sauver du tourment de ne pas éprouver naturellement tel ou tel sentiment si je sais que la plupart des sentiments, et peut-être tous, sont issus de la sympathie. La sympathie est une défense déployée contre la crainte que j'éprouve d'être psychiquement malade. Conscience d'un écart à l'égard des autres, elle comporte en même temps la réduction de cet écart. Si la sympathie peut me pousser à l'exil (II, 162), elle peut aussi m'en dispenser par une activité symbolique.

Parmi les multiples contradictions entre lesquelles la sympathie opère ses médiations, il faut s'attacher tout particulièrement à celle de l'*être* et du *devoir être*; curieusement, pour comprendre la médiation sympathique en ce domaine, il faut réfléchir sur la liaison entre la sympathie d'une part, le normal et le pathologique de l'autre.

IV. Si toutes les valeurs, si toutes les passions s'acquièrent et s'avivent par la sympathie, quelques-unes, au moins, s'obtiennent sur fond d'une crainte d'être malade, de faire un écart par rapport aux autres, de souffrir d'un manque de nature ou d'une carence de tel sentiment dont on les croit pourvus, de se sentir intimement, secrètement ou manifestement exclu du commerce ordinaire des autres hommes.

La question de la normalité est au cœur de la sympathie. Ce qui déclenche la sympathie et ce qui en fait l'étrange contenu négatif, c'est qu'on ne sait pas, qu'on ne peut pas savoir si on est normal, si on sent ce que les autres sentent, s'ils sentent ce qu'ils disent sentir, s'ils le sentent comme nous le sentons ou s'ils le sentent alors que nous ne le sentons pas. Suis-je comme les autres? La crainte d'avoir à donner une réponse négative, tant qu'on ne comprend pas que cette inévitable question est pourtant sans réponse déterminée, fait que l'on se ment à soi-même dans tous les domaines où l'action paraît urgente, au plus grand avantage de la société. Par crainte d'être malade et exclu de la société, je me sens poussé vers l'inauthenticité. L'authenticité me pousserait vers la maladie ou vers une dangereuse dissidence. L'altérité ne se gagne qu'en se masquant l'isolement. Certes, la philosophie de Hume, qui fait cette découverte, est rien moins que désespérée et lorsque Hume confesse son «désespoir» de *philosophe*, il ne faut le croire qu'à demi; non seulement parce que l'auteur peut se divertir de son travail philosophique, mais aussi parce que la philosophie ne se laisse pas enfermer dans le cycle de la solitude dépressive, de la répression constitutive d'une fausse altérité à laquelle correspond un faux moi; abaissant les défenses dans des situations affectives immédiatement jugées dangereuses ou scandaleuses, elle casse le circuit de l'effroi, de la répression et de la nécessité d'être inauthentique pour constituer la figure d'autrui. Elle donne, au contraire, tous les éléments pour qu'on ne s'effraie pas de constituer les relations humaines sur un fondement

« sympathique » plutôt qu'illusoirement substantiel.

La philosophie n'est pas la seule activité qui s'accompagne d'une sensibilité quasi-maladive qu'elle peut consoler et soigner. Sans doute « un individu fiévreux n'affirmerait-il pas hautement que son palais est habilité à décider des saveurs ; il ne viendrait pas davantage à l'esprit de quiconque de prétendre, sous les atteintes de la jaunisse, rendre un jugement concernant les couleurs » (*Essais esthétiques*, [abrév. : EE] II, 86). Mais la délicatesse de goût, que Hume compare à l'exactitude d'une horloge de précision (EE, II, 71), a le même effet que la délicatesse de passion (EE, II, 58), qui rend ceux qu'elle habite si facilement malheureux. La première s'ouvre, il est vrai, sur un univers symbolique ; la seconde sur l'univers réel ; mais, dans la mesure où le jugement de goût requiert la composante essentielle de la délicatesse, cette précison de l'imagination et de l'entendement requiert une certaine faiblesse psychique, à laquelle il faut remédier. Et le remède, comme dans le cas de la philosophie, réside précisément dans un usage de ce qui, livré à lui-même, créerait le déséquilibre : « Tout homme avisé essaiera de placer son bonheur dans des objets tels qu'ils dépendent principalement de lui-même : et cet objectif-là ne sera réalisé par aucun moyen aussi bien que par cette délicatesse de sentiment » (EE, II, 68).

Nous ne saurions être surpris par le fait que la sympathie soit au principe des valeurs esthétiques (*Traité*, II, 211, 212, 213 ; III, 198). Le jugement esthétique se déroule dans un espace symbolique où nous nous figurons communiquer sur des objets exactement appréhendés, dans l'œuvre voire hors de l'œuvre, mais qui n'engagent pas le sérieux de l'existence. Ne croyons toutefois pas qu'il n'y ait aucune affinité entre le jugement concernant la réalité et celui qui est à l'œuvre dans le goût (EE, II, 70). Il y a plus : en dépit de ses ambiguïtés (EE, II, 80), le langage que l'on tient sur les œuvres d'art se révèle paradoxalement plus stable et plus universel que le discours scientifique, qui prétend dire ce qui est (EE, II, 97).

L'obligation pratique, plus en prise sur la réalité que les jugements de goût et peut-être même que les jugements scientifiques, mérite que l'on établisse avec soin son origine « *pathologique* ». L'obligation peut bien se vivre comme dérivant d'une origine transcendante ; elle est en réalité une réponse à une situation ressentie comme « *pathologique* ». En quels sens la sympathie est-elle, comme le rappelle Hume très souvent (*Traité*, III, 199, 248), au fondement de la morale ?

En premier lieu, le sens moral ne se passe pas de la défense d'une certaine image de soi. Sans doute le moi n'existe-t-il pas, mais c'est en faisant exister son image qu'il devient utile aux autres et à soi-même. Cela ne signifie pas qu'il s'agisse d'incarner une Idée transcendante par rapport aux passions : il ne faut pas opposer le sens moral aux passions. Toutefois le sens moral est plutôt lié à une *vue* des passions qu'il n'est lui-même une passion. Le moi est une instance d'identification et d'imitation. Il n'est pas inutile de rappeler qu'il est traité de la sympathie dans un chapitre sur *l'amour et la renommée*. Que va-t-on penser de moi ? Le souci de soi est au moins une composante du sens moral.

On s'étonnera peut-être de l'apparente contradiction d'un moi, dont on dit qu'il n'existe pas, si attaché à produire auprès des autres et de soi-même une image de soi. Comment peut-on tenir autant à ce qui n'existe pas ? C'est inséparablement la contradiction et le sérieux de la structure de l'orgueil : il produit un objet et crée le mirage d'un sujet. D'autres passions requérraient d'autres figures du moi qu'il est difficile de dire identiques les unes aux autres, mais dont il vaut mieux envisager les relations comme problématiques. Le sens moral est donc particulièrement lié à l'orgueil. Après avoir rappelé, en un sens très pascalien, pourquoi l'orgueil déplaît (*Traité*, III, 220-1), Hume fait un véritable panégyrique de cette passion en montrant sa nécessité sociale (III, 222-3). Les sociétés que Hume peut observer au présent et au passé n'existent qu'en mettant en jeu des individus poursuivant des fins plus ou moins imaginaires. C'est par une sorte de surenchère d'images produites par les individus et les leurrant que les sociétés parviennent à produire leurs valeurs. Mais, curieusement, pour que ces valeurs soient produites, il faut que soient visées d'autres valeurs, de manière plus ou moins voilée (III, 223). Ainsi faut-il que l'orgueil soit voilé pour qu'il ne répugne pas aux autres et fasse tout son effet social. La leçon pascalienne, qui est aussi celle de Mandeville et qui sera celle de Kant, est parfaitement maîtrisée par Hume : les apparences de la morale ont un effet supérieur à celui que la morale obtiendrait par simple obligation.

Il est étonnant que les valeurs les plus stables et souvent les plus élevées aient été établies par des individus qui doutent profondément d'eux-mêmes et qui ont cheminé par des voies plus apagogiques que pleines et évidentes. On trouvera ce même argument sous une autre forme dans le passage qu'effectue la sympathie entre l'*être* et le *devoir être*. C'est *le deuxième sens* qu'il nous reste à inspecter.

On connaît l'avertissement général de Hume, qui recommande de ne pas confondre *être* et *devoir être*, et de surveiller en toute morale le passage souvent clandestin d'un auxiliaire à l'autre (III, 65). Certes Hume récuse généralement les morales du *devoir être* et de l'*obligation*. Aucun devoir n'a de sens s'il n'est cautionné par une inclination naturelle ; ce qui ne veut pas dire, notons-le bien, qu'il y ait entre eux parfaite identité. Il arrive souvent à Hume de tenir le terme d'obligation pour équivalent à celui de moral. Toutefois, non seulement le naturalisme est ambigu (quand on parle de tendance naturelle, lui assigne-t-on le théâtre de l'individu ? de la plupart des individus ?), mais la relation peut encore s'inverser : les canaux qui conduisent de la nature au devoir peuvent aussi conduire de la morale à la nature. Quand une personne manque de ce qu'elle estime être naturel et ordinaire chez les autres, elle feint de l'éprouver et agit conformément à ce qu'elle imagine devoir éprouver, tout simplement parce qu'elle se figure que les autres l'éprouvent. Le sentiment d'une faille en nous, celui du danger de la laisser paraître à autrui, celui de la nécessité de la masquer, la volonté d'honorer l'image que les autres se font de nous, constituent l'essentiel du sentiment d'obligation qui nous pousse à faire artificiellement ce que nous ne faisons pas spontanément que s'il était naturel de le faire.

Le sens moral se constitue paradoxalement de forces extra-morales ; de même que la vérité scientifique ne saurait exister sans la mise en œuvre, dans sa constitution même, d'éléments que le chercheur contesterait si on les lui présentait séparés. La morale humienne, dont l'origine est dans une inquiétude intime, est indissolublement morale de l'*être* et du *devoir être*. Elle consiste à se faire une nature à partir de ce qu'on appréhende de manière abrupte comme une règle, faute d'en avoir directement le sentiment ; ou à épanouir en règle ce qui est d'abord de l'ordre de la nature.

Le jeu de l'*être* et du *devoir être*, du *devoir être* qui n'est qu'une détermination de l'*être*, tandis que l'*être* n'est qu'une détermination du *devoir être*, implique un statut particulier de la volonté. De même qu'il faut se méfier du terme d'*empirisme* qui écache la pointe la plus subtile de la recherche humienne, de même il faut se méfier de l'étiquette du *sentimentalisme* dont les adversaires de Hume ont recouvert sa morale. Les morales sentimentalistes sont censées s'opposer aux morales de la volonté ; comme des morales dépourvues de transcendance ou naturelles s'opposent à des morales où la volonté dépasse le jeu phénoménal des passions. C'est simplement oublier que la volonté ne se définit pas nécessairement par la transcendance ; qu'elle peut n'être qu'un sentiment de transcendance lié à toutes sortes d'illusions ; et que les auteurs qui ont le plus insisté sur le caractère transphénoménal de la morale ont souvent admis qu'il pouvait, au bout du compte, s'agir d'une transcendante chimère.

La volonté remplit, chez Hume, à peu près la même fonction que chez Hobbes. Loin de constituer la volonté comme une faculté, Hume, dans un style nominaliste et non sans quelque humeur, « voudrait que l'on puisse noter que, par volonté, il n'entend rien d'autre que l'impression interne que nous sentons et dont nous sommes conscients, lorsque nous suscitons sciemment un nouveau mouvement de notre corps ou une nouvelle perception de notre esprit » (II, 253). Cette définition est évidemment très proche de celle que Hobbes donne de la volonté dans son *Léviathan* comme « appétit qui intervient le dernier au cours de la délibération »[1] lorsqu'il insiste sur son caractère de dernière impression précédant l'acte de transformation de la réalité ; Hume se livre de même à une analyse très fine du phénomène comme impression en rapport complexe avec le principe de réalité.

D'abord, si la volonté n'est pas tout à fait elle-même une passion[2], puisqu'elle est plutôt le désignation du dernier ensemble d'impressions diverses qui précède l'action, et surtout parce qu'elle paraît orienter ce complexe d'impressions (II, 232-3), elle n'en partage pas moins toutes les

1. *Op. cit.*, trad. F. Tricaud, éd. Sirey, Paris, 1971, p. 56.

2. Il arrive toutefois à Hume de classer la volonté parmi les passions directes, à côté du désir et de l'aversion, du chagrin et de la joie, de l'espoir et de la crainte. II, 297.

caractéristiques des passions ; en particulier elle n'est pas plus définissable qu'elles (II, 253) et se sent comme elles et à travers elles. Toutefois parce qu'elle est ressentie comme la dernière impression avant une transformation locale du monde, elle paraît évidemment différente des autres passions[1] qu'elle semble parfois réfréner. La gouverne de la volonté fait l'enjeu d'une sorte de dispute entre les passions violentes, dont il convient de se méfier, et les passions calmes, plus faciles à accueillir (II, 274, 296). La volonté est la dernière instance du filtrage de ce qui doit passer à l'acte ; du moins de ce que nous en sentons. Elle est ressentie comme l'ultime rampart qui sépare la guerre intestine des passions de l'action adéquate sur le réel. Si elle est une résultante du jeu des passions, la volonté comprend dans ces passions les exigences propres de la réalité qu'elle peut faire primer sur des sentiments plus bruyants ou plus violents (II, 275). De plus, la volonté étant particulièrement orientée vers l'action adéquate ou adaptée, il est inévitable qu'elle donne le primat au futur que l'on imagine pouvoir construire, sur le passé qui ne peut être modifié (II, 287).

La volonté est donc l'une des façons dont nous ressentons l'équilibre des passions et du principe de réalité. Au moins est-elle le sentir privilégié d'un moment de cet équilibre. On peut sans doute présenter la philosophie de Hume comme une philosophie de la volonté ; à condition de ne pas confondre la volonté avec la liberté (III, 237). L'équilibre que l'on ressent un instant suspendu avant l'acte n'est pas le produit de la liberté. La volonté, comme n'importe quelle passion ou n'importe quel autre complexe de passions, est le produit de la nécessité.

Il est étonnant de voir un philosophe qui a mis si profondément en question l'idée de cause, celle de loi, surtout envisagée à la façon newtonienne, se faire le défenseur farouche de la nécessité la plus exclusive de toute liberté. Il n'est pas question, comme chez Kant, d'envisager quelque antinomie soluble entre la nécessité et la liberté. S'il y a une nécessité, elle exclut la liberté (II, 262). Cette option transforme la liberté en une simple impression, illusoire si elle prétend s'opposer à la nécessité.

Nous avons l'impression de liberté lorsque nous ne sommes pas soumis à une passion violente ; en ce sens, il faut opposer liberté et violence, plutôt que liberté et nécessité, antinomie qui n'a aucune espèce de fondement, ni dans le sentiment, ni autrement (II, 262-3). L'impression de liberté nous conduit à toutes sortes d'illusions, car, quelle que soit notre situation, nous nous projetons dans un ensemble de positions que nous croyons pouvoir occuper et que nous n'occuperons évidemment jamais, à l'exception de l'une d'entre elles, voire sans exception du tout, car rien n'arrive jamais comme on l'a prévu. La liberté n'existe que sur le mode fantastique du

1. Nous disons bien « paraît » ; car l'argument n'a en réalité rien de décisif si on a bien entendu l'hypothèse que nous avons faite dans notre chapitre sur la dynamique (p. 161). La passion n'est peut-être qu'un moment senti d'un processus ; ce point la rapprocherait beaucoup de la volonté, dont le moment senti aurait pour caractéristique singulière d'être appréhendé comme ultime avant l'action.

conditionnel, présent ou passé : elle est ce qu'on pourrait, ou aurait pu, faire. Ce qui est une pure fiction qui donne à la réalité de ce qu'on vit la figure d'un simple possible. La liberté est une illusion de sentir qui ne saisit ni les causes du processus qui la sous-tend, ni ses propres causes (II, 263-4).

Il résulte même de ce « système fantastique de liberté » (II, 259) de parfaites inepties morales. On le croit assez puissant pour fonder la morale puisque la condamnation d'un acte frauduleux ou délictueux paraît toujours enfermer la supposition que l'on aurait pu agir autrement. Sinon comment pourrait-on reprocher à quelqu'un d'avoir fait ce qu'il ne pouvait faire autrement ? Il faut donc, pour responsabiliser et punir, bousculer la nécessité.

Mais Hume montre aussitôt qu'on ne peut s'en sortir à si bon compte et que la théorie de la liberté rend subtilement impossible la punition qu'elle paraît permettre d'un autre côté : « Selon la doctrine de la liberté ou du hasard, [la] connexion [de la personne avec son acte] se réduit à rien et l'on ne saurait davantage imputer aux hommes les actions qu'ils projettent et préméditent que les actions les plus contingentes et les plus accidentelles. [...] L'action peut bien en elle-même être blâmable, elle peut bien être contraire à toutes les règles de la moralité et de la religion ; la personne n'en est pas responsable. »[1] La doctrine de la liberté, qui croit pouvoir émanciper radicalement le *devoir être* de l'*être*, ne parvient à coup sûr pas à s'échapper des exigences de la vérité, qui l'enferment dans un chiasme, puisque, tour à tour, elle paraît être seule en mesure de garantir, puis d'annihiler sans reste la responsabilité. Mais est-il possible de concevoir un monde qui solidarise radicalement le *devoir être* et l'*être ?*

Dire que la morale de Hume ne fixe pas de devoirs séparés de l'existence ne permet nullement de dire que l'on ait affaire à une morale sans aucune règle ; simplement, elle puise ses règles dans l'existence même. En d'autres termes, ce qu'il y a de terrible dans la faute, ce n'est pas tant qu'elle contrevient à un devoir quelconque ; c'est qu'elle se vit mal et qu'elle fait mal vivre, soi et les autres. Le respect des règles est encore le meilleur gage de bonne vie.

Intéressante, de ce point de vue, est l'inlassable critique à laquelle Hume soumet son personnage du menteur. La véritable condamnation du menteur ne dépend pas de la règle morale ou juridique : c'est l'existence même qui l'effectue ; on ne croit pas à ce qu'il dit ; sa conversation est sans saveur ; elle n'*existe* pas (*Traité*, I, 189). Il paie en fausse monnaie et on ne le croit pas. Les règles de morale sont fondamentalement des règles d'existence. Absurdement, le menteur veut, par sympathie, inventer du croyable ; mais il ne procure pas le plaisir qu'il voudrait et ne parvient qu'à s'exclure de la communication ordinaire (*Enquête sur les principes de la morale*, 177). Le mensonge est, comme l'exil, comme la folie, une figure

1. II, 266-7. Le texte conclut que « c'est sur le seul fondement des principes de nécessité qu'une personne acquiert du mérite ou du démérite pour ses actions, en dépit du penchant de l'opinion commune pour la thèse contraire ».

de l'exclusion ; la plus insupportable et la plus laide, peut-être, parce qu'elle paraît la plus gratuite.

Hume met particulièrement en avant la figure du menteur, qu'il paraît rejeter sans ménagement. En réalité, cette figure est chez lui trop obsédante pour qu'elle ne soit pas un chiffre de notre condition. Comment, si la nature ne nous pourvoit d'aucune source spontanée de sentiment et si elle paraît nous mettre en demeure de les acquérir ou de les feindre, tant que la philosophie, par quelque côté *antiphysis*, ne déjoue pas ce piège, comment donc, dans ces conditions, ne serions-nous pas obligés de mentir, de confectionner des croyances pour nous-mêmes et pour les autres ? Le menteur n'est condamnable, au bout du compte, que lorsqu'il est vulgaire et lourd ; c'est par sa grossièreté qu'il « vend la mèche » et nous renvoie, par un effet grossissant, à notre propre image. D'ailleurs Hume ne conteste pas plus que Mandeville la nécessité, pour la réalité sociale, de se fonder sur des tromperies en de multiples choses (*Traité*, I, 227).

V. Si analytique et critique soit-il, le concept de *sympathie* est extrêmement composite. Il enferme en lui trop de relations et, sans doute, est-ce ce qui l'a fait dédaigner par les chercheurs contemporains, alors que Hume l'a placé au fondement des sciences humaines du XVIIIe siècle. La psychanalyse, par exemple, ne se sert guère de la *sympathie*, dont elle a dissocié les rôles. Elle distingue plus nettement l'*identification*, l'*idéalisation*, l'*inversion*, la *projection* etc. qui sont autant d'actes recouverts par le terme de *sympathie* chez Hume. La lecture de Freud permet à l'interprète de Hume de les tenir séparés et de les suivre sous l'homonymie ; d'ailleurs Hume ne confond pas ces diverses acceptions. Le point fort de Hume, c'est que, sous ce vocable très irénique et sans doute trop large de sympathie, il suggère non pas l'existence d'une essence, mais celle d'un tissu de relations telles qu'elles se supposent les unes les autres. On ne peut parler d'identification sans idéalisation, sans inversion, sans projection etc. Toute relation n'a de sens que dans un réseau d'autres relations. La sympathie indique la conscience d'une solidarité des notions alors même que l'on ne se sert analytiquement que de l'une d'entre elles. La notion de *sympathie* n'est donc pas sans intérêt puisqu'elle permet de mener très finement les analyses en maintenant un horizon de complexité.

Les problèmes d'écriture ne doivent pas être séparés des problèmes philosophiques. Il y a, dans le *Traité*, une écriture sympathique. Certes, toute écriture philosophique l'est par quelque côté, mais si le recours humien à la sympathie doit être distingué, c'est sur deux points. *D'abord*, Hume ne prétend jamais obtenir une certitude totale dans son cheminement et ce qu'il laisse soupeser à son lecteur, ce sont des fictions de valeur inégale ; il le laisse démêler ce qui est fallacieux de ce qui est une entité fictive recevable. *Ensuite*, la sympathie humienne sur le terrain philosophique consiste à abaisser les défenses que le principe de réalité nous intime de construire vite et avec une efficacité apparente, à nous introduire dans un univers symbolique où nous avons plus de loisir pour reconstruire de nouveaux équilibres, plus efficaces encore, et qui porteraient moins l'empreinte de l'effroi. Le ciment du monde est nécessairement fait de nos angoisses. Il peut néanmoins tolérer un certain jeu avec elles.

Il y a un usage humien de la sympathie solidaire de la théorie des fictions. Hume sait profiter de l'élan fantasmatique de la sympathie et le critiquer, sans le détruire ; à la différence de Bentham qui, par sa critique, abolit la notion de *sympathie*, sans se servir de sa positivité, qui aurait pu lui être utile.

Nous avons, à plusieurs reprises, remarqué la grande proximité des notions d'*autorité* et de *sympathie*, qui travaillent de pair chez Hume, au plus intime de la nature humaine. La sympathie dissout et refait les autorités, autant que l'autorité vient la limiter. Il faut désormais prendre pour thème cette autorité et mesurer l'originalité de son traitement humien. S'il pouvait sembler d'entrée de jeu surprenant de considérer que la sympathie est un des fondements majeurs des sciences humaines, il ne l'est pas moins à présent de remarquer que l'autorité, qu'on enfermerait volontiers dans la sphère du politique et du juridique, puisse prétendre en être un aussi.

CHAPITRE II

LA NOTION D'AUTORITÉ

I. Au-delà de son évidente solidarité avec le pouvoir politique (*Traité*, III, 117), économique (II, 208, 213), militaire (III, 152), social et familial (II, 147, 152; III, 116-7)[1], l'autorité peut être celle des œuvres d'art (*Essais esthétiques*, II, 85-86), de l'une des facultés de notre esprit sur les autres[2], celle de la fiction de l'identité de notre personne et des objets qui l'entourent, celle d'une représentation, d'un argument (*Traité*, I, 82), celle que l'on a sur son propre esprit (I, 382), celle d'un raisonnement ou de la raison (I, 268), de l'expérience ou de l'expérimentation (II, 182), d'un des sentiments sur les autres. Cet usage de la notion d'autorité, prodigieusement déplacé et étendu par rapport au sens ordinaire, n'est pourtant pas seulement métaphorique. La notion d'*autorité* effectue, chez Hume, la médiation entre la conception de l'esprit comme «*collection de perceptions*» emportées dans un flux perpétuel et la conception «*dynamique*», qui saisit le jeu des forces psychiques ou corporelles et trame le cours des représentations. L'autorité fait apparaître les représentations comme les fantasmes de ce jeu de forces et elle joue, à titre de relai entre les considérations dynamiques et le discours plus herméneutique des perceptions, un rôle de fondement sur le terrain des sciences humaines, quand bien même elle n'aurait jamais été nettement thématisée par les soins de l'auteur.

II. La critique religieuse prend, dans les *Dialogues*, un tour si original que son sens a souvent rendu perplexes les lecteurs. Nous nous sommes déjà interrogés sur l'apparent revirement de Philon qui, après une attaque minutieuse du théisme, finit par proclamer son accord avec celui que toutes les parties des *Dialogues* désignaient comme son adversaire, le plus souvent défait? Or cette volte-face s'éclaire en partie si l'on valorise l'un

1. Hume donne l'autorité comme équivalente au pouvoir et dit de l'une ou de l'autre qu'elles nous rendent «capables de satisfaire tous nos désirs» (II, 154).

2. TNH, I, 145: «Sans l'autorité de la mémoire ou des sens, tout notre raisonnement serait chimérique».

des fils conducteurs de l'œuvre constitué par les concepts d'*auteur* et d'*autorité*.

Philon, en accord avec Déméa, montre sans peine que la critique du moi substantiel vaut contre le Dieu créateur (*Dialogues*, IV), qu'on ne saurait prouver la réalité de l'auteur d'une œuvre à partir de la complexité de celle-ci (*Dialogues*, III), ni son unicité à partir de l'apparente unité de l'ouvrage (*Dialogues*, V). L'*auteur* n'est qu'un nom (*Dialogues*, II) par lequel on désigne, sans les expliquer, des processus de production compliqués. La position de Dieu comme auteur de l'univers est la projection d'une intelligence qui se place indûment au fondement de l'être (*Dialogues*, II). L'intelligence est tellement fière d'elle-même qu'elle ne peut accepter, comme son auteur, pour s'expliquer son origine, qu'une autre intelligence, qui lui est semblable, quoique plus parfaite. Si la tête ne s'arrogeait pas le plus beau rôle, elle aurait pu projeter dans les cieux d'autres parties du corps humain pour rendre ultimement raison de l'univers (*Dialogues*, V, VII). Il y a donc une nécessité physiologique pour que le ou les dieu(x) nous apparaissent comme intelligents, car la tête valorise ses productions comme les autres organes valoriseraient les leurs s'ils pouvaient s'exprimer.

Il est clair que Hume maîtrise parfaitement l'idée de *projection* sur laquelle Feuerbach se livrera, quelques décennies plus tard, aux variations qu'on connaît dans *l'Essence du christianisme*. Nous constituons les dieux de nos propres forces, de notre sang, de nos affects, de notre intelligence et nous feignons, comme dans un rêve, d'assister à la figuration d'êtres étrangers dont nous sommes les auteurs. Nous produisons nous-mêmes les forces qui président à l'illusion de transcendance de nos représentations.

Mais, contre l'attente d'un esprit instruit par l'athéisme moderne, Hume ne conclut nullement que la foi est une dangereuse aliénation par laquelle l'homme se dépossède de lui-même et tourne ses forces contre soi; du moins, si elle l'est quelquefois, ne l'est-elle pas en général. La foi de Cléanthe n'est pas la foi ascétique de Pascal; et Philon, malgré son scepticisme à l'égard de l'une comme de l'autre, se sent tout de même plus éloigné de celle-ci que de celle-là.

Le revirement du personnage de Philon ne signifie pas que Hume a reculé devant les conséquences ultimes de sa critique religieuse. Si Hume sait bien que la foi est toujours liée à une certaine composition affective qui, s'ignorant elle-même, tend, par conséquent, à s'abuser, il sait aussi qu'il n'y a pas de sentiment humain sans un établissement[1] du sentiment. Le sentiment se conserve, se développe, se transforme uniquement par les institutions; la meilleure façon de le faire dépérir serait de le laisser livré à lui-même ou de prétendre le rendre à lui-même. En ce sens, l'établissement de complexes affectifs par la religion, s'ils ne paraissaient détachés de celui qui les ressent et venus à sa rencontre alors qu'il les a produits, serait l'épanouissement normal d'un mouvement historique naturel.

1. On trouve l'expression *to establish the passion* sous la plume de Hume (SB, 335, 357).

Si ce que nous venons d'appeler d'un terme général, *institution* ou *établissement* , se situe au point de rebroussement des forces, cette institution se situe aussi exactement au lieu où nous avons déjà repéré que se nouent les contradictions. L'institution crée et résorbe les contradictions. Nous retrouvons ici, appliqué à la religion, le geste, maintes fois effectué dans le *Traité*, de démasquer comme un produit de l'imagination ce dont on affirme conjointement la nécessité. Ce n'est pas parce que l'autorité de Dieu doit être reconnue comme fictive qu'elle en perd pour autant tout crédit, car s'il fallait dénoncer la religion parce qu'elle retourne, parfois contre elles-mêmes, les forces des hommes, il faudrait dénoncer avec la même rigueur les concepts, le langage, voire toute représentation ; bref, tous les lieux où les forces psychiques paraissent prendre une consistance propre par le retournement qui pose les institutions.

III. Les mécanismes qui constituent les dieux sont aussi ceux qui constituent les représentations ; les unes ne sont pas moins fantastiques que les autres. L'autorité ne saurait être constitutive des seuls mondes juridique, politique et religieux. Elle n'agit pas seulement dans les relations avec les autres. On la trouve au fondement même de la constitution du monde naturel ; elle a partout pris la place de la substance, tenue en échec sur tous les fronts et expulsée sans ménagement. Les notions de *sujet* et d'*objet* sont, autant que celle de la *communication* sociale (SB, 316, 324, 363, 364...), des fictions, dont nous voudrions établir le lien avec la notion d'*autorité*.

Le *sujet* n'a pas de réalité en soi. En langage keplerien, plutôt que copernicien, nous n'occupons pas le foyer où nous nous projetons comme l'auteur de nos actes et de nos pensées, quoiqu'il soit nécessaire que nous le formions. Nous n'existons pas comme nous croyons exister, mais cette différence est indispensable à une existence humaine. L'unité du sujet est donc fictive : celle des *objets* ne l'est pas moins (SB, 255). Nous *décidons* (SB, 352) du découpage des objets pour donner un sens à nos sensations ; mais la réalité substantielle des objets et leur continuité ne sauraient être exigées par la raison, mieux qualifiée pour les dissoudre que pour les justifier. C'est la vie qui nous impose de constituer des zones de stabilité dans lesquelles elle trouve sa sécurité, prend ses points de repère pour leur référer le flux changeant de nos impressions. Livrée à elle-même, la raison ne serait que dissolvante ; trop livrée à elle-même, la vie serait bornée comme chez les animaux ; mais de concours avec la raison, la vie constitue les conditions de possibilité des affaires humaines.

Dans cette production de stabilité, le langage ne joue pas un moindre rôle. Loin d'être des choses en soi, les objets sont des êtres qui *ont le droit* d'être nommés de telle ou telle façon (SB, 221, 297, 352 ; *Traité*, I, 308), par le jeu des ressemblances plus ou moins nombreuses avec des situations passées. L'originalité de cette expression, fréquente sous la plume de

Hume, mais aussi déjà sous celle de Locke[1] et de Berkeley[2], c'est qu'elle implique, ce qui est naturel dans le cadre d'une théorie des fictions, la recherche de critères de recevabilité autres que la vérité. Les objets ne sont pas seuls à posséder un titre à être unifiés comme tels; la raison doit, elle aussi, montrer ses «titres à agir sur nous» (*Traité*, I, 364) et elle ne les acquiert qu'en «se mêlant à quelque penchant». Les relations que l'entendement décèle et établit entre les phénomènes ou les idées (ressemblance, contiguïté, ...) comportent des degrés qui leur permettent d'acquérir ou de perdre «le droit au nom d'identité» (I, 355).

Dans ce dernier exemple, la question des critères est explicitement posée. Hume distingue en principe l'identité des autres relations; il fait même de leur confusion la source de tous les paralogismes concernant le moi. Leur rapprochement est donc faux; il n'empêche qu'il existe un droit – qui n'a plus rien à voir avec la vérité – pour toute relation à être prise pour identité. Hume note alors que ce moment du rapprochement et de ses degrés, repérables conformément à la théorie humienne des probabilités, est celui de la fiction ou de «principe imaginaire d'union» (I, 355); et il distingue clairement ce moment de celui des discussions verbales.

Reste l'altérité, qui ne s'effectue pas non plus sans production de fictions et qui s'envisage encore sous l'angle de l'autorité. Hume note, dans le *Traité*, l'incroyable jouissance qu'il y a à commander les autres hommes: «A supposer qu'il fût possible de construire des marionnettes d'un mécanisme assez admirable pour qu'elles puissent se déplacer et agir conformément aux ordres de notre volonté, il est évident que la possession de telles marionnettes nous donnerait du plaisir et de l'orgueil; pas au même degré toutefois que la même autorité exercée sur des créatures sensibles et raisonnables dont la condition fait paraître la nôtre, par comparaison, tellement plus agréable et plus honorable» (II, 154-5). Je jouis, dans le commandement, de ma supériorité sur autrui ou, plus indirectement, je jouis de n'être pas dans sa position d'inférieur ou parce que j'imagine que l'autre me croit heureux en le commandant. Plus généralement, la communication entre les hommes ne fait pas seulement circuler des valeurs déjà constituées. C'est ainsi qu'un savant imagine que d'autres, issus du même milieu que lui, jugeront et jugent en effet de la même façon que lui dans les mêmes circonstances, qu'il prend confiance dans la valeur de sa démonstration. L'autorité des arguments, dont on pourrait croire la valeur installée dans l'éternité et indépendante d'un public, est en réalité sensible au temps et au lieu – en particulier à la société – où ils sont proposés (I, 216-7).

1. *Essai philosophique concernant l'entendement humain*, L. III, chap. III, § 12: «Être d'une telle espèce et avoir droit au nom de cette espèce, est une seule et même chose.» (p. 333).

2. *Introduction manuscrite aux Principes*, § 34: «Tout ce que j'entends signifier par: «Mélampus est un animal» est ceci: la chose particulière que j'appelle Mélampus peut légitimement être appelée du nom d'animal» (*Œuvres*, PUF, Paris, 1985, p. 173). Voir § 20.

Conscient de ce que nous avons appelé, avec les psychanalystes d'aujourd'hui, *l'illusion groupale*, Hume savait qu'on pouvait transformer des hommes communs en soldats d'élite si on parvenait à leur faire croire qu'ils étaient les représentants d'un État invincible. La réalité des actes ne va pas sans une part d'illusion ; malheur toutefois à ceux qui, au nom de ce partage, voudraient traiter fallacieusement l'illusion groupale comme une réalité : n'est-ce pas l'illusion fatale de l'existence substantielle d'une nation qui porte les nationaux d'un camp à faire appel à un État étranger pour dominer le camp adverse ou recouvrer leurs droits ?

Comme les deux notions précédentes du *sujet* et de l'*objet*, l'*altérité* se joue donc dans une duplicité de pôles de réalité et d'irréalité.

L'expression privilégiée de cette bipolarité s'effectue par la notion d'*autorité* ; il faut, pour le montrer, voir d'abord comment les moments principaux de cette notion, détectés sur son terrain de prédilection du droit et de la politique, sont aussi ceux de la constitution du *sujet*, de l'*objet* et de l'*altérité*. Nous jugerons ensuite de la valeur conceptuelle de cette affinité.

L'*autorité* est moins la *force* que la façon dont il en est usé. La force, réalité d'une autorité dont le pouvoir est le fantasme (SB, 311, 312, 314 ; EP, 70), agit en quelque sorte à distance. Ce caractère, trivial sur le terrain politique, peut être repéré en d'autres domaines. Lorsque Hume parle de l'*autorité* des beautés dans *la Norme du goût*, il n'entend pas qu'elles exercent sur le goût un effet mécanique. Si c'était le cas, il serait facile à chacun d'avoir du goût en se soumettant à la force des œuvres. Or la force des œuvres ne se délivre que chez celui qui est disposé par sa culture et ses habitudes à l'accueillir, dans un univers de langage et de symboles. L'autorité est la force dans le langage, l'une se masquant par l'autre, mais aussi indispensable que l'autre en quelque objectivation que ce soit, fût-ce dans la plus humble des perceptions.

Cette brève incursion dans le domaine de l'art ne nous éloigne pas de la politique. L'autorité n'est pas sur ce terrain le simple déploiement de forces mises au service d'une règle qui existerait en soi ; elle est contemporaine de la règle parce qu'elle est issue des contradictions de la situation qu'elle s'efforce de dépasser, sans jamais y parvenir tout à fait[1]. Son origine est conflictuelle plutôt que contractuelle ; et sa nécessité tient à ce qu'*il faut bien* trouver une issue au conflit des divers intérêts personnels, par exemple (*Essais politiques*, 334 ; SB, 581 ss., 583, 602 ss.). Ce critère, évident sur le terrain politique et juridique (*Enquête sur les principes de la morale*, V, 2), ne l'est pas moins quand il s'agit d'opposer les valeurs critiques de la raison à l'intérêt naturel que nous portons à notre vie. Il est vrai que le sujet, l'objet et autrui peuvent être décomposés par l'analyse, sans qu'on puisse retrouver rationnellement le chemin de leur unité respective ; mais il l'est autant qu'on ne peut vivre ainsi et que le scepticisme doit être contrecarré :

1. Hume, dans l'*Origine du gouvernement*, note que les opinions qui donnent un titre à l'autorité gouvernementale sont inextricablement mêlées avec celles qui l'entravent.

ce qui ne manque pas d'être fait par la nature, qui tranche, quand il le faut, contre la raison et ne lui laisse d'autre choix que celui de composer avec elle. Ainsi faut-il vivre comme s'il y avait une permanence des objets, quoique la raison ne permette pas de la poser.

On remarquera au passage que l'autorité tranche ses conflits en déplaçant les raisons qui les ont occasionnés. L'autorité est liée à un jeu complexe de valeurs qui donne le primat à la pratique. De ce point de vue aussi, l'objet se «*décide*» plutôt qu'il ne se contemple.

Enfin, l'autorité n'est pas seulement le produit d'un jeu de forces ; elle le «résout» ou en fantasme la solution en une instance qui semble venir à la rencontre de celui qu'elle soumet. Pas d'autorité sans inflexion du mouvement des forces qui, par ce repli sur lui-même, fait oublier d'où il vient. Tel est le cas de l'autorité gouvernementale qui s'exerce le mieux en faisant oublier la réalité de son origine (SB, 566) ; mais il en va de même lorsque, dépassant un jeu de forces psychiques, une représentation (conceptuelle ou imaginaire), une sensation de passion, un jeu de forces traversant la surface d'une peinture, font autorité sur notre esprit. L'autorité sert à indiquer, par-delà l'univers juridico-politique où elle a ordinairement cours, le point où, dans le système de notre esprit, un jeu de forces se renverse en une représentation, en une expression, voire en une simple présentation, comme c'est le cas lorsque nous avons conscience d'une passion.

IV. Or nous ne voyons pas que, par cet élargissement notionnel, l'autorité devienne plus métaphorique que les concepts de *poids*, d'*énergie*, de *force*, de *vitesse*, d'*accélération*, de *moment*, auxquels elle se trouve régulièrement liée (SB, 324).

Pour être sensible à l'autorité, l'homme ne doit pas vivre selon les seules forces transmises par les organes extérieurs ; c'est parce que le jeu des forces dispose d'une relative autonomie et n'agit pas au seul rythme des impulsions extérieures que l'autorité prend un sens pour lui. Sans doute le sens et la valeur de la notion d'*autorité* pour le psychisme proviennent-ils de son caractère de système. Aucune valeur n'accaparera jamais entièrement l'esprit ; l'autorité de chaque valeur implique un partage. «Nos sentiments ont différents degrés d'autorité même sur nous, en proportion du degré de notre raison et de notre expérience. Chez l'homme du bon sens le plus raffiné et de la plus longue expérience, cette autorité n'est jamais entière» (I, 263 ; SB, 182). L'argument que Hume avance pour le montrer vaut a fortiori pour les hommes de moindre bon sens et de moins d'expérience, car, ajoute l'auteur, «même un tel homme doit avoir conscience de s'être souvent trompé dans le passé et il doit toujours redouter d'en faire autant dans l'avenir» (*idem*). Une réflexion rapide sur le système psychique explique donc bien l'autonomie de ce système. Une réflexion sur l'optique dans sa partie métaphysique, pour reprendre une expression humienne (SB, 374), conduirait au même résultat.

De plus, et ce point permet de beaucoup nuancer l'appréciation de «naturalisme» : Hume présente souvent la nature comme faisant

« autorité » sur nous (I, 363). Il se pourrait que cette façon de parler de la nature en termes de règles ne soit qu'une façon de mettre à distance des lois ; nous ne supporterions le déterminisme qu'avec un fantasme d'ouverture et de liberté ; l'idéologie de l'autorité le permet. Mais il n'est pas impossible non plus que le discours des lois ne soit qu'une manière de travestir des règles. Hume le suggère lorsqu'il dit que « la raison paraît en possession du pouvoir », qu'« elle prescrit des lois [...] avec une autorité et un empire absolus » (I, 268) et qu'elle doit finalement composer avec la croyance qui peut bien s'abriter un temps derrière la raison mais que la nature débusque au moment opportun contre « la force de tous les arguments sceptiques » (*Ibid.*). L'autorité ne concerne que des principes ou des règles (III, 157). On ne parle jamais que de l'autorité de principes, toujours ployables dans certaines limites ; elle transforme en principe tout ce à quoi elle s'applique (raison, sentiment, objet, sujet...). Elle ne connaît que des combinaisons, des oppositions et des articulations de principes. Elle n'agit pas mécaniquement, quoiqu'elle soit pourtant le produit de la mécanique qu'elle fonde par ailleurs. Elle exprime, par son caractère imaginaire et linguistique le jeu des forces qu'elle explique et qui la sous-tend.

V. Il paraît donc que la notion d'*autorité*, sans rien résoudre à proprement parler et sans être explicitement prise pour thème par Hume, marque un point d'équilibre entre différentes exigences de sa doctrine. Elle indique ce que nous percevons du jeu des forces et ce que nous imaginons être notre marge de manœuvre à leur égard. Elle est d'ailleurs explicitement rapprochée de la croyance, qui est, dans le *Traité* (I, 191 ; SB, 123), notre accès à ce que nous appelons le principe de réalité. Mais, plus encore que la croyance, qui ne se laisse pas imiter, l'autorité peut, jusqu'à un certain point, être voulue ou accompagner la volonté (II, 232-3). Dès lors ce ne serait pas sans raison que l'on soupçonnerait, à l'occasion de cette extension inaccoutumée du concept d'*autorité*, une volonté sournoise d'enraciner dans la nature les concepts juridiques, politiques et ceux du libéralisme économique de l'époque ; cette vue n'est pas sans fondement lorsqu'on considère les efforts humiens pour enraciner dans un mécanisme de l'imagination l'estime que nous sommes censés porter aux riches et aux puissants (II, 205) ; toutefois, cette vue resterait partiale si elle n'établissait pas conjointement, chez l'auteur des *Essais politiques*, que la nature n'est saisissable et même réalisable que dans une puissante et fondamentale organisation culturelle. On retrouve ici, plus nettement que chez Bentham, l'idée que la théorie des fictions permet de ne pas trancher entre le principe d'explication « linguistique » et le principe « associatif » qui règle plutôt l'imagination.

Dès qu'on a compris la valeur et la portée si vastes et si originales de la notion d'*autorité*, on ne retourne plus aux traités humiens de politique et de droit comme on y était venu. N'en déplaise à Hume qui demandait à son lecteur de prendre garde au passage subreptice de l'*être* au *devoir être* dans les travaux de politique et de morale : tout son travail a été orienté de telle sorte qu'un passage soit toujours possible de l'un à l'autre. Il y a une autorité des choses, un *devoir être* de l'*être*; il y a aussi un *être* du *devoir être*. Nous comprenons mieux, avec l'*autorité*, ce qui avait déjà été largement acquis par le moyen de la *sympathie*.

L'avertissement de Hume a donc pour fonction de regarder de près les inversions. La notion d'*autorité*, qui est plus programmatique que pleinement maîtrisée par l'auteur, indique de multiples points d'inversion. Il faudrait considérablement approfondir la dynamique qui est en cause dans l'autorité pour comprendre comment s'établit cet espace flexible des principes qui semble relativement échapper à un déterminisme étroit. Il faudrait comprendre aussi comment il est possible de tenir à la fois que les arguments sont sensibles aux circonstances et qu'ils puissent apparaître comme universels. La dynamique des arguments, comme celle de tous les actes psychiques d'ailleurs, est saisie en perspective; or, certains points de vue donnent l'idée de ce que l'on pourrait saisir de cette dynamique de la même façon si l'on était placé autrement, comme c'est le cas dans la perception sensible; d'autres ne permettent pas cette idée. Qu'est-ce qui distingue un point de vue constitutif d'un point de vue fantasmatique?

En poursuivant l'intérêt politique de la fiction de l'autorité, on trouve que les opinions du peuple sont des fictions; qu'elles sont indéfendables rationnellement, même si la raison de l'historien ou de l'expert en politique peut expliquer comment le peuple en est venu à adopter les positions qu'il prend en politique ou en morale. Ce qui n'empêche nullement leur infaillibilité (III, 158-9, 166) et que la plus grande erreur et la plus grande ineptie seraient d'introduire la raison dans ce qui est inévitablement fictif et de poser le problème politique en termes de contrat par exemple. Le contrat introduit une rationalité en porte-à-faux.

Il y a plus: une fiction peut manifestement être fausse et ne pas pour autant perdre de valeur. Il est nettement affirmé par Hume qu'une fiction peut être valable par d'autres tours que la vérité[1]: Bentham a cherché, au contraire, au moins dans le *Manuel de sophismes politiques*, à harmoniser ses fictions avec la vérité, quitte à reconnaître que la vérité était aussi une fiction. Le propos de Hume, dont on sait qu'il défend par ailleurs une certaine indépendance de la vérité, paraît plus cynique. Hume n'a jamais cru que l'on pouvait harmoniser toutes les valeurs à la fois. La politique qui le prétend verse inéluctablement dans l'utopie.

1 Par exemple, on lit dans le *Traité*, III, 250: «Ceux qui ramènent le sens moral à des instincts originaux de l'esprit humain, peuvent défendre la cause de la vertu avec une autorité suffisante, mais il leur manque l'avantage que possèdent ceux qui expliquent ce sens par une sympathie étendue avec l'humanité».

CHAPITRE III

LIBÉRALISME ET CRITIQUE DE L'INDIVIDU

I. Les critiques du libéralisme se sont depuis longtemps demandés si les intérêts des individus s'harmonisaient spontanément dans une société ou si l'intervention plus ou moins intense, mais toujours artificielle, des lois et des gouvernements était requise pour parvenir à une telle harmonie. En revanche, il est rare qu'ils se soient demandé plus radicalement si la notion de « libéralisme » n'entrait pas, au moins dans une certaine mesure, en conflit avec celle d'« individu ».

Or le lecteur du *Traité* et des divers essais sur la politique et le commerce découvre qu'il n'y a pas à proprement parler de savoir de la nature de l'individu, ni même de sa réalité ; et que c'est précisément parce que nul ne peut donner à l'avance un contenu à cette notion que le libéralisme prend son sens. S'il existait réellement des individus, il n'y aurait aucun sens à les laisser eux-mêmes indéfiniment constituer leurs limites. Loin donc de supposer une harmonie, voire une identité, entre le libéralisme et l'individualisme, l'œuvre de Hume nous inciterait plutôt à *nous interroger sur la possibilité d'une conciliation du libéralisme économique et*, dans une moindre mesure, *politique, avec la critique radicale* entreprise, dès le Ier livre du *Traité*, des principales caractéristiques *de l'individu* : sa liaison privilégiée à toutes ses représentations, l'unité qu'il réalise de ses représentations et sa permanence à travers le temps.

Mais si Hume refuse de fonder le libéralisme sur l'atome fictif et sans réalité que serait l'individu, le problème se pose alors de savoir ce qui est *réel* dans les processus sociaux. Nous voudrions montrer que le travail scientifique de détermination de ces processus, tel qu'il apparaît dans les multiples essais sur le commerce et la politique, est très exactement l'envers de la critique du moi substantiel, un et permanent dans le temps, entreprise par le livre I du *Traité*.

Il ne s'agit pas de chercher dans les *Essais* la solution des contradictions que la critique du *Traité* a fait apparaître dans la notion d'*individu*. Ces contradictions sont celles du libéralisme. Mais la force de la philosophie de Hume est d'établir, le plus souvent à l'encontre des philosophies qui lui ont succédé, qu'une société n'est pas une collection d'individus, que les processus sociaux n'ont pas pour point d'application les atomes individuels[1], que l'individu est une fiction d'une dynamique vitale et sociale, dont il appartient au savant de chercher les lois.

II. La critique humienne des traits essentiels censés constituer l'individualité dans le livre I du *Traité* prépare la notion d'*individu* requise par l'étude des phénomènes sociaux. Rappelons les points saillants du scepticisme humien dans sa triple attaque de l'identité psychique, de l'unité du psychisme et de sa permanence dans le temps.

On connaît l'affirmation scandaleuse du *Traité* (I, 344). Il existe un flux de perceptions qui obéit aux lois d'association; mais il est impossible de s'appuyer sur ces représentations pour prétendre se les attribuer réellement ou les attribuer au moi de tel ou tel autre. Certes, les perceptions peuvent bien donner lieu à des perceptions secondaires, lesquelles sont des idées ou des impressions de plus, soumises elles aussi à des règles d'association, et elles ne désignent pas davantage un moi dont il serait possible de faire l'expérience.

Le jeu réflexif des impressions produit toutes sortes d'unités, les unes conscientes, les autres non. Toutes, en effet, ne se caractérisent pas par la conscience; et quand un système se caractérise par elle, la conscience n'est pas pour autant conscience de son intégralité. De plus, les unités ne sont pas toutes de stabilité identique. Ainsi, les systèmes de règles par lesquelles les hommes se contiennent les uns les autres sont relativement stables et rigides, quand il s'agit de codes de lois[2]. En revanche, ils sont plus souples dans le cas des règles morales[3].

Dans la définition qu'il donne «des hommes», il n'est pas question de délimiter ce qui me revient et ce qui est à autrui. Comment pourrait-on s'y prendre pour opérer cette distinction? L'expérience n'en montre pas la possibilité et la sympathie, en particulier, nous convainc qu'on ne peut tracer nettement la ligne de partage entre moi et autrui. Sans doute pourrions-nous distinguer la forme et la matière des représentations, et nous livrer à toutes sortes d'actes artificiels pour nous distinguer d'autrui; mais ces artifices ne sauraient effectuer réellement la séparation de moi et d'autrui[4]. L'attribution à un moi identique de représentations ne saurait ni s'expérimenter ni s'effectuer par un artifice quelconque.

Mais il faut aller plus loin et reconnaître que, dans la diversité infinie de

1. Hume ne définit pas l'histoire comme l'évolution de cette collection d'individus, mais – ce qui est tout différent – comme «a collection of facts which are multiplying without end», selon l'expression de l'*Histoire de l'Angleterre*.

2. TNH, III, 139. Hume insiste sur «l'inflexibilité absolue des lois de justice» qui règlent le cours ordinaire des actions humaines. De plus, la justice n'est susceptible d'aucune gradation (TNH, III, 137).

3. *Ibid.*: «la moralité doit être susceptible de souffrir toutes les mêmes variations qui sont naturelles à la passion».

4. Car eux-mêmes seraient attachés à un sentir, qui serait un sentir de plus et vaudrait tout au plus symboliquement pour un moi.

nos expériences, nous nous figurons toujours pouvoir faire la distinction entre ce qui est à nous et ce qui ne l'est pas[1], et croyons pouvoir la pérenniser, quoique cette distinction ne résiste guère à l'analyse et soit indécidable *in abstracto*. Chaque expérience, chaque situation pratique, dans sa singularité, semble être l'occasion d'un partage extraordinairement variable et fluctuant entre les représentations que nous croyons nôtres et celles que nous ne croyons pas telles. Là apparaît, pour l'entendement, un nouveau travail: rien ne l'empêche de chercher, à propos de chaque expérience, ou du moins de certaines d'entre elles, comment s'effectue la démarcation de ce que j'appelle «moi» ou de ce que je crois sentir comme étant «moi» et qui fluctue constamment d'une expérience à l'autre. Dire que le moi est une «fiction», ce n'est pas nier son existence; c'est nier que ce que nous appelons «moi» dans une expérience coïncide avec ce que nous appelons «moi» dans une autre; autrement dit, que le moi soit sollicité de la même façon par une expérience ou par une autre. Il convient donc, pour l'entendement, et sa tâche ne consiste dès lors plus seulement à dénoncer la substantialité du moi, de découvrir les lois qui permettent de passer d'une image de moi-même à une autre. Bornées à elles-mêmes, la dénonciation et la destruction de l'illusion substantielle ne présenteraient aucun avantage sur les positions métaphysiques adverses[2]. En revanche, ouverte sur l'horizon de sciences authentiques de la nature humaine, la position du moi comme fiction devient créatrice. S'il faut se débarrasser de la substance, c'est parce qu'elle est un obstacle à la saisie de l'expérience dans sa diversité et par conséquent, un obstacle à la compréhension de la véritable dynamique des processus psychiques. Loin de devoir être rejeté parce qu'il est une fiction, le moi relève d'un savoir des fictions, comme nous le verrons ci-dessous.

La critique de l'unité du moi permet, à son tour, quelques remarques. *D'abord*, si l'individualité du moi est construite à partir de nos représentations, sans pouvoir se présenter elle-même comme une donnée élémentaire sentie, est-ce chacune de ces représentations qui doit être tenue comme étant seule véritablement individuelle? On aurait grand tort de le croire; on a montré que l'idée générale ne s'oppose pas à l'impression de sensation qui la fonde comme l'universel à l'individuel. On se ferait des illusions en croyant que la généralité est d'une autre essence que la sensation dont elle dépend et en la pensant autrement que comme une fonction; mais on s'en ferait tout autant, à l'inverse, en croyant que ce qui est ressenti comme individuel existe nécessairement comme une «chose

1. Hume parle de «notre tendance naturelle ... à imaginer [la] simplicité et [l'] identité [de notre esprit]» (TNH, I, 344).

2. La mauvaise habitude de lire, du *Traité*, le seul livre I enfonce les thèses de l'auteur dans un débat avec une métaphysique qu'elles avaient dépassée. Ce n'est pas parce que l'on substitue au discours de la «*substance*» celui des «*relations*» que l'on échappe *ipso facto* à tout dogmatisme. Hume a suffisamment critiqué ailleurs l'usage métaphysique que Malebranche faisait de la «relation» dans le domaine moral. Voir EPM, p. 101.

individuelle»[1]. L'individualité est elle-même une modalité, une fonction plutôt qu'une chose; et l'opposition de l'idée à l'impression est plus dynamique que numérique. Ce langage dynamique (de la force et de la vivacité) évite de traiter l'impression de sensation absolument comme un individu ou comme son indicateur infaillible, alors qu'elle n'est jamais l'un ou l'autre que *relativement*. Ainsi, aux deux bouts de la chaîne, celui de la sensation, d'une part, et celui du moi, d'autre part, *l'individualité est fictive*.

Ensuite, loin de supposer que le jeu complexe des associations des impressions, de sensation et de réflexion, des idées trouve son cadre préétabli en chaque psychisme particulier, c'est plutôt la séparation des psychismes particuliers qui résulte chez Hume du jeu des lois d'association: des représentations s'agrègent en systèmes plus ou moins stables, eux-mêmes soumis à un devenir qui dépend de ces mêmes lois. Par ce jeu indéfiniment ouvert, des limites se constituent et se défont, créant pourtant çà et là l'illusion et le besoin d'un moi stable[2]; mais cette stabilité n'est pas *réelle*. Le moi est un fantasme du jeu des liaisons de représentations: il n'est pas ce qui les fonde, quoique, pour répondre à cette volonté de stabilité, il se donne lui-même pour tel; le moi est produit: il n'est pas producteur.

Le véritable problème que lègue Hume sur ce point est de savoir comment, à partir d'un jeu de lois simples, s'organisent des systèmes qui gagnent une espèce d'autonomie provisoire les uns par rapport aux autres et structurent toujours différemment, par l'impossibilité de s'isoler[3], le flux des représentations. Comment se fait-il que puissent apparaître des fantasmes d'unité qui paraissent transcender les agrégats de représentations sans correspondre à aucune réalité? On peut lire les textes que Hume consacre au commerce, à la politique et au fonctionnement social comme une recherche des lois qui régissent l'évolution de ces agrégats, par-delà les règles abstraites qui les constituent[4].

1. Le principe humien selon lequel «tous les objets discernables sont aussi différents» (TNH, I, 63) n'assigne pas plus de terme à la différence qu'à la discernabilité et ainsi ne permet guère d'atteindre des individus absolument réels.

2. «Nous donnons dans la notion d'âme, de moi et de substance pour masquer la variation» (TNH, I, 346).

3. Schatz, dans *L'œuvre économique de Hume*, (Paris, Rousseau, 1902, p. 34-35) cite ce beau texte de Hume: «Quand on considère les sociétés, on a de la peine à y trouver une action isolée et entièrement complète en elle-même. Les hommes y dépendent si fort les uns des autres, qu'ils ne sauraient presque rien faire qui ne tienne à leurs rapports mutuels; nul agent n'y peut parvenir à son but sans être secouru des autres. (...) A mesure que nous avons des liaisons plus ou moins étendues, des communautés d'intérêts plus ou moins compliquées, notre plan de vie embrasse plus ou moins de ces actes coopérants qui, bien que procédant de leurs motifs propres, viennent pourtant seconder nos intentions».

4. «Y a-t-il un système, un ordre, une économie des choses, par laquelle la matière puisse conserver cette agitation perpétuelle, qui lui semble essentielle, et cependant maintenir de la constance dans les formes qu'elle produit? Il y a certainement une telle économie; car c'est effectivement le cas avec le présent monde» (DRN, 112). «Tout

Enfin, l'auteur est trop modeste lorsqu'il prétend mettre toute métaphysique entre parenthèses (II, 286-7) dans ses beaux chapitres sur l'effet de l'espace sur le psychisme ; en réalité, comment échapperait-il à la métaphysique en développant une conception à la fois critique et matérialiste de la spatialité ? Nous verrons l'exploitation de ce thème spatial sur les terrains économique et politique.

Terminons l'analyse des traits constitutifs de l'individualité par des considérations d'apparence sceptique sur sa permanence dans le temps, à laquelle Hume semble entièrement ramener le principe d'individuation [1]. Qu'est-ce qui me permet de dire que je suis le même aujourd'hui que celui que j'étais il y a dix ans, alors que toutes mes idées et impressions ont changé ? Comment l'impression d'identité serait-elle autre chose qu'une impression de plus et pourrait-elle me garantir une identité réelle ? Qu'est-ce qui me permet de poser une identité sinon le glissement graduel, *sur des rythmes différenciés d'associations*, d'un ensemble de représentations vers des ensembles radicalement différents ?

Il apparaît donc clairement, au terme de cette première série d'analyses, que l'identité personnelle est à la fois dénoncée comme fiction et expliquée comme telle. La notion de «*fiction*» remplit chez Hume des fonctions positives dans les explications sociologiques, économiques, politiques et historiques. Il nous reste à le montrer en prenant garde à ce qui est réellement désigné par cette entité fictive qu'est l'« individualité ». La méthode consistera à reprendre les trois caractéristiques précédentes, en recherchant les usages positifs de ce que Hume a d'abord dénoncé comme impression fictive.

III. C'est par l'illusion d'un moi auquel on tient, et auquel on imagine s'identifier absolument, que les valeurs universelles se constituent. Sans doute n'a-t-il pas fallu attendre les analyses de Hume pour savoir que l'implication du sujet dans ses passions était diverse et comment elle engendrait des valeurs collectives. Aristote a montré dans le IIe livre de sa *Rhétorique* que la honte, par exemple, permettait, du fait qu'elle semble susciter le sujet dans son intimité profonde, les conditions d'une concurrence utile à la société et productrice de valeurs.

On trouve chez Hume, de façon beaucoup plus détaillée, l'idée que l'égoïsme, directement dangereux pour la société (*Traité*, III, 141 ; *Enquête sur les principes de la morale*, 121), qu'il se définisse étroitement ou

individu est dans un perpétuel changement, ainsi que toute partie de tout individu, et cependant le tout demeure en apparence le même» (*Ibid.*, 114). Etc. D. Deleule a parfaitement souligné l'intérêt de ces textes extraits des DRN pour comprendre les recherches humiennes en économie et en histoire (*Cf. Hume et la naissance du libéralisme économique*, Aubier Montaigne, Paris, 1979, p. 61-62).

1. «Le principe d'individuation n'est rien que l'invariabilité et le caractère ininterrompu d'un objet à travers une variation supposée du temps, qui permettent à l'esprit de suivre l'objet à différentes périodes de son existence, sans interrompre son regard, ni sans être obligé de former l'idée de multiplicité et de nombre» (TNH, I, 284). Il est traité par Hume comme une «fiction imaginative» (TNH, I, 285).

largement (comme dans la générosité restreinte), peut travailler contre lui-même de sorte qu'il apparaisse profiter à celui qu'il tenaille autant qu'il profite à la société elle-même. Les institutions doivent en grande partie leur origine à ce mouvement de l'égoïsme contre lui-même (III, 136 ; EPM, 122) ; l'individu est ainsi mis en demeure de défendre passionnément ses intérêts à travers ce qui, souvent, les contrecarre le plus immédiatement. L'universel, qu'il s'agisse de la société ou de la nature humaine (III, 186 ; EPM, 105, 112), se constitue à travers l'individu qui ne cesse de changer pour le faire exister. Ainsi on a beau dire abstraitement que l'intérêt ou l'égoïsme pousse les hommes à travailler : l'individu qui, au XVIIIe siècle, a durement appris à travailler pour faire du gain n'est plus le même que celui qui, encore quelques décennies auparavant, travaillait juste pour sa consommation[1].

En vérité, Hume ne parle pas de l'individu et de la société comme s'il s'agissait de termes fixes et bien connus ; c'est la fluctuation même des impressions et des idées qui constitue le jeu de l'individu et de la société. Cette conception est parfaitement analogue à la théorie humienne de l'espace et du temps, fantasmés à partir des mouvements qui sont les seules réalités. Le comble de l'illusion serait de croire que l'espace et le temps sont des repères rigides dans lesquels on peut inscrire le mouvement. Il faut se garder d'une fiction comparable dans le domaine moral et laisser fluctuer les limites du social et de l'individuel, sans les transformer en théâtres d'un mouvement qui leur donne seul un sens.

Cette inversion ne va toutefois pas sans poser des problèmes que Hume laisse parfaitement paraître, en contrôlant plus ou moins bien leur solution. Quand on dit, comme Mandeville, que les vices privés font le bien public[2], où sont exactement les points d'application de ce qu'on appelle vertus et de ce qu'on appelle vices ? Qui est vicieux et qui, vertueux ? Comment une certaine sommation de vices pourrait-elle équivaloir à une vertu ? Lorsque Hume, qui vient de dire qu'« il n'y a rien de plus vigilant ni de plus inventif que nos passions », pose que « la nature a entièrement délégué la position des règles de justice à la conduite des hommes », qu'« elle n'a pas placé dans notre esprit des principes originaux particuliers pour nous déterminer à accomplir une suite d'actions auxquelles suffisaient à nous pousser les autres principes de notre structure et constitution » (*Traité*, III, 133), de quelle structure et de quelle constitution s'agit-il ? D'une constitution collective ? D'une constitution individuelle ? S'il ne tranche pas toujours ce genre de problèmes, s'il laisse leur solution indéterminée, s'il applique souvent les mêmes lois passionnelles aux affaires publiques et aux affaires privées, Hume s'est toutefois montré conscient de la portée de la *loi* (dite) *des grands nombres*. Ainsi montre-t-il, par exemple, que la justice

1. Voir, dans les *Discours politiques*, le IVe sur l'*Intérêt*. In : *Discours politiques*, TER, Mauzevin, 1993, p. 52-53. Dans le TNH, III, 90, Hume suggère nettement l'idée d'une histoire de l'intérêt en parlant d'un intérêt « qui est devenu commun ».

2. Hume reprend très volontiers cette idée. Voir, par exemple, dans le TNH, III, 136.

considère la société globalement, non pas les êtres singuliers [1].

Nous avons déjà eu l'occasion de voir Hume réfléchir à la structure familiale et montrer, assez imparfaitement il est vrai, comment les points de vue que l'on prend sur elle font apparaître très différemment son complexe d'affects. Le complexe d'affects en jeu dans une structure familiale n'est réalisé par aucun individu et il agit pourtant à la fois sur chacun d'eux et sur de plus grands ensembles sociaux. Il y a donc une extraordinaire fluctuation des centres auxquels on réfère passions et valeurs; et pourtant, ils se constituent, se solidifient plus ou moins, prennent plus ou moins d'autorité.

Il est vrai que, sur ce point, les textes de Hume semblent assez discordants et qu'à deux endroits au moins de son œuvre, l'auteur paraît affirmer non seulement une stabilité des lois qui définissent la nature humaine, mais encore une certaine similitude des individus humains. Nous connaissons déjà les lignes de l'*Enquête* (sec. VII, 1e partie) dans lesquelles Hume compare les sentiments, les inclinations et le genre de vie des Grecs et des Romains au caractère et aux actions des Français et des Anglais; or l'argument est suspect du point de vue même de Hume, car qu'est-ce qu'un individu qu'on isolerait abstraitement et substantiellement des circonstances de son existence? Dans l'autre texte, celui du *Dialogue*, l'interlocuteur de Palamède prétend montrer que les individus défendent en réalité des valeurs identiques alors même qu'ils paraissent fondamentalement s'opposer par leur comportement, simplement parce qu'ils sont pris dans des circonstances différentes (EPM, 262). Mais on aurait grand tort d'en conclure que l'identité humaine est saisissable dans les individus, sous prétexte qu'en réalité ils se soumettent aux mêmes valeurs ou dépendent des mêmes lois. Le paradoxe, c'est que les mêmes lois naturelles produisent des individus différents. Il y a loin d'un individu qui préconise des valeurs belliqueuses à un individu qui en préconise de pacifiques, même s'il s'agit, de part et d'autre, de défendre l'intérêt du groupe. L'identité de la nature humaine ne signifie nullement la similitude des individus; elle signifierait bien plutôt le contraire, car on ne voit pas comment les mêmes lois, agissant dans un milieu toujours différent, produiraient autre chose que des différences. Si, par exemple, l'amour de soi est un principe d'énergie dans la nature humaine (EPM, 127), cela ne signifie pas qu'il ne varie pas dans l'espace et dans le temps, c'est-à-dire en chaque individu (EPM, 124).

1. TNH, III, 98: «Un acte isolé de justice, considéré à part, ne sert pas l'intérêt privé plus que l'intérêt public; on conçoit aisément qu'un homme puisse s'appauvrir par un acte isolé d'intégrité, et l'on a raison de désirer que, à l'égard de cet acte isolé, les lois de justice soient suspendues un instant dans l'univers. Mais, aussi contraires à l'intérêt public ou privé que puissent être des actes isolés de justice, certainement l'ensemble du plan ou du schème sert hautement, ou certes il est absolument nécessaire, à la fois pour le soutien de la société et pour le bien-être de chaque individu. Il est impossible de séparer le bon du mauvais». Même idée p. 99, 104-5. Le droit, la politique, l'État sont là d'abord pour conserver la masse des hommes, non pas les individus.

L'adhésion aux mêmes valeurs, courante chez ceux qui appartiennent à un même groupe, est l'effet, non pas de l'identité des façons d'être et de sentir, mais de la volonté des individus de s'identifier aux membres du groupe dont ils font partie. C'est une illusion groupale qui produit les mêmes valeurs chez les individus, lesquels, occupant des places différentes et venant d'horizons différents, devraient, en bonne logique, si les mêmes lois agissaient, produire des valeurs différentes. « Les soldats de la dixième légion de César, de même que ceux du régiment de Picardie en France, étaient pris indifféremment dans la foule ; mais s'étant une fois piqués de passer pour les meilleures troupes, ils le furent en effet » (EP, 309). L'artifice de l'*identification* a fait son ouvrage : en croyant se conformer aux exigences du groupe auquel il appartient, chaque individu le fabrique en remplissant le rôle qu'il s'imagine devoir y jouer. La consistance du groupe n'est pas moins illusoire et factice que celle de l'individu.

Hume mêle très fréquemment dans son écriture le point de vue collectif et le point de vue individuel[1], lesquels ne peuvent être pris l'un et l'autre que fantastiquement. Pris dans les rêts de sa langue, le philosophe ne peut éviter cette confusion ; mais il est clair que ces réalités nominales de l'individu et de la société n'ont pas d'existence réelle.

Mais si les systèmes de représentations ne se constituent ni ne fonctionnent comme on s'imagine qu'ils agissent, comment se développent-ils en réalité ? L'avantage philosophique de Hume sur les économistes qui le suivront, c'est que l'étude scientifique que préconise l'auteur des *Essais* consiste moins à énoncer des lois générales qu'à rechercher exactement à quoi elles s'appliquent ou de quoi elles parlent. Ainsi, dans le *Discours sur l'Argent*, Hume explique quantitativement le phénomène du renchérissement des denrées qui résulte d'une surabondance d'argent. Mais Hume s'intéresse moins à cette banalité arithmétique, que de plus savants que lui en mathématiques compliqueront à loisir par la suite, qu'à l'effet de griserie qui s'empare de toutes les catégories sociales sur un rythme différent lorsque l'argent diffuse graduellement dans le groupe[2]. Illusion, sans doute comme chacun s'en apercevra en constatant qu'il n'est pas plus riche pour avoir plus d'argent, mais il n'y aurait pas d'illusion théorique plus grande que celle qui ne tiendrait aucun compte de ces illusions individuelles ou collectives par lesquelles le groupe effectue, au moins en partie, la cohérence et la commensurabilité qui rendent possible l'application de lois scientifiques.

IV. On comprendra mieux que l'individu est une illusion d'unité lorsqu'on le saisira comme un composé ouvert d'appartenances sociales très diverses. L'individu est réellement traversé par de multiples courants

1. Ce qu'il entend par « naturel » a des points d'application extrêmement variés : « Que l'on considère l'humanité en fonction de la différence des sexes, des âges, des gouvernements, des conditions sociales, ou des méthodes d'éducation, on peut discerner partout la même uniformité et une action régulière de principes naturels » (TNH, II, 255).

2. *Discours politiques*, *op. cit.*, p. 45-50.

sociaux qui semblent poursuivre une logique propre, encore qu'ils entrent localement en affinité. Il est ce lieu de passage, comme l'illustre la métaphore d'un théâtre dont la multitude des perceptions constitueraient les personnages. Ce qui montre en passant combien on aurait tort de prendre les perceptions pour de purs et simples individus, alors qu'elles sont déjà des constructions figurées et masquées.

Hume donne un exemple intéressant de cette espèce de métissage auquel sont soumises ses propres opinions politiques à l'égard du Premier Ministre Walpole: « En tant que je suis homme, je l'aime ; en tant que je suis lettré, je le hais ; en tant que je suis Breton, je souhaite sa chute, mais tranquillement et sans aigreur. Si j'étais membre de l'une des deux Chambres du Parlement, je donnerais mon suffrage pour l'éloigner de St James ; mais je serais charmé en même temps, de le voir dans sa retraite à Houghton Hall, passer le reste de ses jours dans l'aisance et dans les plaisirs »[1].

La difficulté est de savoir comment ces sollicitations hétéroclites d'impressions, d'idées et de jugements peuvent trouver dans l'individu un centre de confluence plus ou moins consistant et persistant. Hume ne prend pas en vain un exemple politique : se joue, à travers l'individu, la cohérence des unités bien plus vastes que sont les sociétés politiques. Si chaque individu adhérait uniquement aux idées de tel parti ou de tel homme politique, il ne pourrait pas y avoir de sociétés politiques ; aucune majorité n'empêcherait leur éclatement. Mais les individus étant ordinairement d'inextricables tissages d'idées et de sentiments contradictoires, la société peut tirer parti de ces contradictions et en jouer constamment, sans qu'aucune providence ne préside à ce jeu. Quant à l'individu, il conserve sa cohésion et ne traite pas la société en ennemie même quand elle n'est plus dirigée par le parti ou les hommes qui ont sa faveur.

Ainsi la vie politique est-elle infiniment trop complexe pour se résoudre en un contrat voulu entre des individus abstraits. Aucune société ne peut se faire ainsi : le contrat n'est qu'un fantasme d'unification qui inverse plutôt qu'il ne résout les affrontements réels des adversaires politiques. Chaque individu tient en réalité à la société par un tissu de fibres variées. La propriété ne le sollicite pas de la même façon que la division du travail, laquelle ne le sollicite pas comme la consommation, qui diffère du souci de sa réputation etc. Un moi fantasmatique porte le propriétaire à sentir comme une partie de soi-même ce qui est longtemps resté sous ses yeux et ce qu'il a souvent employé à son avantage (*Traité*, III, 106). La propriété, par certains de ses aspects au moins, est un prolongement du corps propre. Au contraire, les « mois » sollicités par la division du travail doivent bien se singulariser les uns des autres ; mais ils renvoient à une sorte d'idéal collectif par lequel la société et même la vie humaine se stabilisent. On aurait tort de faire du moi diversement sollicité une

1. *Essais Politiques*, *op. cit.*, p. 68-69. Le portrait de Cléanthe, dans la conclusion de l'EPM (p. 184-5), est également intéressant de ce point de vue.

substance seulement divisée par ses différents titres et ses activités diverses. C'est vouloir qu'un fantasme d'unité devienne réalité. L'homme abstrait ne saurait être citoyen ; seul l'homme complexe l'est [1].

Cette complexité indéfinie des relations sociales qui constituent l'individu trouve son exact équivalent dans la multiplicité des fondements politiques. Il ne saurait y avoir un seul titre pour légitimer un gouvernement [2]. Chaque individu adhère à l'un ou à l'autre de ces fondements ; de plus, aucune société ne pourrait fonctionner sans cette multiplicité de fondements qui lui permet, dans la plupart des circonstances, de jouer les uns quand les autres font défaut ou perdent leur crédit. Sans doute cette multiplicité de principes ne s'organise-t-elle pas de façon idyllique, mais que l'on songe un instant au danger incomparablement plus grand du fondement unique !

Aucun système humain, individuel ou collectif, ne tient jamais son être et sa dignité d'un unique principe, fût-ce celui de la liberté abstraite. C'est au contraire en se posant comme forces contre d'autres et en s'en préservant, en se constituant comme autorité et en la déléguant que les hommes – ou plutôt, devrais-je dire, la nature humaine [3] – gagnent une dignité, inséparablement réelle, fragile et fantastique. Illustrons cette puissance imaginaire de multiplication dans l'espace et dans le temps, qui constitue, selon Hume, l'un des attributs principaux de la dignité humaine.

V. L'esprit est fantastiquement écartelé entre divers points de l'espace, comme Hume l'a exemplairement montré à travers la figure de l'exilé et du grand commerçant.

Un individu peut se trouver tellement enserré dans un circuit de relations qui le vouent à la misère et au mépris que la seule issue lui apparaîtra dans l'exil. Sans doute croit-il bien illusoirement qu'il refera dans des contrées lointaines une vie qu'il n'a pas su mener au pays qu'il quitte ; mais, à travers les illusions qui lui paraissent individuelles, son pays d'origine se taille de vrais marchés, se constitue réellement des colonies. Ainsi, il faut se garder de traiter les affects individuels comme insignifiants ; la réalité sociale peut s'effectuer à travers eux. Ce n'est pas parce

1. Il est hautement significatif que Hume, parmi d'autres arguments utilisés contre le contrat, définisse, dans l'un d'eux, les individus par leur métier : « Peut-on affirmer sérieusement qu'un pauvre paysan, qu'un artisan qui ne connaît ni les langues ni les mœurs des pays étrangers, & qui vit au jour la journée de ce qu'il gagne de son travail, peut-on dire qu'un tel homme soit libre de quitter son pays natal ? » (EP, p. 334-335).

2. Dans le TNH, III, II, 10, Hume cite, parmi d'autres fondements du gouvernement, la longue possession du pouvoir, sa possession actuelle, le droit de conquête, le droit de succession, les lois positives. On pourrait, de la même façon s'interroger sur la diversité des fondements de la propriété.

3. Car il faut prendre garde à ce point : la dignité de l'homme n'est pas à proprement parler la dignité de chaque individu. Elle résulte plutôt d'une activité concurrentielle. Chacun (si, encore une fois, l'on peut déterminer ses limites) contribue à cette concurrence ; mais la valeur d'une création et la dignité de son auteur sont plutôt le résultat de cette concurrence.

que l'individu n'a pas de réalité substantielle, qu'une réalité ne peut advenir à travers sa fiction.

De même, lorsque Hume montre le marchand anglais, l'esprit entièrement tendu vers ce qui se passe au loin, il suggère aussitôt que la mondialisation du marché change les façons de penser et de sentir. Il est bien difficile de discerner ce qui se passe dans les limites prétendues d'un esprit individuel de ce qui lui arrive à l'extérieur. Le souci de ce qui se passe en Jamaïque est indissolublement une inquiétude intime du commerçant et un élément constitutif du marché qui s'étend désormais aux dimensions de la planète.

Toutefois cette organisation des représentations n'a pas lieu seulement dans l'espace; elle est aussi temporelle. On trouve dans l'essai sur le *Contrat primitif* une remarque subtile sur l'impossibilité du contrat: le jeu des générations est tellement entretissé que jamais aucune population réelle ne peut se trouver en position de nouer un contrat sans que les pères ne s'engagent pour leurs enfants; ce que ne sauraient admettre ses partisans [1]. Les hommes ne se laissent décidément pas décomposer en individus abstraits. Non seulement parce que ce que je tiens pour mes limites à un moment n'est pas ce que je tiens pour mes limites à un autre, mais aussi parce qu'aucune époque ne définit l'individualité par les mêmes lois, les mêmes normes et interdits qu'une autre.

L'incertitude qui pèse sur l'identité, l'unité et les limites de l'individu, bref sur sa réalité entière, ne trahit pas, comme on a pu le soutenir, quelque incapacité de la recherche humienne à rejoindre l'expérience la plus évidente de notre individualité. Loin d'être une hésitation de Hume, dont on chercherait les preuves dans les prétendues rétractations de l'*Appendice* [2], cette incertitude est de méthode et de principe; elle est elle-même établie avec certitude et elle permet à Hume de s'interroger sur la véritable

1. Dans un paragraphe ajouté en 1777 au texte de *Of the Original contract* (ed. Green, vol. I, p. 452), Hume précisait: «Si une génération humaine quittait la scène d'un seul coup et qu'une autre lui succédât, comme c'est le cas chez les vers à soie et chez les papillons, la nouvelle race, à supposer qu'elle ait assez de bon sens pour choisir son gouvernement, ce qui assurément n'est jamais le cas chez les hommes, pourrait bien établir ses propres institutions volontairement et par un consentement général, sans aucun égard envers les lois ou les précédents qui prévalurent parmi ses ancêtres. Mais comme la société humaine est dans un flux perpétuel, puisqu'à chaque heure un homme quitte ce monde et qu'un autre y pénètre, il est nécessaire au maintien de la stabilité du gouvernement que les nouveaux rejetons se conforment à la constitution établie et qu'ils suivent pas à pas le sentier que leurs pères, marchant sur les traces des leurs, ont jalonné pour eux» (TER, Mauzevin, p. 198-199).

2. Aucune thèse du *Traité* sur le moi n'est remise en question; simplement, Hume fait ressortir davantage une contradiction entre son affirmation que l'esprit ne perçoit jamais de connexion réelle entre ses perceptions et la quasi-certitude que détient l'esprit d'être au principe de l'unité de ses représentations. Hume reconnaît ne pas pouvoir expliquer celle-ci de manière satisfaisante; mais il ne remet pas en question que cette certitude est fictive. Le problème qui se pose dans son système même, c'est comment il se peut que certaines fictions donnent une aussi forte impression que la réalité.

signification de cette expérience et de s'avancer entre deux fictions opposées auxquelles il ne faut pas sacrifier: la fiction d'une société substantielle et celle d'individus que l'on pourrait désigner comme des choses [1]. De plus, sur le plan pratique, l'individualité, qui est moins une chose fixée qu'une *fonction*, permet au politique de disposer d'une marge de manœuvre symbolique et de faire que les hommes, tour à tour, se reconnaissent et cessent de se reconnaître dans des figures qu'ils ne peuvent pas *être* réellement; en faisant croire ainsi qu'il change profondément les choses.

Ce qui existe, ce sont moins des individus, grands (comme la société) ou petits (comme ses membres), les uns apparaissant toujours comme les illusions des autres, que la fonction ou le besoin d'*individualisation*. Cette fonction qui permet de rendre compte des cohésions et des transformations n'est sans doute pas mathématique. Un siècle avant que James Mill ne s'y appliquât, Hume avait ironisé sur l'assimilation des représentations à des points matériels. C'est plutôt l'inlassable jeu des trois relations (ressemblance, contiguïté, causalité) qui, en travaillant le détail des représentations et les associations, plus ou moins indissolubles, qu'elles ne cessent de former, rend compte du découpage du « flux » perceptif. Mais on ne voit guère quel modèle mathématique ou logique permettrait d'en pénétrer les règles. Il semble que Hume ait plutôt pensé à une sorte de sélection naturelle [2] opérée par le travail incessant des trois relations pour rendre raison des unités provisoires qui apparaissent dans le flux. L'individualisation des éléments dans le "flux" est donc sans trêve, parce qu'elle n'aboutit jamais, quoi qu'il puisse sembler, à des individus stables.

Il faut même aller plus loin et dire que cette individualisation n'apparaît jamais qu'en perspective et que nul ne peut prendre un point de vue supérieur à son jeu inlassable. L'individualisation est ce que perçoit du flux ou ce dont a besoin tel système à tel moment et à tel poste. Tout se passe comme si, chez Hume, tout ce qui existe requérait une individualisation; mais sans que cette individualisation ne trouve un terme dans des atomes véritables du flux perceptif. Ce qui individualise dans un système n'est pas ce qui individualise dans un autre, et le relativisme vaut pour les forces comme pour les mouvements. Comment pourrait-il y avoir autre chose qu'un relativisme des forces d'ailleurs dans une philosophie qui récuse aussi radicalement la substance? Tout individu, grand ou petit, ne semble pouvoir exister qu'en constituant ou en imaginant constituer, en lui ou hors de lui, des pôles de forces.

Ainsi, le libéralisme humien, qui conçoit la liberté et l'autorité en rapport conflictuel, est-il plus fondamentalement une philosophie de

1. Chez Hume, la critique de l'individu n'équivaut aucunement à quelque fusion de l'individu dans le groupe, qu'on l'appelle nation ou de tout autre nom: les principes mêmes qui permettent de dissoudre l'idée d'individu dissolvent avec la même efficacité celle de groupe organique ou de nation.

2. Voir ci-dessus, p. 48.

l'autorité qu'une théorie de la liberté, pourvu qu'on entende l'autorité dans le sens élargi que nous lui avons donné au chapitre précédent. La liberté du flux perceptif, qui est aussi un flux matériel, tient à l'impossibilité de le contenir durablement et de le structurer définitivement ; l'autorité est la façon dont un système s'apparaît à lui-même et apparaît aux autres comme un tout, dont l'avenir montrera assez qu'il était fictif. Il n'y a pas d'unités vraies et les structures ne se forment jamais qu'en produisant un jeu d'autorités.

VI. Nous apercevons le double paradoxe du libéralisme humien qui, d'une part, s'identifie à la notion d'*autorité* et qui, d'autre part, s'accommode de l'impossibilité de trouver et de fixer des individus. A quelque niveau que nous cherchions à le poser, l'individu est une fiction ; l'individualiation, qui semble être une exigence de la réalité, n'existant jamais que comme l'activité de *tenir pour individu*, sans atteindre le terme du processus.

Le libéralisme de Hume n'est donc pas à proprement parler un individualisme : comment pourrait-on se faire une règle de promouvoir un individu dont il n'est possible de concevoir ni les contours ni le principe et qu'on ne saurait pas même envisager comme une Idée dont il s'agirait de réaliser le programme ? L'autorité définit mieux l'individu que la liberté, surtout si on l'entend fallacieusement celle-ci comme autonomie ou comme création de soi. La philosophie de Hume n'est pas non plus, à la différence de tant de philosophies libérales, un providentialisme. Il lui eût pourtant été facile de parler de la ruse par laquelle la société se constitue en sculptant les individus dont elle a besoin. Hume convient d'ailleurs souvent que l'intelligence la plus fine n'aurait pas mieux fait que les choses livrées à elles-mêmes dans le temps [1]. Il n'y a pas trace chez lui de main invisible pour conduire les choses et, mieux que les autres, Hume a aperçu le lien entre le libéralisme et la laïcisation du monde, lorsque la division du travail sert d'argument dans les *Dialogues* pour dénoncer l'illusion de l'unité prétendue de la création divine (p. 95).

Le lien entre la critique de l'individualisme et celle du providentialisme est parfaitement lisible dans la philosophie de Hume, qui ne présuppose aucune harmonie préétablie entre les figures du moi sollicitées de tant de façons. En réalité, si la société trouve un *statu quo* provisoire, son équilibre ne prend guère ses points d'appui sur des individus stables et nettement déterminés.

La philosophie de Hume tient son originalité par rapport aux autres théories libérales du XVIIIe siècle, au fait que, derrière les impressions et les idées dont nous faisons l'expérience, la science des *Discours* et des *Essais* fait l'hypothèse de plusieurs fictions – celles de l'individu, de la société, de la force –, chacune servant d'indication à l'autre. La science ne peut donc faire mieux que de se livrer à ces indications réciproques. Les illusions des autres philosophies libérales se comprennent aisément par cette position

1. Voir ci-dessus, p. 44.

humienne : elles consistent pour les unes à partir des forces, à en écrire les lois et à perdre au passage toute référence aux individus ; pour les autres, telle celle d'A. Smith, à partir de l'individu en croyant trop facilement qu'il est un centre ou un point d'application pour les forces. Mais il faut se garder de croire que les philosophes du libéralisme sacrifient unanimement à un dogmatisme de l'individu ou de l'atomisme social.

CHAPITRE IV

NOTE SUR LE NORMAL ET LE PATHOLOGIQUE

Pas plus qu'il n'existe, chez Hume, de chapitres sur la sympathie, l'autorité, l'individu et la société, il n'y a de texte, d'essai ou de dissertation sur le *normal* et le *pathologique*. Or ces notions sont présentes dans à peu près tous les sujets abordés jusqu'à présent. Leur considération pénètre au plus intime de la réflexion sur les passions. Sans doute les passions ne sont-elles pas des déréglements au sens où l'entendaient les Stoïciens et la tradition chrétienne mais elles le sont par un autre tour que la sympathie manifeste particulièrement. La version humienne de la faiblesse et du déréglement affectifs, c'est que la plupart de nos affects sont issus d'un malaise bien réel, qu'il a fallu apaiser. La philosophie, très conformément à l'enseignement stoïcien, mais aussi à la doctrine épicurienne, intervient de manière très active sur ce terrain. L'affectivité est donc liée à un complexe de maladie réelle ou imaginaire, de volonté d'y mettre fin et de soins apportés pour la soulager avec plus ou moins d'intelligence; les soins pouvant d'ailleurs consister à nous réconcilier avec un état que nous prenions pour une maladie et à comprendre qu'un manque d'affectivité n'était pas nécessairement « pathologique ».

Le couple du *normal* et du *pathologique*, qu'il ne faut pas chercher à dissocier en posant séparément les termes, est susceptible de multiples variations. Parmi la dizaine que l'on trouve dans le *Traité*, on peut en passer en revue quelques-une qui ne l'ont pas encore été.

Contre le point de vue moraliste, qui condamne en bloc les passions, tout particulièrement les passions de la haine et de la colère, Hume note que, loin d'être folles, ces passions sont telles que, si elles manquaient dans certaines circonstances, c'est ce manque même qui serait indice de « faiblesse et d'imbécillité » (*Traité*, III, 232; SB, 605). *Weakness* ne se sépare pas d'un sens moral, encore que *weak* puisse parfois prendre le sens psychiatrique d'une relative débilité psychique[1]; *imbecillity* est plus

1. Hume parle des *weak minds*, qui adoptent des principes inutiles pour la conduite de la vie (TNH, I, 312, SB, 225).

nettement pathologique. Si haine et colère sont des folies, ce serait être fou, par un autre tour de folie, que de n'être pas fou.

Si l'on peut être malade en ne ressentant pas ce que nous nous figurons ressenti ordinairement par les autres, on peut devenir malade à force de se croire malade. « Il est certain que nous pouvons nous sentir souffrants ou endoloris par la simple force de l'imagination et même nous rendre réellement malades à force d'y penser » (II, 158). La maladie fait ici argument pour que l'on comprenne le fonctionnement normal du psychisme, dont elle n'est que l'exagération. On comprend, par l'exemple du malade imaginaire, l'effet de la croyance : « l'idée vive d'un objet approche toujours de son impression » (*ibid.*). On peut toujours, dans une certaine mesure, se donner la réalité que l'on désire ou que l'on craint.

Dans le même ordre d'idées, et peut-être Hume tient-il cette remarque de sa lecture de Pascal, on peut mentir sans en tirer d'autre intérêt que celui de tenter de modifier l'image que les autres ont et que nous avons de nous-mêmes (II, 138). On peut se vanter de délits et de débauches que l'on n'a pas commis (III, 234), simplement pour tenter vainement d'intéresser l'autre, de feindre de lui servir un image de soi d'ailleurs peu convaincante ou une réalité à laquelle il ne croira pourtant pas. Car l'autre est moins dupe de nos mensonges que nous pouvons l'être nous-mêmes. Le mensonge est le désir chétif et impuissant de contrôler la réalité par de vaines images.

Le mensonge est trivial et naïf dans son désir de forcer la réalité ou plutôt la conviction que les autres en ont. Il est des fantasmes plus subtils, quoiqu'ils soient tout aussi maladifs. La philosophie est traitée, à maintes reprises par Hume comme un certain délire (*delirium*) (SB, 269), producteur de « chimères » (*chimeras*) (*Traité*, I, 362 ; SB, 268). Elle essaie des possibles au-delà du principe de réalité et le fait de façon d'autant plus déliée qu'elle ne cherche directement aucune prise sur la réalité. Certes, cette marge de manœuvre qu'elle s'octroie à l'égard de la réalité n'est pas sans impact indirect sur elle, que nous pouvons dès lors vivre et habiter plus intelligemment. Mais les affects qui s'attachent à ce travail de mise à distance ne sont pas tous aussi enthousiastes que ceux qui accompagnent le délire ludique de Philon lorsqu'il déploie ses hypothèses cosmologiques, cosmogoniques, théologiques et théogoniques dans les *Dialogues*[1]. L'affectivité philosophique est plutôt cyclothymique : elle passe de l'euphorie la plus extravagante à une mélancolie (*philosophical melancholy*, *spleen*) (*Traité*, I, 356, 362, 363) dont on ne sort que par une brusque rupture avec l'activité intellectuelle.

La transgression du principe de réalité n'est pas toujours aussi

1. Cléanthe reproche à Philon son imagination débridée : « Si grande est votre fertilité d'invention que je n'ai pas honte de me reconnaître incapable, sur le champ, de résoudre de manière réglée les difficultés déroutantes que vous m'opposez sans cesse, bien que je voie clairement, en général, leur fausseté et leur erreur [*fallacy and error*] » (p. 109). Philon répondra, peut-être dupe de son délire : « ce que vous attribuez à la fertilité de mon invention est entièrement dû à la nature du sujet » (p. 111).

symbolique qu'en philosophie; la loi peut susciter le désir de la contredire. Hume, qui sait que les forces qui constituent la loi et le devoir sont les mêmes que celles qui constituent le désir, n'a pas de mal à expliquer le désir de transgression, source de maladie. «On peut observer qu'une opposition de passions cause ordinairement un surcroît de mouvement dans les esprits animaux et provoque plus de perturbation que le concours de deux affections quelconques de force égale. La nouvelle émotion se convertit aisément dans la passion prédominante et atteint un degré de violence supérieur à celui où elle serait parvenue si elle n'avait pas rencontré d'opposition. De là vient que nous désirons naturellement ce qui est interdit et prenons souvent plaisir à effectuer des actions pour la simple raison qu'elles sont illégales. La notion de devoir, quand elle s'oppose aux passions, est rarement en mesure de les surmonter; et quand elle échoue dans cette entreprise, elle parvient plutôt à les renforcer, en produisant une opposition entre nos motifs et principes. Que l'opposition provienne de motifs internes ou d'obstacles extérieurs ne change rien à l'effet. La passion acquiert ordinairement une nouvelle force et une nouvelle violence dans un cas comme dans l'autre. Les efforts que l'esprit entreprend pour surmonter l'obstacle agitent les esprits et vivifient la passion» (II, 277-8). L'effet décrit ici est aberrant par rapport à la dynamique newtonienne. L'entredestruction des forces de sens contraires et rapportées à la même direction ne devrait jamais permettre d'obtenir une force plus grande à l'une de celles mises en présence. Il faut, pour comprendre, en physique, un tel phénomène, se tourner vers une science très postérieure à celle que connaît Hume: la connaissance des phénomènes électro-magnétiques. Il est vrai que des pôles contraires déclenchent des effets de champ qui ne pourraient avoir lieu sans cette contrariété. On voit ici que les applications à la réalité phénoménale de la théorie des champs et des nombres complexes ont pu passer, pour certaines d'entre elles, par les traités des passions. On voit aussi qu'un phénomène, d'abord considéré comme une anomalie physique, a pu ensuite devenir parfaitement régulier.

Hume n'ignore pas que le désir de transgression n'est pas seulement une force qui se tourne contre les autres, pris singulièrement ou collectivement; il peut se tourner contre soi. Hume détaille ce comportement anormal: «Une personne peut aller jusqu'à étendre sa méchanceté contre elle-même, la tourner contre sa fortune présente, la pousser assez loin pour chercher délibérément l'affliction et accroître ses peines et ses chagrins. Cela peut se produire dans deux cas. D'abord, lors de la détresse ou de l'infortune d'un ami ou d'une personne qui lui est chère. En second lieu, lorsqu'elle ressent des remords pour un crime dont elle s'est rendue coupable. C'est de ce principe de comparaison que naissent ces deux appétits irréguliers pour le mal» (II, 226). Cette haine de soi peut prendre l'allure extrême du suicide. L'auteur adopte un point de vue explicatif, voire justificatif, à l'égard du suicide, qu'il ne condamne pas moralement. On le trouve, sur ce registre, à l'unisson avec les Stoïciens, rare secte philosophique à ne pas condamner le suicide.

Il existe une autre figure de la maladie mentale, inévitable chez un philosophe qui considère les passions comme des impressions de réflexion multipliant constamment les registres et les points de vue. La personne victime d'une maladie chronique ne supporte pas de voir l'image dégradante qu'elle a d'elle-même et elle devient inévitablement malade de sa maladie (II, 139-140).

Tels sont quelques usages de la maladie chez Hume, si l'on accepte de laisser de côté les remarques les plus banales[1] ou les philosophèmes les plus éculés qui circulent dans le *Traité*, presque intacts par rapport aux usages classiques. Le philosophe a son fou, qui lui sert d'alibis en toutes sortes d'arguments[2]. On peut toutefois parler d'une présence de la psychiatrie chez Hume. On ne pouvait en attendre moins d'une philosophie qui tient la réalité pour un principe et qui saisit notre existence à un moment donné comme un concours de principes différents, appliqués à des points dont la réalité est problématique. Autrement dit, une philosophie où tout équilibre doit être jugé et, mieux encore, senti, doit nécessairement tenir le plus grand compte de l'appréciation du normal et du pathologique.

Si la maladie mentale ne fait pas l'objet d'une réflexion particulière, elle est toutefois prise en compte dans toutes sortes de discussions ; l'idée humienne étant qu'il faut interroger le fonctionnement anormal du psychisme pour comprendre son fonctionnement normal. Ainsi Hume remarque-t-il que, « tout comme une vive imagination [*a lively imagination*] dégénère très souvent en délire ou folie [*madness or folly*] et qu'elle lui ressemble beaucoup dans ses opérations, de même [la flamme et le génie d'un auteur] influencent le jugement de la même manière et produisent la croyance par des principes exactement identiques » (*Traité*, I, 192). Il ne faut pas oublier que Hume compte le psychiatre Mandeville parmi « les quelques philosophes qui ont commencé à placer la science de l'homme sur une nouvelle base » (I, 35).

1. Par exemple, le *Traité* note qu'« un malade trouve une saveur désagréable aux mets qui, auparavant, lui plaisaient le plus » (I, 313).

2. Par exemple pour dénoncer une inconséquence de la façon ordinaire de penser. Ainsi, lit-on en II, 258-9 : « On admet ordinairement que les fous n'ont pas de liberté. Mais nous devrions juger leurs actions moins régulières et moins constantes que les actions des hommes raisonnables et, par conséquent, plus éloignés de la nécessité ».

CONCLUSION

A travers cette lecture de Hume, nous avons moins cherché à répéter l'auteur qu'à mettre en œuvre dans nos commentaires mêmes ce scepticisme philosophique qui est le sien. La méthode de Hume est de susciter le lecteur, de le piquer pour lui permettre d'aller plus loin et de résoudre les problèmes qui restent en suspens. Lire Hume, c'est souvent être pris à témoin et renvoyé à soi-même en cas de dilemme ou d'antinomie; c'est toujours être mis en demeure de philosopher.

Faire une narration historique de l'œuvre ne nous a pas tentés; d'autant que le problème posé, celui d'une science de la nature humaine, s'énonce dans des termes qui ne sont pas toujours très différents de ceux que les modernes doivent affronter avec des instruments nouveaux. Nous l'avons souligné: il s'agit, pour Hume, d'articuler «en un système complet» les méthodes des sciences qui prennent l'homme pour objet, sans présupposer d'emblée qu'elles parlent de la même chose, par conséquent dans le souci d'ajuster les discours, sans préjugé, mais avec, à l'horizon des préoccupations, de s'emparer de la capitale, soit «de foncer sur la nature humaine elle-même». Bien entendu, nos sciences sont beaucoup plus fines que celles qui sont mises en œuvre au XVIIIe siècle, souvent par les philosophes qui créent eux-mêmes l'anthropologie dont ils recherchent par ailleurs les conditions de possibilité; l'articulation de ces connaissances s'est peut-être révélée beaucoup plus difficile à réaliser que Hume se l'imaginait; et pourtant il ne se faisait guère d'illusions sur la facilité de la tâche. Toutefois Hume indique le chemin; si bien même que, sur quelques points, on peut plus sûrement le suivre que certaines tentatives contemporaines qui ont couru après des mirages et paraissent sans ressort.

Si l'œuvre de Hume est retravaillée et retraduite en France, si elle est plus encore étudiée dans les pays anglo-saxons, où il n'est désormais plus possible (s'il l'a jamais été!), même au spécialiste, de lire l'ensemble des ouvrages consacrés à l'auteur, c'est sans doute parce que nous sommes tentés de poser à Hume les problèmes qui sont ceux de notre temps. Nous recevons, à le faire, d'autant plus d'encouragements que la philosophie de Hume paraît, sur des fronts très divers, marquer un avantage sur les différents essais qui, au cours de ce siècle, se trouvèrent en compétititon pour fonder l'ensemble des sciences humaines.

Si l'on excepte Husserl lui-même qui a d'emblée vu l'intérêt de la philosophie de Hume pour une théorie des fictions, la plupart des phénoménologues se sont montrés hautains à l'égard du philosophe écossais dont ils ont cru pouvoir taxer hâtivement l'attitude d'*empiriste* ou d'*associationniste*, sans toujours bien apercevoir ce que son *scepticisme philosophique* comportait de force destructrice à l'encontre de leurs positions.

L'étiquette d'*empirisme* manque de justesse. Nous avons particulièrement lutté contre cet attribut commode parce qu'il est incompatible avec un scepticisme bien compris. Jamais Hume n'a prétendu que ce que nous sentons de notre psychisme ou du monde livrait la réalité de l'un ou de l'autre; au contraire, le soupçon est constant chez Hume que ce que nous avons en tête s'explique en posant des notions qui ne se sentent pas, auxquelles il est prudent d'accorder le statut de *fiction* et qu'il faut se garder de réifier et de substantifier. L'idéisme est de méthode chez Hume, en ce sens que nous ne pouvons jamais accéder aux choses autrement que par des représentations; mais cette méthode est relayée par d'autres qui la relativisent et permettent de donner sens au jeu des idées, par la mise en œuvre d'une économie ou d'une dynamique. L'impression, qu'elle soit de sensation ou de réflexion, est fuyante et sans aucune stabilité. La sensation nous échappe et son individualité atomique n'est qu'une idée; la passion se multiplie en indéfinies réflexions et ne se gagne que par la sympathie. L'être de ce qu'on sent est trop problématique pour qu'on puisse se contenter de taxer la philosophie de Hume d'empirisme. L'essentiel est moins senti qu'il ne se résout en principes et jeu de principes (de réalité, d'individuation...). C'est aussi pourquoi la réduction au fameux associationnisme que Sartre ou Merleau-Ponty ont fait subir au « psychologisme » humien est impossible et injustifié par les textes.

Toute philosophie met sans doute en jeu une politique d'alliances et par conséquent se choisit des adversaires. La phénoménologie, surtout dans sa version française, s'est fabriquée un adversaire sur mesure; elle a parfois donné à son fantasme le nom de *Hume*, ce qui est le cas de Sartre; parfois l'étiquette plus large d'*empirisme*. Dans les deux cas, il s'agit de fabriquer un repoussoir commode destiné à mettre en relief ses propres positions.

Sartre attaque chez Hume l'atomisme psychologique de la sensation qu'il lui attribue et à partir duquel les objets sont censés être construits. Les images viennent doubler les sensations, tout en restant des contenus aussi pleins qu'elles[1], reliées entre elles de l'extérieur par des lois mécaniques[1].

1. Dans l'*Imagination*, (PUF-Quadrige, Paris, 1981), Sartre s'en prend principalement à « la conception de l'image comme contenu sensible » (p. 119). « Hume ne se borne pas à décrire les contenus sensibles de la perception : il veut composer le monde de la conscience au moyen de ces seuls contenus; c'est-à-dire qu'il double l'ordre de la perception par un ordre des images, qui sont ces mêmes contenus sensibles à un moindre degré d'intensité » (*Ibid.*).

«Qu'est-ce que la loi de ressemblance sinon la position de liaisons d'extériorité entre les contenus psychiques?»[2] Toutes les affirmations précédentes sont sommaires et réfutables: les sensations ne sont pas des atomes; il n'est pas toujours vrai que les sensations précèdent les images; le psychisme fonctionne aussi chez Hume par différence entre sensations; la différence est peut-être aussi insistante que la position de la sensation; la ressemblance est un acte, de même que toutes les autres relations, qui ne s'appliquent pas de l'extérieur aux prétendus atomes psychiques. Avec cette théorie d'atomes circulant dans un espace vide, comme s'il était possible qu'il en existe un dans la philosophie de Hume, on s'interdit complètement de comprendre la sympathie, par laquelle on s'empare des affects qu'on se figure remplir par la suite. Enfin, la notion de *force* est citée, mais n'est pas même lue; Sartre ne distingue «entre les impressions fortes et les impressions faibles» qu'une différence de «*point de vue*»[3]. Il ne prête aucun intérêt à la dynamique, ontologiquement discréditée[4], et il se figure Hume gêné par l'absence de la notion d'*inconscient*[5], alors que Hume ne qualifie pas seulement par là l'accompagnement secret de toute représentation par un affect, mais qu'il attribue des fonctions actives, quoique insensibles aux relations, à commencer par la ressemblance.

Sous le label de l'*empirisme*, on reconnaît chez Merleau-Ponty le même monde du plein des perceptions associées par des lois qui les relient de l'extérieur dans le vide; il est vrai que l'auteur de la *Phénoménologie de la perception* ne cite directement Hume ni dans cette page, ni dans sa bibliographie. Mais il en va d'une telle critique comme de celle de Nietzsche qui, dans *Par-delà le bien et le mal*, attaque le cogito sans citer Descartes. Ce qui frappe dans la *Phénoménologie de la perception*, c'est qu'elle ne tire pas même avantage des points sur lesquels elle aurait précisément pu s'appuyer chez Hume. Il est étrange et pour le moins logiquement suspect que l'on puisse faire reproche à l'empirisme d'exclure «de la perception, la colère ou la douleur que je lis pourtant sur un visage» et renforcer le grief en disant que, dans cette doctrine, «la vie mentale se retire dans des consciences isolées et livrées à la seule introspection, au lieu de se dérouler, comme elle le fait apparemment, dans l'espace humain que composent ceux avec qui je discute ou ceux avec qui je vis, le lieu de mon

1. «La position des contenus sensibles nous transporte dans un monde d'extériorité pure, c'est-à-dire dans un monde où des contenus inertes sont déterminés dans leurs modes d'apparition par d'autres contenus également inertes, un monde où tous les changements, toutes les impulsions viennent de l'extérieur et demeurent profondément extérieurs au contenu qu'ils animent» (*ibid.*, p. 120). Hume a «réduit la conscience à une collection de contenus inertes reliés par des supports d'extériorité» (*op. cit.*, p. 122).

2. *Op. cit.*, p. 120.

3. *Op. cit.*, p. 119.

4. *Op. cit.*, p. 125. *L'Être et le Néant* restera sur ces positions et tournera, sur ce front, la critique contre la psychanalyse.

5. *Op. cit.*, p. 124.

travail ou celui de mon bonheur»[1]. Comment faire reproche à une doctrine qui récuse le cogito d'isoler ainsi les consciences? Et comment concilier ce reproche de rater la spatialité de l'esprit avec celui de le spatialiser à la façon d'une chose[2]? Constitué ainsi en adversaire, Hume a été grossièrement méconnu.

Or, sur un certain nombre de points, Hume prend nettement l'avantage sur ceux qui l'ont ainsi contesté. Hume ne fait pas partir la philosophie du sujet; sa philosophie permet au contraire de le problématiser, puisqu'il établit que nous n'en avons ni intuition ni concept. Il y a, chez l'auteur, une subjectivisation polymorphe qui ne saurait se poser en un être simple d'où il faudrait d'emblée partir comme d'un fondement pour unifier méthodiquement l'ensemble des savoirs. Cette unification préalable, cette réduction au même dénominateur, quand on se les donne par principe, constituent un véritable obstacle à la recherche d'un système de sciences de l'homme. Il y a plus: à la prétendue saisie des essences qui se substitue aussi inutilement que fallacieusement à ce qu'il faut apprendre en empruntant le long chemin symbolique des savoirs, il convient d'opposer une méthode plus prudente. Le travail auquel se livre Hume n'est décidément pas guidé par une intuition quelconque; il aurait même plutôt tendance à la détruire, les fictions résultant de cette destruction des essences. Loin de s'imposer à l'expérience, comme l'essence phénoménologique, la fiction humienne permettrait plutôt de s'ouvrir à l'expérience avec le minimum de présupposés. Sans doute n'est-il jamais possible de se passer de présupposés; mais la méthode humienne s'apprête plutôt à les casser qu'à les imposer à l'expérience. Enfin, cette philosophie donne l'exemple, partiel il est vrai, de ce qui pourrait s'effectuer sous le nom de *dynamique*, dont la seule idée a été récusée par la plupart des phénoménologues, si l'on excepte P. Ricœur. Sur les trois points précédents au moins, l'avantage revient indiscutablement à une philosophie qui mène la recherche de façon cohérente et sans préjugés; on ne voit pas où serait l'intérêt d'en fermer les voies par quelques formules lapidaires.

Ajoutons que la révolution copernicienne que Hume appelle de ses vœux ne saurait être faite par une philosophie qui comprend la logique et la topique des essences intuitionnées sous la forme de couches concentriques, comme on en voit le modèle chez M. Scheler. Comment la projection d'un tel système ptoléméen réussirait-elle à rendre compte aujourd'hui de l'organisation psychique, alors qu'elle s'est trouvée discréditée, à l'âge classique, pour expliquer l'univers?

Si nous passons désormais à des philosophies qui n'ont pas tenu le sujet pour fondateur des sciences de l'homme, qui ont récusé l'intuition des

1. *Phénoménologie de la perception*, (NRF, Paris, 1945), p. 32.

2. «Nous voyons ce qu'est la conscience pour l'associationnisme: c'est tout simplement le monde des choses» (*op. cit.*, p. 120). «La loi de contiguïté associationniste dérive du principe d'inertie et, pour n'être pas strictement entendue au sens spatial, elle implique elle aussi extériorité et contact» (p. 121).

essences et leur ont préféré une articulation symbolique, plus aveugle mais aussi plus puissante, pour constituer en systèmes les divers aspects de ce qu'il est possible de savoir sur l'homme, les philosophies structurales sont dans une meilleure posture que les précédentes, du point de vue de la philosophie de Hume. La plupart des auteurs qui se sont réclamés du structuralisme n'ont pas refusé la dynamique et certains d'entre eux, même, non sans raison, ont vu dans l'*Entwurf* de Freud, un texte capital. Mais ils ont souvent privilégié les schèmes linguistiques qu'ils ont tenus pour ultimement explicatifs des phénomènes psychologiques, sociaux, etc. Nos allusions à Bentham pour lire Hume n'ont pas eu d'autre sens que de montrer la résistance que rencontre une philosophie des fictions quand elle veut annexer « logiquement » la croyance et les passions. L'intérêt de la théorie des fictions, telle qu'elle était présentée par Ogden, n'a pas échappé à Lacan, qui pouvait particulièrement en apprécier la teneur linguistique et l'avantage qu'une conception structurale des sciences de l'homme pouvait en tirer. Or il semble que, depuis quelques années, des psychologues, sociologues, historiens, ... ont renoué avec les points de vue de l'affectivité, de la croyance, de l'imagination et montré que l'explication par les structures ne pouvait se faire sans les prendre en compte, quand bien même ils rendaient les structures moins facilement opérantes. De plus, à aucun moment, Hume n'a pensé que la structure qui aurait englobé les diverses sciences fût autre que fictive, provisoire et seulement indicative. Si Hume parle des psychismes, des mondes, des sociétés, etc. comme de systèmes ou de structures, il n'oublie jamais qu'ils sont ouverts, qu'ils sont le produit d'un devenir et que leurs limites sont indéfiniment flottantes ; que les homogénéisations qu'ils permettent sont artificielles et forcées ; qu'il faut encore les entraver par des perspectives qui, à la fois, gênent leur opération et en livrent le véritable sens.

Enfin, le scepticisme philosophique de Hume peut dissoudre toute prétention dogmatique qui, loin de déduire les sciences humaines de l'abstraction d'un Je transcendantal, comme elle se le figure, les dériverait plutôt d'une certaine situation historique, oubliant trop souvent que cette situation pouvait elle-même faire l'objet d'un savoir critique et qui, par conséquent, ne saurait se camper en mesure de tous les autres savoirs. La philosophie humienne ne promeut aucun savoir à la souveraineté d'être juge de tous les autres. L'articulation est à l'œuvre, obscurément, laborieusement, sans que l'on sache quelle est la science fondamentale ni même s'il en existe une. Aucun savoir préalable, qu'il soit historique, économique,... ne peut fonctionner comme dogme et mesure de tous les autres. Le scepticisme philosophique implique un certain criticisme, mais à la différence de la perspective kantienne, il admet l'historicisme, le sociologisme, le psychologisme, soit tous les maux fustigés par Husserl, pas nécessairement chez Hume d'ailleurs. Or par quels moyens éviterait-on de faire de l'histoire avec des concepts et des méthodes autres qu'historiques, de la psychologie avec des éléments autres que psychologiques, etc. ? Que la situation de l'homme et sa progressive détermination s'effectuent par écartèlement et composition de fictions forgées par diverses sciences nous paraît être de bonne et inévitable méthode.

Il y a plus à dire sur le rapport des conceptions humiennes avec les philosophies qui se sont souvent réclamées d'un savoir préalable, historique ou économique et ont souvent mis les contradictions au cœur de leur système, en cherchant à les unifier. Hume a exploré toutes sortes de contradictions sans vouloir les ramener à un type unique. Il n'y a pas une seule clé pour dénouer et résoudre les contradictions. Notre enquête nous a plutôt conduits à valoriser les renversements du point de vue *de re* en point de vue *de dicto*, comme c'est le cas dans la conception et l'usage qu'il accorde aux probabilités ; mais on aurait grand tort de croire que la philosophie de Hume s'achève dans une philosophie du langage, alors que la théorie des fictions est fondamentalement, chez lui, une philosophie de l'imagination et, plus encore, des passions. Le versant linguistique n'est nullement privilégié par Hume, qui découvre à l'espace ou plutôt aux espaces psychique(s) une valeur particulière ; or l'espace ne connaît pas les contradictions du temps et il se révèle beaucoup plus tolérant aux oppositions. De même le jeu des forces que ces espaces manifestent se résout moins en contradictions qu'en composition, mélange, mixte. On a souvent lu Hume comme un logicien ; c'est ainsi qu'on l'a questionné sur la nature de l'induction. On a oublié que, pour considérer comment nous nous accommodons de contradictions, Hume s'est moins adressé à la logique, si ce n'est celle des probabilités, qu'il n'a observé le jeu des forces déployé par le psychisme dans ses matériaux et ses relations. L'auteur va si loin sur ce point qu'on l'a vu découvrir sur le terrain des passions un style d'opposition qui ne trouvera son application physique que très postérieurement, en électromagnétisme, par exemple. Il y a un traitement topologique et dynamique des contradictions chez Hume ; pas seulement logique. Hume ne doit pas être lu simplement comme un épistémologue qui fait la critique de telle ou telle science. Il utilise en retour les sciences pour découvrir des façons de résoudre les contradictions, de lier des concepts et d'articuler des méthodes. C'est ce va-et-vient de la logique à la transplantation des concepts d'un terrain à un autre que nous avons appelé théorie humienne des fictions, laquelle ne relève pas, à coup sûr, d'une conception logique unifiée de la contradiction.

Nous tirons donc de Hume de nombreux arguments contre les philosophies qui se sont essayées et sont parfois parvenues, avec un succès inégal, non sans entre-destruction réciproque, à fonder les sciences humaines. Mais, indépendamment de la fonction critique qu'elle joue, la philosophie de Hume permet-elle de donner quelque idée plus positive d'une entreprise fondatrice qu'il serait possible au lecteur contemporain d'assumer ?

Le nombre et la délicatesse des problèmes critiques que nous lèguent son *Traité*, sa *Dissertation*, ses *Enquêtes*, *Essais* et *Dialogues* frappent d'emblée. Sans tenter de dresser une liste exhaustive des problèmes, contentons-nous d'en donner quelques exemples. Explorant l'espace perceptif, Hume dénote, nous l'avons vu, toutes sortes de contradictions que nous supportons. En particulier, il repère que l'espace des saveurs n'a pas les mêmes propriétés que l'espace des formes et des masses : le granulé de la chair de la figue n'est pas dans la figue comme sa saveur, que nous confinons pourtant étrangement dans les limites du même espace. Plus tard, Carnap fera la logique de l'espace dans lequel nous voyons les points de couleur, promettant implicitement de faire celle de l'espace des sons, des sensations tactiles, olfactives,... Ainsi, le problème posé par Hume s'installe-t-il dans une lignée de recherches qui est loin d'être achevée et qui, à coup d'analyses ponctuelles, permet d'envisager, non pas en une intuition – ce qui réglerait un peu rapidement le problème ou plutôt n'y répondrait pas –, mais comme un système complexe, l'espace de la perception dans son intégralité. De même pourrions-nous envisager un espace ou plutôt une intrication d'espaces émotionnels, car chaque passion implique un certain type d'espace ; et l'on aurait tort de croire que l'articulation des espaces émotionnels est toute simple et ne passe par aucune autre analyse que celle qui conclurait à la hâte au caractère intuitif de cette unité. On conçoit qu'il faudrait encore articuler ces espaces passionnels aux espaces perceptifs et imaginaires ; cette articulation, qui relève d'une économique, fonde nos conceptions juridiques, politiques et sociales. La lecture de Hume engage à faire un travail comparable pour le temps.

L'espace et le temps ne sont pas les seuls lieux où l'analyse humienne s'inscrit dans une mouvance de recherches qui passent par Locke, Leibniz, Berkeley et reçoivent des prolongements jusqu'à nos jours. La causalité est susceptible d'un traitement semblable. Ruwen Ogien a insisté sur ce point et fait une place de choix à la philosophie humienne, lorsque, dans un travail finement critique, il a cherché de quel type de causalité les sciences humaines avaient besoin dans leurs explications [1]. Nous avons, pour notre part, cherché à montrer ici le sens de ces catégories clandestines ou interstitielles que sont la sympathie, l'autorité, la force, ... qui permettent, dans les analyses les plus fines, de garder la conscience même du système plus général ou du fait total sur lequel on travaille. Car c'est sans doute l'une des caractéristiques de la science humienne d'introduire les analyses dans un entrelacs, qui est le tissu et l'horizon du travail théorique, et de prendre conscience de toutes sortes de phénomènes en retour, parallèles, secondaires, voire contradictoires. Nous savons déjà que, sans dogmatisme, patiemment, sans visée architectonique, avec la conscience de leur caractère singulier, Hume cherchait à résoudre les contradictions.

Toutefois le point sur lequel nous avons le plus à retenir de la science humienne, qui est conscience d'un discours plus ou moins probable sur les

1. OGIEN R., *Les causes et les raisons, Philosophie analytique et sciences humaines*, éd. J. Chambon, Nîmes, 1995. On s'intéressera tout particulièrement, pour notre propos, au chapitre sur l'immunité des réactions morales, p. 194-217.

choses, et que nous avons inscrite sur une ligne qui passe par l'*Esquisse d'une psychologie scientifique* de Freud, c'est la supposition que les processus représentatifs et affectifs dépendent de jeux de forces dont on peut construire la fiction et par lesquels on peut rendre compte de ce que l'on sent ou, plus précisément, du partage de ce que l'on sent et de ce que l'on ne sent pas. Les forces dont on fait l'hypothèse ne se sentent pas ou se sentent toujours faussement. Il y a plus : le recours aux fictions de la dynamique pour expliquer le sentir et le penser détermine un lieu inquiet et mobile où tout devient fictions dans toutes les directions. Si les forces sont fictives mais disent la vérité de ce que l'on sent, ce que l'on sent devient, à son tour, fiction. La volonté d'expliquer les phénomènes psychiques par la dynamique rend aussitôt problématiques les limites des psychismes ; dès lors, ce sont toutes les formes de sujet et tous les modes de la collectivité qui deviennent problématiques. Sujet et collectivité deviennent, à leur tour, des fictions mobiles que l'on croit fallacieusement stables, à la façon de repères pour inscrire notre expérience, alors que c'est l'expérience même qui est productrice de ces «*fallacies*». On voit ici que la théorie, telle qu'elle est utilisée par Hume, ne se sépare pas d'une ontologie. Qu'est-ce qui est, par-delà les duperies du langage, du sentir, de l'imagination ? Il semble que la question ontologique ait été, sans doute discrètement, un fil conducteur de l'œuvre. Au lieu désigné par la *nature humaine* ne surgit aucun dogme, mais plutôt le croisement des recherches en sciences humaines.

Curieusement, c'est parce que Hume a essayé de faire loyalement ce travail de croisement des recherches, au cœur du XVIIIe siècle, en Angleterre et en Ecosse, que la lecture de son œuvre est la plus utile pour nous, aujourd'hui. Hume n'a pas voulu inscrire ses recherches dans l'éternité ; tout travail scientifique se marque de temporalité et de localité. C'est par son extrême singularité, son extrême exemplarité, qu'il dévoile le mieux l'universel, pourvu que le lecteur entende et reprenne l'exigence pour son propre temps et son propre lieu. L'universalité ne s'effectue pas par des idées générales, mais plutôt par des situations singulières exactement pensées. Si universalité il y a, elle s'effectue par le passage d'une situation exactement pensée par les moyens qui lui sont solidaires à une autre réfléchie par les moyens qui sont les siens ; comme la raison d'une suite permet de passer d'un terme singulier à un autre. Notre époque paraît propice à une philosophie qui «reproduit», avec des moyens nouveaux, les concepts humiens ; les moyens conceptuels de l'*Esquisse* ne sont plus ceux de la dynamique humienne et les moyens mis en œuvre par la psychologie et la cosmologie contemporaines ne sont déjà plus ceux de l'*Esquisse*. Les fils, qu'on avait cru rompus au nom des obstacles épistémologiques que l'on croyait voir se lever partout, n'ont été que torsadés et emmêlés. On peut commencer par relire des travaux qui paraissaient enfouis et comme frappés d'inutilité par des méthodes modernes que l'on croyait plus efficaces et qui montrent à présent leurs limites. Les diverses philosophies qui ont tenté de fonder les sciences humaines au cours du XXe siècle commencent à s'éloigner, laissant le terrain libre à des auteurs dont la lecture aurait paru saugrenue et d'intérêt seulement historique lors des dernières décennies. Les travaux de Ribot sur la *Logique du sentiment*, ou de Fouillée sur les « idées-forces », la morale sans obligation ni sanction de Guyau, peuvent être lus de nouveau avec profit. La reprise en compte des travaux de Hume permet de tracer à nouveau des lignes historiques. L'effet le plus pervers de la détection généralisée d'obstacles épistémologiques que l'on a, un temps, cru pouvoir découvrir partout, c'est d'avoir flatté la tendance paresseuse à se dispenser d'un certain nombre de lectures qui apparaissaient comme ayant été faites, par délégation, pour la dernière fois.

Le style de recherches que la philosophie de Hume encourage sur le terrain des sciences humaines, aujourd'hui, outre la surrection de textes oubliés, consiste dans la lecture très loyale des travaux qui s'effectuent dans les diverses sciences, en n'essayant pas de faire croire que les concepts utilisés dérivent d'un Je transcendantal entièrement pur. Les concepts sont lourds d'histoire et d'habitudes sociales ; ils ne peuvent exister autrement et c'est leur entrelacement même qui permet l'effectuation des sciences humaines et de leur philosophie. Il ne faut pas craindre les fameux griefs husserliens qui proviennent d'un lieu de philosophie impraticable et purement fantasmatique. La vérité est aimée d'un amour moins illusoire par ceux qui savent que les concepts sont inséparables du lieu où ils ont été produits que par ceux qui dissimulent leur origine, prétendent savoir les en isoler, comme s'il était diabolique qu'ils soient liés à des circonstances.

Hume a laissé trop de liberté à ses lecteurs pour pouvoir faire école. Sa philosophie trouve sa vérité dans le *dialogue*, précisément parce qu'il permet l'inspection des notions et des principes sous divers angles et sans qu'aucune de ces perspectives ne devienne une vérité ultime. Une philosophie du dialogue signifie que la vérité ne peut s'écrire sous la forme de thèses ; qu'elle est dans le passage singulier, exemplaire, d'un point de vue à un autre. Les points d'appui des thèses comptent moins que le passage d'une thèse à une autre. Le *traité*, si monologué soit-il par principe, met déjà en jeu une philosophie du dialogue ; certes, le clivage ne s'y effectue pas entre divers personnages ; mais entre ce qu'il s'agit de construire et la façon de le construire, entre les concepts établis et la circulation idéologique qui s'établit entre eux, entre la solitude dont il témoigne et le dialogue qu'il permet avec des défenses psychiques affaiblies, sous couvert de la rigueur de l'argumentation. De même, le propre de l'*enquête* est de n'exclure aucune hypothèse ; mais elle est aussi de rester ouverte aux plus extrêmes paradoxes et de trouver par là la solution à laquelle on n'aurait jamais pensé. La théorie des fictions est, chez Hume, le retentissement dans la structure du monologue de l'éclatement du dialogue.

Il faut insister sur les problèmes d'écriture en philosophie ; il est difficile de savoir comment exprimer le lieu qui se tient comme au centre de gravité des constructions fictives et fragiles d'un savoir probable. Les points d'appui que Hume commence par prendre dans l'écriture ne sont pas ceux de sa pensée propre ; le discours repose en effet sur les notions conventionnelles de la philosophie classique, mais les analyses les corrodent jusqu'à ce qu'on reconnaisse que les véritables points d'appui sont ailleurs. C'est ce que nous avons essayé de mettre en évidence en proposant de suivre quelques catégories interstitielles de la philosophie de Hume. Il est clair que, si l'on voulait réécrire cette philosophie avec des moyens modernes et sans sacrifier à la détestable manie d'enrubanner les auteurs que l'on commente, il faudrait prendre d'autres points d'appui : la sympathie, l'autorité, le système, l'imagination dans sa double acception, la force... en feraient évidemment partie. Peut-être faudrait-il délibérément abandonner une notion comme la « nature » et lui préférer résolument celle d'historicité.

Il faudrait aussi renoncer à toute une série d'exemples, souvent venus de l'Antiquité, qui jouent le rôle de philosophèmes sur le compte desquels on attend que les auteurs prennent parti. Ces façons de philosopher semblent être passées de mode et l'on a envie de dire, avec Bentham, que la saison de leur fiction est terminée. Hume avait lui-même contribué, aux yeux de l'auteur utilitariste, à en supprimer quelques-unes comme l'idée moderne de « contrat ». Aujourd'hui les sciences humaines ont largement permis d'établir un certain nombre de « faits », d'« expériences » institutionalisés qui paraissent pouvoir remplacer telle séquence de la vie de Thémistocle, telle situation que Titius et Maevius doivent affronter dans le contexte stéréotypé du droit romain. Il faut toutefois se garder d'un enthousiasme puéril devant ces nouvelles institutions. Les récits d'expériences jouent souvent des rôles aussi stéréotypés que les philosophèmes anciens, et ce qu'ils relatent tient parfois, lorsqu'on y regarde de près, en de maladroites réalisations prétendument empiriques de suggestions trouvées dans les *Pensées* de Pascal ou dans les *Essais* de Montaigne. De plus, nous prenons pour fondatrices des séquences de comportement qui n'ont que lointainement rapport avec l'expérience ; voire qui n'ont avec elle aucune relation, quoiqu'elles soient censées la structurer. Où a lieu une structure familiale ? Quelle est la réalité de la scène primitive ? Quel statut donner à la prohibition de l'inceste ? Devons-nous accorder une portée universelle au « *Fort-Da* » ? Les cas cliniques mis en œuvre et quasi-institués par la psychanalyse ont-ils tellement plus de réalité que l'attitude de Thémistocle, le philosophe suspendu en l'air, dans une cage, à une tour de cathédrale, les naufragés observés d'un promontoire ... ? Nous ne disons nullement qu'il faille renoncer à ces expériences fictives et s'en tenir aux seules entités réelles. Nous suggérons simplement que la valeur symbolique de ces expériences ou complexes d'expériences dépasse, souvent un peu dangereusement, la réalité empirique. Le philosophe n'a décidément pas fini d'apprendre à séparer, derrière les revendications à cor et à cri, qui étaient déjà celles de Hume, de l'expérience dans les discours des sciences humaines, la part fallacieuse de celle qui est acceptable. Il n'a pas fini non plus d'apprendre à faire la logique de cette séparation.

TEXTES ET TRAVAUX CITÉS

ŒUVRES DE HUME

A Treatise of Human Nature, ed. Selby-Bigge, Oxford, 1re éd. 1888, 2de éd. 1978.

Traité de la nature humaine, 2 vol., trad. A. Leroy, Aubier, Paris, 1946.

Traité de la nature humaine, GF-Flammarion, Paris : 1er vol (Livre I.), *L'entendement*, trad. P. Baranger et P. Saltel, 1995 ; 2e vol. (Livre II), *Les passions*, trad. J.P. Cléro [Ce texte comporte aussi la traduction de la *Dissertation sur les passions*], 1991 ; 3e vol. (Livre III), *La morale*, trad. P. Saltel, 1993.

An Abstract of a Treatise of Human Nature, ed. Keynes & Streffa, Londres, 1938.

Abrégé du Traité de la nature humaine, trad. Deleule, Aubier-Montaigne, Paris, 1971.

Essays Moral, Political and Literary, in : *The philosophical works of David Hume*, 4 vol., ed. Green & Grose (London, 1874-1875) (reprint Scientia Aalen, 1964) Le texte est aussi édité par E.F. Miller, Liberty Fund Indianapolis, 1985.

L'Epicurien, le Stoïcien, le Platonicien, le Sceptique, trad. A. Leroy, Paris, 1947, essais joints à la traduction de l'*Enquête sur les principes de la morale* (voir ci-dessous).

L'Histoire naturelle de la religion et autres essais sur la religion, [Superstition et enthousiasme, de l'immortalité de l'âme, du suicide], trad M. Malherbe (Vrin, Paris, 1971).

Essais politiques, trad. anonyme, (Amsterdam, 1752), reproduite par R. Polin, (Vrin, Paris, 1972). [La liberté de la presse, Où l'on prouve que la politique peut être réduite en forme de science, Les premiers principes du gouvernement, L'étude de l'histoire, L'indépendance du Parlement, Examen de la question : de quel côté le gouvernement d'Angleterre penche le plus, vers la monarchie absolue ou vers l'État républicain ?, Les partis, Les partis de la Grande-Bretagne, La dignité de la nature humaine, La liberté et le despotisme, L'éloquence, L'origine et les progrès des arts et des sciences, Le caractère des nations, Le contrat primitif, L'obéissance passive].

Quatre discours politiques, Centre de philosophie politique et juridique, Université de Caen, 1986 [De l'argent, De l'intérêt, De la balance du pouvoir, De l'origine du gouvernement (trad. J.P. Cléro)].

Discours politiques, Mauzevin, TER bilingue, 1993 [Ma vie ; Discours politiques : Du commerce, Du raffinement dans les arts, De l'argent, De l'intérêt, De la balance du commerce, De la jalousie du commerce, De la balance du pouvoir, Des taxes, Du crédit public, De quelques coutumes remarquables, De la quantité de la population dans les nations de l'Antiquité, Du contrat originel, De l'obéissance passive, De la coalition des partis, De la succession protestante, Idée d'une république parfaite ; De l'écriture par « essais »].

Essais esthétiques, trad. R. Bouveresse, T.I. (Vrin, Paris, 1973) [Pourquoi écrire des essais ? De l'éloquence, Du raffinement dans les arts, De la naissance et du progrès des arts et des sciences] ; T.II (Vrin, Paris, 1974) [De la délicatesse du goût et de la passion, de la simplicité et du raffinement dans l'art d'écrire, de la norme du goût, de la tragédie].

Inquiries concerning Human Understanding and concerning the Principles of Morals, Selby-Bigge, Oxford, 1894, 1902, 1975.

Enquête sur l'entendement humain, trad. A. Leroy, Aubier, Paris, 1947.

Enquête sur l'entendement humain, GF-Flammarion, Paris, 1983.

Enquête sur les principes de la morale, suivie de quatre essais (Les quatre philosophes), trad. A Leroy, Aubier, Paris, 1947.

Enquête sur les principes de la morale, trad. P. Béranger et P. Saltel, GF-Flammarion, Paris, 1991. Ce texte comporte la traduction d'*Un dialogue*.

The History of England : from the invasion of Julius Caesar to the Revolution in 1688, Liberty Fund, Indianapolis, 1983.

Histoire d'Angleterre, Rolland, Paris, 1830.

Histoire de l'Angleterre depuis l'invasion de Jules César jusqu'à la Révolution de 1688, Janet et Cotelle, Paris, 1819.

Dialogues concerning Natural religion, ed. N.K. Smith, Oxford, 1935 ; new edition : 1947.

Dialogues sur la religion naturelle, trad. M.Malherbe, Vrin, Paris, 1987.

Lettre d'un gentilhomme à son ami d'Edimbourg, trad. D. Deleule, Belles Lettres, Paris, 1977.

The Letters of David Hume, ed. J.Y. Greig, Oxford, 1932.

New Letters of David Hume, ed. Klibansky & Mossner, Oxford, 1954.

New Letters to Lord Elibank (1748-1776), ed. Mossner, Texas Studies in Literature and Language, IV, n°3 (1962), p. 431-460.

Hume's Epistle to Dr Arbuthnott (1734), ed. by Mossner, The biographical significance (Huntington Libr. Q.7., p. 135-52, 1944).

OUVRAGES SUR HUME, PARMI LES PLUS RÉCENTS ET QUI ONT PARTICULIEREMENT INFLUENCÉ LE PRÉSENT LIVRE

BAIER A.C., A Progress of Sentiments. Reflections on Hume's Treatise, Cambridge, Mass., 1991.

DELEULE D., Hume et la naissance du libéralisme économique, Paris, Aubier-Montaigne, 1979.

HARRISON J., Hume's Theory of justice, Oxford, 1981.

MALHERBE M., La philosophie empiriste de David Hume, Vrin, Paris, 1976.

MALHERBE M., Kant ou Hume, ou la raison et le sensible, Vrin, Paris, 1980.

MACKIE J.L., Hume's moral theory, Routledge and Kegan Paul, London, 1980.

MICHAUD Y., Hume et la fin de la philosophie, PUF, Paris, 1983.

QUELQUES OUVRAGES ET ÉTUDES CLASSIQUES SUR LA PENSÉE DE HUME

ARDAL P.S., *Passion and value in Hume's Treatise*, Edinburgh, 1966 ; seconde édition augmentée : 1989.

BEYSSADE M., *Hume et les miracles*, in : l'Enseignement philosophique, 1, sept-oct. 1987.

BONGIE L.L., *David Hume, Prophet of the Counter Revolution*, Clarendon Press, Oxford, 1965.

BRAUDY L., *Narrative form in history and fiction. Hume, Fielding and Gibbon*, Princeton, 1970.

BRUNET O., *Philosophie et esthétique chez David Hume. Les fondements de l'esthétique de Hume*, Paris, 1965.

CARRIVE P., « Passion, convention et institution dans la pensée de Hume », in : *Etudes philosophiques*, 24,1969, p. 371-381.

DELEUZE G., *Empirisme et subjectivité*, PUF, Paris, 1953.

FLEW A., *Hume's philosophy of belief : a study of his first inquiry*, Routledge and Kegan Paul, London ; The Humanities Press, New York, 1961.

HENDEL C.W., *Studies in the philosophy of David Hume*, Princeton, 1925.

HURLBUTT R.H., *Hume, Newton and the design argument*, University of Nebraska Press, Lincoln, 1965.

JESSOP T.E., « Réflexions sur la philosophie de Hume », in : *Revue philosophique de la France et de l'étranger*, n°85, 1960, p. 185-196.

LAIRD J., *Hume's philosophy of human nature*, London, 1932.

LAIRD J., *The idea of value*, chap. 6, sec.4, Cambridge 1929.

LEROY A., *David Hume*, PUF, Paris, 1953.

NEDELJKOVIC M., *David Hume : Approche phénoménologique de l'action et Théorie linguistique du temps*, PUF, Paris, 1977.

PASSMORE J.A., *Hume's intentions*, Cambridge, 1952.

PEARS D., *Hume's system : an examination of the first book of his Treatise*, OUP, 1990.

POPKIN R.H., *David Hume : his Pyrrhonism and his Critique of Pyrrhonism*, The Philosophical Quaterly St Andrews, oct. 1951 ; in : *The High Road to Pyrrhonism*, San Diego.

PRICE J.V., *The ironic Hume*, Austin, 1965.

ROBINSON W.L., *David Hume : naturalist and meta-sceptic*, Livingstone & King, 1976, p. 23-49.

SCHATZ A., *L'oeuvre économique de Hume*, Rousseau, Paris, 1902.

SMITH N. KEMP, *The philosophy of David Hume : a critical study of its origin and central doctrines*, London, 1941.

WILBANKS J., *Hume's theory of imagination*, The Hague, 1968.

OUVRAGES FONDAMENTAUX CITÉS DANS LE PRÉSENT LIVRE ET SE RAPPORTANT A LA PENSÉE DE HUME

BAYES T., *Essai en vue de résoudre un problème de la doctrine des chances*, in : Cahiers d'histoire et de philosophie des sciences, n°18, 1988.

BENTHAM J., *Deontology*, ed Ammon Goldworth, Clarendon Press, Oxford, 1983.

BENTHAM J., *Chrestomathia*, M.J. Smith & W.H. Burston, Oxford, Clarendon Press, 1983.

FREUD S., *Esquisse d'une psychologie scientifique*, in : *La Naissance de la psychanalyse*,trad. Berman, PUF, Paris, 1979.

GARDIES J.L., *L'erreur de Hume*, PUF, Paris, 1987.
HALEVY E., *La formation du radicalisme philosophique*, PUF, Paris, 1995.
HEGEL F.W., *La théorie de la mesure*, Vrin, Paris, 1977.
HUSSERL E., *L'Idée de la phénoménologie. Cinq leçons*, PUF, Paris, 1970.
KAUFMANN P., *L'expérience émotionnelle de l'espace*, Vrin, Paris, 1977.
MERLEAU-PONTY M., *Phénoménologie de la perception*, NRF-Gallimard, Paris, 1945
MERLEAU-PONTY M., *La structure du comportement*, PUF, Paris, 1967.
SARTRE J.P., *L'Être et le Néant*, NRF-Gallimard, Paris, 1943.
SARTRE J.P., *L'imagination*, Quadrige/PUF, Paris, 1989.
SCHOPENHAUER A., *Le Monde comme Volonté et Représentation*, trad. Burdeau, PUF, Paris, 1966.

INDEX NOMINUM

INDEX RERUM

TABLE DES MATIÈRES

ACHEVÉ D'IMPRIMER
EN JUIN 1998
PAR L'IMPRIMERIE
DE LA MANUTENTION
A MAYENNE
N° 239-98

Dépôt légal : 2e trimestre 1998